베트남

한인의 베트남 정착과 초국적 삶의 정치

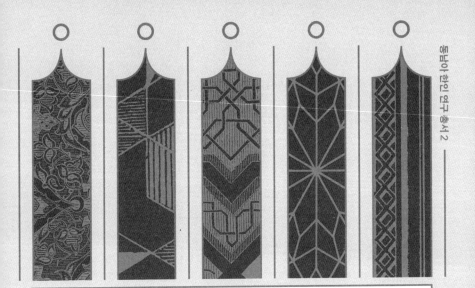

동남아 한인 연구 총서 2

베트남

한인의 베트남 정착과 초국적 삶의 정치

채수홍 지음

눌민

필자가 연구자로 베트남에 첫발을 디딘 지 벌써 20년이 훌쩍 넘어버렸다. 하지만 1995년 처음 하노이 노이바이 공항에 도착했을 때 본 출입국 관리소 직원의 국방색 제복과 이들이 눈을 마주치지 않고 건네던 딱딱한 말투가 아직도 선명하다. 학의 날개 같았던 하얀 아오자이를 펼치며 자전거로 등하교하던 학생, 전기부족으로 깜깜한 밤이면 자취를 감추던 호찌민 시내의 정겨운 전경, 가족 부양을 위해 공장과 식당 문을 두드리던 어린 노동자의 눈동자, 그리고 낯선 땅에 둥지를 틀기 위해 고군분투하던 한인도 필자의 뇌리에 향수로 남아 있다. 하여 오늘날 휘황찬란한 대도시 야경, 바닷속 새우 떼처럼 신기하게 질서를 형성하며 움직이는 오토바이와 자동차의 끝없는 행렬, 우후죽순처럼 솟아나는 아파트와 빌딩 숲, 그리고 변함없이 공장에서 종일 노동력을 소진하고 있는 노동자와 한인의 모습은 베트남이 개혁개방 속에서 얻은 것과 잃은 것에 대한 상념을 자아내게 한다. 필자가 공산주의와 가난한 나라에 대한 편견을 벗어던지고 베트남 문화와 베트남인의 일상을 조금이나마 이해하게 된 것은 오랜 시간 마주한 이런 다양한 풍경 덕분이다.

필자는 인류학자로서 주로 베트남 도시와 산업지대에서 거주하고 일하는 현지 노동자를 연구해왔다. 이들의 삶이 개혁개방 이후 어떻게 변화해왔는지 탐구해왔다. 이들의 경제생활은 나아지고 있는지, 가족과 이웃과의 관계는 어떻게 달라졌는지, 일상을 구성하는 문화는 얼마나 변화하고 있는지 주목해왔다. 이런 탐색의 궁극적 목적은 식민지와 베트남전쟁과 같은 혹독한 근대사를 겪었던 베트남인이 대외적으로 문호를 개방하고 사회주의에서 시장경제로 전환하는 역사적 과정을 어떤 시각으로 바라보고 있는지 파악하기 위한 것이었다. 또한, 이들이 개혁개방으로 급변하고 있는 베트남의 정치와 경제에 동의하는지 반발하는지 가늠해보려는 것이었다. 이런 탐구 덕분에 베트남 노동자의 삶을 이해하는 데 도움을 주는 여러 편의 논문과 책을 집필할 수 있었다.

이 저서는 필자가 주전공에서 잠시나마 벗어나 베트남 한인의 삶에 대한 기록을 시나브로 모아온 결과물이다. 필자는 베트남 도시와 노동자를 연구하면서 자연스레 어울리게 된 현지 한인의 다양한 삶이 시대에 따라 변화하는 모습을 흥미롭게 접해왔다. 이 과정에서 성찰하게 된 것은 한인의 삶에 연속성이 있다는 점이다. 베트남 한인의 삶은 사실상 국적 획득이 불가능한 상태에서 외국인으로서 불안정한 법적 지위를 누리고 있다. 또한, 대다수가 경제적 동기 때문에 현지에서 생활하고 있다. 돈을 벌면 언제든지 베트남을 뜰 수 있고, 언젠가는 한국으로 돌아가야 한다는 생각을 품은 채 살고 있는 것이다. 이러한 정치-경제적 조건이 베트남 한인의 삶을 일시적이고 유동적으로 만들고 있다. 최근 코로나 팬더믹으로 한인의 수가 급감한 것도 이러한 일시성을 반영하고 있다. 베트남 한인은 예전이나 지금이나 정주자가 아닌 일시적 체류자로서 초국적 삶을 살고 있다.

베트남 한인의 초국적 삶의 궤적은 이런 연속성만을 가지고 이해하기에는 너무 다양하다. 베트남 한인은 어느 시기에 어떠한 경로로 베트남에 들어왔는지에 따라 현지에서의 경험과 정체성이 다르다. 90년대 개혁개방정책 초기에 들어온 한인과 최근 들어온 한인이 접하는 베트남의 현실은 상당한 차이가 있고 이들이 베트남에서 꿈꾸는 미래도 상이하다. 자세하게 들여다보면 베트남으로 이주하는 한인의 삶의 조건, 경험, 종족 정체성, 미래상은 시기마다 상당히 차별적이다. 베트남 한인도 이주한 시기별로 구분할 수 있는 세대에 따라 달라서 하나로 묶어 이해하기 쉽지 않은 것이다.

이에 더하여, 한인 사회 내부에는 서로 다른 사회경제적 지위를 가진 집단이 공존한다. 베트남 한인은 인종이나 종족으로 나누어지지는 않아 일견 유사해 보이지만, 베트남인에 대하여 자신을 상상할 때가 아니라면 다른 한인과 서로 다른 집단에 속해 있다는 것을 일상생활에서 느낀다. 큰 공장을 소유한 사업가, 작은 공장의 사업주, 안정된 공관이나 회사의 주재원, 공장의 사무직 혹은 현장직 매니저, 자영업자, 비정규직, 실업자와 같은 한인은 서로 다른 정치적, 경제적, 사회적, 문화적 조건에서 살고 있다. 이들은 베트남을 경험하는 방식과 접하는 베트남인도 상당히 다르다. 베트남 한인 사회 구성원은, 명목상으로는 "우리는 그래도 한민족"이라고 표현하지만, 실제로는 서로에 대한 인식과 감정도 다르다. 베트남 한인 사회 내부에서 종종 갈등이 일어나는 이유도 이와 같은 이질성 때문이다.

이 저서는 베트남 한인을 사회문화적으로 동질적인 집단으로 묘사하며 "이들은 이러저러하다"라는 식으로 정형화하면서 '같음'을 강조하는 이해에 머무르지 않는다. 한인 사회 내부의 '다름'을 함께 조명하여 한인의 다양하고 구체적인 삶을 포착하려는 시도이다. 필자는 인류학자로서 특정 집단의 구성원이 내부 동질성을 과장되게 강조함으로써 얻을 수 있는 유대감과 '뿌듯함'에 의도치 않는 폭력성이 내포되어 있다고 믿고 있다. '우리'를 강조하는 것이 다른 집단과 타자를 차별하는 결과를 낳을 수 있기 때문이다. 베트남인에 대해서는 말할 것도 없고 베트남 한인 사회 내부에서도 구성원이 서로의 다름을 인정하고 상대를 존중하는 것이 상생의 출발점이라고 생각한다. 필자는 이 저서가 '같음'만이 아니라 '다름'을 인식시키며 공생의 지혜를 도모하는 데 도움이 되길 바란다.

'같음'과 '다름'을 이해하기 위해선 역사적 이해가 선행되어야 한다. 한인이 이주한 베트남이 정치-경제적 개혁을 서두르고 속도를 높이게 된 배경과 과정에 대한 이해가 있어야 한다. 또한, 한인이 이러한 변화에 부응하여 낯선 이국에 자리를 잡을 수밖에 없었던 한국의 정치-경제적 상황도 함께 설명되어야 한다. 한국과 베트남의 역사와 양국의 교류사는 한인의 이주 경로와 현지에서의 삶을 조명하기 위하여 반드시 갖추어야 할 지식이다. 다소 지루할 수도 있겠다는 우려에도 불구하고 이 저서의 앞부분에 베트남과 한국의 역사를 정치-경제적 상황과 연계하여 다소 자세하게 설명한 것도 이 때문이다.

'같음'과 '다름'을 이해하기 위해 이 저서에 포함한 또 하나의 주제는 한인과 베트남인의 관계이다. 베트남 한인은 베트남인의 문화적 관념과 사회적 행위를 몇 가지로 단순화하여 "베트남인은 이렇다"라고 설명하고 싶은 욕구를 자주 표출한다. 하지만 베트남인도 한인만큼 지역, 세대, 성별, 종족, 계층에 따라 다양하다. 이런 점을 고려하지 않은 한인의 행위는 "한(국)인은 이렇다"라는 현지인의 또 다른 편견을 만들어낼 수밖에 없다. 이 저서는 한인이, 베트남에 대한 애정을 표현하면서도, 일상에서 베트남인을 대할 때 드러내는 편견과 차별을 솔직하게 묘사하고자 했다. 베트남에 애정을 지닌 많은 한인에게 이런 비판적 지적이 불편할 수 있을 것이다. 필자가 '계몽적' 시각을 가지고 한인에게 무엇을 가르치려 드는 것이 아니냐는 불만을 제기할 수도 있을 것 같다. 필자가 베트남인과 한인이 직시해야 할 문제를 지적함으로써 양자가 서로 좋은 감정을 가지고 어울릴 수 있게 하는 바람에서 이 저서를 출간했음을 이해해주길 희망한다.

필자는 이 글을 쓰면서 일일이 열거하기 힘든 많은 분의 은혜를 입었다. 필자가 만난 수많은 베트남 한인과 베트남인의 도움 없이 이 저서는 탄생할 수 없었다. 이들의 이름을 허락 없이 거론할 수 없음을 안타깝게 생각한다. 호찌민과 하노이 한인회 지도부는 물론이고 대사관과 총영사관 관계자분들이 큰 도움을 주었다. 서울대 동문회, 신한 베트남, 지평 베트남도 필자의 든든한 후원자였다. 무엇보다 오랜 우정의 산물인 '좋은 친구들'은 항상 필자의 베트남 연구에서 따뜻한 안식처였다. 끝으로, 졸고를 살피고 돌보아준 눌민 정성원 사장님과 편집자 원미연 님의 정성과 한국학중앙연구원의 한국학진흥사업단 지원에 사의를 표하고 싶다. 필자의 베트남 연구를 가능하게 만들어준 이 모든 분께 진심으로 감사의 말씀을 전한다.

필자의 모든 연구는 가족의 이해와 사랑의 결과물이다. 작고하신 부모님, 장인어른과 장모님, 그리고 형제들의 격려와 지원이 없었다면 올곧이 연구에 집중하지 못했을 것이다. 아빠의 무관심 속에서도 착하게 잘 성장해준 딸 영인도 항상 힘이 되었다. 무엇보다, 필자의 파트너인 문기은에게 이번 기회에 "항상 고맙다!"는 말을 전하고 싶다. 오랜 기간 현지연구를 위하여 베트남에 머물고, 그것도 모자라 연구실에서 밤을 지새우는 필자를 묵묵히 지켜보며 양해해준 그녀에게 이 책을 바친다.

관악산 연구실에서
2021. 10. 7.
채수홍

차례

베트남 한인 사회
탐색 과정과 관점

1. 들어가며

한국인의 베트남에 대한 관심이 뜨겁다. 최근 현지 사정에 정통하지 않은 일부 유튜버의 상술로 현실이 호도되는 것과 달리 베트남인의 한국에 대한 호감은 상당히 높아진 편이다. 혹자는 한국과 베트남 역사의 유사성, 한류, 박항서 감독 열풍을 거론하며 양국 문화의 친화성에서 그 이유를 찾기도 한다. 하지만 한국인과 베트남인이 서로 관심을 가질 수밖에 없는 가장 중요한 이유는 베트남 개혁개방정책Đổi Mới을 계기로 재개된 양국의 경제 관계가 상호의존적이고 긴밀하기 때문이다. 한국에서 베트남은 무역대상국 3위로, 베트남에서 한국은 누적투자 1위 국가로 발돋움하며 경제 파트너로서 양국의 상호 지위가 공고해졌다. 이러한 경제협력은 자연스럽게 한국과 베트남의 인적 교류를 빠르게 활성화시켜 베트남 한인공동체의 성장을 이끌었다. 개혁개방 초기인 80년대 말 몇백 명으로 시작한 한인공동체는 2018년 말 현재, 공식적으로만 17만 명을 상회하는 규모로 급성장하였다(외교부 2019 재외동포현황).[1]

이 글은 베트남 한인공동체가 이처럼 성장해온 과정과 베트남에서 한인이 정착하고 살아온 역사를 기록하고 해석하는 데 목적을

---

1   외교부가 2021년 초 홈페이지에 게재한 재외동포현황에 따르면 2019년 말까지 베트남에 체류하는 한인은 172,684명이다. 2018년 말을 기준으로 베트남은 이전 조사 기간인 2016년 말에 비하여 48,226명이 늘어나 38.7퍼센트의 증가세를 보였다. 이는 미국(약 255만), 중국(약 246만), 일본(약 83만), 캐나다(약 24만), 우즈베키스탄(약 18만) 다음으로 많은 숫자이다.

두고 있다. 필자는 이러한 목적을 달성하기 위하여 다음과 같은 항목을 순차적으로 기술할 필요가 있다고 판단하였다. 먼저 베트남의 근대사와 현지의 정치적, 경제적, 사회적, 문화적 특징을 설명할 것이다. 한인이 베트남 역사의 어느 시기를 배경으로 어떤 목적으로 어떻게 현지에 정착하며 살게 되었는지에 대한 이해가 필요하기 때문이다. 이 글은 이러한 역사적 맥락에 토대를 두고 궁극적으로는 베트남에 사는 한인의 정체성을 한인 사회 내부의 사회경제적 분화와 문화적 특징에 초점을 맞추어 분석하는 것을 목적으로 삼고 있다.

이를 좀 더 상세하게 설명하면 아래와 같다. 본 연구는 첫째, 한인이 베트남에 정착한 역사를 한국-베트남 관계의 변화에 맞추어 시기별로 구분한 뒤 특정 역사적 단계에서 어떤 사회경제적, 문화적 특징을 가진 한인이 베트남에 유입되었는지를 설명할 것이다. 둘째, 시기별로 베트남 한인 사회 내부에서 진행된 사회경제적 분화의 특징을 설명하고 분화된 집단이 서로를 어떻게 구별하면서 정체성을 표현하는지 살펴볼 것이다(채수홍 2005 참조). 셋째, 이처럼 분화된 정체성에 토대를 두고 베트남 한인공동체 내부에서 정치가 어떻게 이루어지는지를 지역별 역사, 사회관계, 조직 양상의 차이와 연계시켜 다루고자 한다. 끝으로, 다른 사회경제적 특징을 가진 베트남 한인 내부집단들이 현지 베트남인과 어떻게 관계 맺고 이를 어떻게 정의하고 설명하는지 그리고 한인과 베트남인이 어떻게 일상에서 협력하고 갈등하는지 분석할 것이다.

베트남 한인의 정착사와 정체성의 특징을 규명하려는 이러한 시도는 몇 가지 점에서 의의가 있다. 먼저 동남아 한인, 특히 베트남 한인에 대한 기존 연구가 미개척 분야라는 점을 언급하고 싶다. 베트남과 한국의 관계가 빠르게 진전됨에 따라 베트남 한인에 대한 대중적, 학술적 관심이 점차 증대하고 있음에도 불구하고 이들에 관한 이해는 통계자료 제시나 여행안내서 수준에 머물러 있다(김기태 2002; 김철수 2003; 박정호 2010 참조). 이런 상황을 고려할 때 재외동포 가운데 적지 않은 수를 차지하고 있는 베트남 한인을 총체적이고 체계적으로 탐구하는 작업이 필요한 시점이다.

베트남 한인의 특수한 존재 양태가 재외한인 연구에서 가지는 의미에도 주목할 필요가 있다. 기존 재외한인 연구는 재미교포, 재일교포, 조선족 등 여러 세대에 걸쳐 재생산되어온 한인공동체에 집중되어왔다. 연륜을 갖춘 이런 한인 사회와 비교해볼 때 베트남 한인 사회는 아주 짧은 시간에 형성되었으며, 한인의 정주 의사와 법적 지위가 유동적일 뿐만 아니라, 이들이 현지인과 관계 맺는 양상도 상당히 다르다. 기존 재외한인 연구 관점에서 보면 '정착형 이주자settler'보다는 '일시적 해외거주자sojourner'에 가까워 재외한인 범주에 넣어야 할지조차 망설여지는 특수성을 가지고 있다.

하지만 한국경제의 급성장과 가속화되는 지구화를 배경으로 세계 각국으로 뻗어나가고 있는 오늘날, 해외 한인의 존재양식 대다수가 식민지 시대와 개발도상국 시절에 이주하였던 재외한인 존재양식보다 베트남 한인에 더 유사하다는 점을 고려할 필요가 있다.

한국보다 경제적으로 못 사는 나라로 이주해서 삶을 모색하는 해외 한인이 많아지고 있다는 사실을 염두에 둘 때 베트남 한인의 존재 양태를 예외적 사례로만 취급할 수는 없다. 베트남처럼 한국과의 경제 관계가 밀접해지면서 한인 수가 증가하고 있지만, 이들이 법적으로 현지 국가에 귀화 혹은 영구 이주할 수 없거나 굳이 그럴 필요가 없는 경우가 많아지고 있기 때문이다. 이러한 점을 종합해볼 때 베트남 한인 연구가 재외한인 연구의 지평을 넓히고 다양한 성격을 가진 재외한인에 대한 연구를 활성화하는 계기가 될 수 있다고 믿는다.

셋째, 베트남 한인의 삶은 '국제 노동 분업international division of labor' (Frobel, Heinrichs and Kreye 1980)에 의하여 외국인과 현지인이 자본과 노동의 흐름에 따라 이주하면서 보여주는 인종, 종족, 계급, 젠더를 둘러싼 초국적 정치를 이해하는 귀중한 사례가 될 수 있다. 전지구화globalization가 진전되고 '세계 가치 사슬global value chains'의 지역 분화가 정교해지면서 오늘날 세계 어디서나 우리가 경험하는 '사회 영역social field'은 정치경제적으로는 물론이고 사회문화적으로도 초국적 형태를 띠고 있다(윤인진 2008: 7). 이와 같은 문화의 초국적 성격을 논의할 때 상기해야 할 점은 문화적 경계가 흐트러지고 모호해지는 전지구화 현상이 지역화localization를 동반한다는 점이다. 이처럼 세계적 흐름이 지역 맥락에 맞게 정착하는 현상을 '세방화世方化, glocalization'라고 부른다(Kumaravadielu 2008: 45). 세방화 현상은 통신기술 발전에 의해서도 추동되고 있지만 동시에 인간이 이동함에 따라 외국인과 현지인이 같은 지역에 살고 접촉하면서 상호작용하는 과정에서도 발생한다. 이 저서는 한인이 베트남으로 이주하여 직장과 일상생활에서 현지인과 어떻게 관계를 맺고 어떠한 문화적 관념을 주고받으며 정치 과정을 만들어내는지에 대한 시사점을 제공하고자 한다. 이런 점을 고려할 때 이 연구는 베트남 한인에 대한 학술적 관심인 동시에 베트남 한인과 베트남인이 만들어내는 초국적 문화정치에 대한 탐구이기도 하다.

끝으로, 이 글에서 쓰고 있는 베트남 한인이라는 용어가 현지에 체류하는 한국인을 통칭하고 있다는 점을 명확히 해두고 싶다. 베트남이 한국보다 경제적으로 덜 발전된 나라고 귀화가 엄격히 제한된 사회주의 국가라는 점 때문에 베트남 한인은 다양하고 유동적인 삶을 살고 있다. 베트남 한인 가운데는 일 때문에 일시적으로 체류하는 사람도 있고, 기회가 닿으면 현지에 뿌리내리고 싶어 하는 사람도 있으며, 그럴 의사는 없지만 현지에서 살 수밖에 없는 사람도 있다. 이런 다양성과 유동성 때문에 베트남 한인을 몇 가지 형식적 기준에 의하여 한인 범주에 넣거나 제외하기 쉽지 않다. 무엇보다 본 연구에서 베트남 한인의 범주에 다양한 성격의 베트남 체류자를 모두 포함시키는 것은 이들 각각이 베트남 한인의 정체성과 현지 베트남인과의 관계를 완성시키는 중요한 조각이기 때문이다.

이 저서의 각 장은 다음과 같이 구성되어있다. 1장에서는 한인의 베트남 정착사를 이해하기 위해서 간략하게나마 베트남 근대사에 대하여 언급하고, 역사적 시기별로 어떤 성격의 한인이 어떤 이유로 어느 곳에 정착하였는지 소개한다. 베트남이 어떤 역사적 사실을 경험하였는지와 한인의 현지 정착과 적응에 대한 이해는 불가분의 관계를 맺고 있다. 따라서 베트남 한인의 굴곡진 삶과 그들이 변화를 겪어나가는 과정을 설명하기 위해서는 베트남이 주요시기에 어떤 정치경제적 조건과 사회문화적 특징을 가지고 있었는지에 대한 이해가 선행되어야 한다. 이어서 2장에서는 이주 시기에 따라 한인을 세대별로 구분하고 세대별 이주 동기와 사회경제적 특징을 기술한다. 특히 베트남 한인이 남부 중심도시인 하노이와 북부 중심도시인 호찌민에서 양적 성장과 질적 변화 과정을 세대와 연계하여 상세하게 서술할 것이다.

3장에서는 베트남 한인공동체 내부에서 사회경제적 분화가 일어나고 그 과정에서 형성된 집단들(주재원, 자영업자, 공장 매니저, 빈곤층)이 서로 문화적 '구별 짓기distinction'(Bourdieu 1984)를 실천해나가는 양상을 설명하고자 한다. 무엇보다 이러한 사회경제적 분화와 구별 짓기가 한인공동체에 어떠한 균열을 일으켰는지에 대하여 상세하게 기술하고자 한다.

4장에서는 한인 사회가 양적으로 팽창하면서 지역별로 어떤 차이를 나타내고 각 지역의 한인이 어떤 정체성의 정치를 펼치는지를 설명하고자 한다. 하노이를 중심으로 한 북부 한인 사회와 호찌민을 필두로 한 남부 한인 사회에 형성된 역사와 사회문화적 특징을 분석하고 양자가 수렴한 공통점과 전통의 영향으로 인한 차이점을 정치 과정과 연계시켜 들여다보고자 한다. 또한, 이러한 역사적 특성을 염두에 두고 향후 한인 사회가 어떤 사회문화적 특성을 가지고 정치 과정을 펼칠 것인지 예견해볼 것이다.

마지막 5장에서는 베트남 한인이 현지인과 관계 맺고 살아가는 양상과 이 과정에서 한국인으로서 그리고 베트남 교민으로서 어떻게 정체성을 형성하여 나가는지 살펴볼 것이다. 베트남 한인이 법률적으로뿐 아니라 문화적으로 한국인이라는 종족·민족 정체성을 가지고 있다는 사실은 어렵지 않게 확인된다. 유의할 점은 이와 동시에 이들의 종족·민족 정체성이 본국에 사는 대다수 한국인과 다른 좌표 위에서 특수하게 초국적 성격을 띤다는 사실이다. 이는 다음 두 가지와 깊이 연관되어있다.

하나는 베트남 한인이 본국과 베트남 양쪽에 걸쳐있으면서 어디에도 소속되지 못한 채 '사이에 끼어in-between' 살아가거나 그럴 가능성이 있는 조건 속에 놓여있는 존재라는 점이다. 이러한 '위치성 positionality'이 이들의 종족·민족 정체성에 어떤 영향을 미치는지에 대해서 탐색할 필요가 있다. 다른 하나는 베트남 한인이 현지 베트남인과의 관계 속에서 일상 경험을 통하여 종족·민족 정체성을 형성하고 변화시키는 존재라는 점이다. 마지막 장에서는 특히 후자에 중심을 두고 베트남 한인의 종족·민족 정체성의 실체와 이에 바탕을 둔 현지인과의 정치 과정을 기술할 것이다.

또한, 필자는 베트남 한인 사회가 향후 어떻게 변화해갈 것인지에 대하여 전망하면서 마무리하고자 한다. 이를 위해서는 베트남의 정치경제, 한국-베트남과의 관계, 그리고 한인공동체 내부의 추이가 한인공동체의 양적, 질적 변화에 어떤 영향을 미칠 것인지 가늠할 필요가 있다. 또한, 한인공동체에서 새롭게 등장한 내부집단, 예를 들어, 한-베 가정과 여기에서 생산된 2세 그리고 현지에서 직장생활하는 젊은 세대의 역할에 대한 평가가 필요하다. 이러한 여러 요인이 향후 베트남에서 한인공동체의 미래에 대하여 어떻게 작용할 것인지를 진단해보려는 것이다.

요약하면, 필자는 본 저서를 베트남 한인의 삶을 이주의 역사, 사회경제적 분화, 그리고 한인 내부와 현지인과의 관계와 연결된 정치 과정에 초점을 맞추어 기술할 것이다. 이제까지 베트남 한인의 삶을 총체적으로 다룬 저서가 부재한 상황에서 본 저서가 이들의 과거, 현재, 그리고 미래를 다루는 의미 있는 민족지가 되기를 희망한다.

2. 연구 과정과 방법

본 저서는 동남아시아를 연구하는 전문가가 모여 지역 내 개별국가의 한인을 소개하는 일련의 저서 발간을 기획하고 이를 '한국학중앙연구원'이 지원하면서 시작되었다. 필자는 이 공동프로젝트팀의 일원으로 베트남 한인의 삶을 이해할 수 있는 민족지 한 권을 집필하기 위하여 2016년 초부터 관련 문헌 검토에 착수하였다.

저서를 위한 본격적인 연구는 이때 시작하였지만, 베트남의 노동

문제와 문화정치를 연구해왔던 필자가 베트남 한인을 처음 만난 것은 훨씬 전인 1994년이다. 이후 1998년에서 2000년까지 박사논문 집필을 위하여 현지 연구를 할 때 호찌민의 한 공장에서 많은 한인을 만날 수 있었다. 당시에도 인류학자로서 한인의 삶에 대하여 흥미로운 점이 많았지만, 재외한인은 필자의 연구주제가 아니어서 큰 관심을 두지 않았다. 이후 베트남 한인의 삶에서 흥미로운 지점을 탐색하기 시작한 것은 미국에서 유학을 마치고 한국으로 돌아와 대학에 자리 잡고부터이다. 그럼에도 베트남 한인에 대한 학술논문을 몇 편 집필하는 단편적인 연구만 진행하였을 뿐 재외한인이나 이주에 관한 연구는 여전히 본인의 주요 관심사가 아니었다(채수홍 2005, 2014, 2016a, 2016b 참조).

필자가 이 저서를 위하여 본격적으로 현지 연구를 실시한 것은 2016년 7월부터이다. 이때부터 2018년 1월까지 매 여름과 겨울 방학을 활용해, 필자에게 익숙한 호찌민은 뒤로 미루고 베트남의 다른 도시부터 연구를 진행하였다. 처음에는 수도인 하노이를 중심으로 이후에는 북부와 중부의 인근 도시로 범위를 확장하며 한인에 대한 다양한 주제를 탐색하였다. 특히 초기에는 하노이 한인회의 전·현직 회장과 임원 그리고 정착한 지 오래된 인물을 집중적으로 만나 하노이 한인의 역사와 사회문화적 특징에 관하여 면담하였다. 이 과정에서 필자는 가능한 한 여러 사회경제적 지위를 가진 다양한 사람들을 만나 이들이 현지에서 겪은 차별적 경험을 청취하고자 하였다. 이러한 초기연구를 통하여 필자가 흥미롭게 느낀 점은 하노이 한인 사회가 그동안 친숙하였던 호찌민 한인 사회와는 다른 점이 많다는 사실이었다. 그 결과 이 저서의 첫걸음은 필자가 진지하게 살펴본 적 없는 하노이 한인 사회의 실체를 파악하는 것이었다.

필자가 하노이 한인 사회를 처음으로 목격한 것은 90년대 중반이었다. 이때만 해도 일부 주재원이 모여 사는 대우호텔 인근 지역에 한인 식당 몇 개가 있었고 그 수가 많지 않았던 유학생은 여러 지역에 값싼 베트남인 집을 통째로 빌려 함께 생활하는 것이 일반적이었다. 이후 2004년부터 호찌민 한인을 연구하면서 틈틈이 하노이를 방문하였을 때도 한인 수가 많지 않아 지인을 통하여 연구에 도움을 줄 만한 한인을 소개받았다. 하지만 노동 문제를 연구하기 위하여 하노이의 공장지대를 탐방하고 공장 사장이나 매니저를 만나면서 2000년대 중반 이후 하노이에 사는 한인이 초기에 비하여 상당히 늘었다는 것을 체감할수 있었다. 일단 한인 식당이 많아졌고 진출기업도 다양해졌다는 것을 체득할 수 있었다. 하지만 호찌민과 비교할 때 하노이는 여전히 진출기업은 물론 한인 수가 적고 다양성도 많지 않아 연구 대상으로서는 크게 매력을 느낄 수 없었다.

하지만 2016년 이후 자료를 모으기 위하여 하노이에 갔을 때는 베트남 정부의 '지역 균형 발전정책'에 의하여 하노이와 인근에 진출한 한인 기업 수가 급증하였고, 이에 따라 한인 규모도 이전에 비하여 훨씬 많아졌다는 사실을 확인할 수 있었다. 또한, 이전에 필자가 장기간 머물렀던 호찌민을 염두에 둘 때 하노이 한인 사회만의 독특한 역사와 특징이 있다는 점도 발견할 수 있었다. 하노이 한인 사회에서 관찰되는 정치경제적, 사회문화적 특성이 호찌민 한인 사회와 여러모로 대비되어 필자의 흥미를 끌었던 것이다. 이를 정리하여 2017년에 「하노이 한인사회의 형성, 분화, 그리고 미래」라는 논문을 집필하였다(채수홍 2017 참조).

이때의 연구를 바탕으로 필자는 하노이와 호찌민 한인 사회 정치 과정의 차이를 면밀하게 분석하는 작업을 시도하였다. 이를 위하여 2018년 말까지 먼저 여러 차례에 걸쳐 하노이와 호찌민의 한인회, 코참KOCHAM, 중소기업협회, 한인 국제학교(이하 한인 학교), 대사관과 총영사관 등 주요 기관은 물론이고 상사, 공장, 개인이 운영하는 사업장을 방문하여 베트남 한인 사회의 현황을 파악하고자 노력하였다. 이 과정에서 각 기관의 책임자와 직원을 만나서 이들이 알고 있는 베트남 한인 사회의 특징과 역사에 대한 견해를 청취하였다. 이와 더불어 젠더나 계층이 다른 한인을 기회가 주어질 때마다 만나서 한인 사회에 대하여 다른 시각이 어떻게 교차하는지 살펴보았다. 이렇게 만난 한인 수가 점점 늘어났고, 이들 가운데 일부와는 매우 친밀한 관계를 유지하며 연구에 유익한 정보를 얻을 수 있었다.[2]

---

2 이들의 신상은 연구윤리를 고려하여 따로 제시하지는 않겠다. 이들의 신상을 익명으로 하여도 면접대상자의 상당수가 하노이 한인 사회에서 중심 역할을 하거나 오래 거주하여 잘 알려진 사람들이라 실제로 익명성이 보장되지 않을 염려가 있기 때문이다. 또한, 필자가 그동안 만난 한인이 수백 명에 달하여 이를 정리하는 데 난관이 있기도 하다.

필자는 이 과정에서 한인 사회와 관련된 질문만 하는 면접보다는 면접대상자에게 허락을 얻어 이들의 생애사life history를 수집하는 방법을 주로 활용하였다. 이들의 생애사 정보를 통하여 한인 사회 정착사를 재구성해보고, 인구 규모와 연동된 사회경제적 분화 정도를 가늠해보고, 한인회를 비롯한 여러 공식/비공식 단체 구성원 사이의 사회적 관계를 파악하고자 하였다. 또한, 이들이 초국적 공간인 베트남 한인 사회에서 생활하면서 타자에 대한 시각과 이를 통하여 드러나는 종족, 계급, 젠더 정체성을 진술된 생애사 속에서 읽어내고자 하였다.

베트남 한인 사회의 특수성을 파악하는 데는 필자가 최근 집중해서 연구해온 하노이 한인 사회뿐만 아니라 20여 년 동안 꾸준히 방문해온 호찌민 한인에 대한 정보가 큰 도움이 되었다. 필자가 만나서 자료를 수집한 호찌민 한인이 들려준 이야기와 보여준 행동 모두가 하노이나 다른 지역의 한인 사회에 대한 일종의 비교 연구를 진행하는 데 밑받침이 되었기 때문이다. 호찌민 한인 사회에 대하여 축적된 이러한 지식은 필자로 하여금 하노이와 다른 지역의 한인 사회가 가진 특수성과 보편성에 대하여 성찰할 수 있는 계기가 되었다.

특히 하노이 한인의 역사에 해박한 인사들과의 면담은 몇 가지 중요한 시사점을 제공해주었다. 무엇보다 하노이 한인 정착사와 사회경제적 특징은 필자가 전에 연구하였던 호찌민의 한인 사례와 여러 면에서 차이를 보였다. 이러한 차별성이 나타나는 이유는 베트남 한인의 증가가 적어도 90년대까지는 호찌민을 중심으로 전개되었으며, 하노이에 한인이 급증한 것은 비교적 최근의 일이라는 사실에서 기인한다. 하노이의 한인은 이처럼 상대적으로 짧은 역사와 인구 규모가 적다는 점 외에도 사회적 관계를 맺는 방식과 정치를 전개하는 방식에서 호찌민 한인과 차이를 보여주었다. 또한, 하노이는 중심이 되는 단체가 한인회로 코참이 중심이 되어 움직이는 호찌민과 달랐으며(채수홍 2005: 103-108), 한인회의 활동 방식에도 차이가 있었다. 마지막으로 하노이는 베트남 북부지역 한인의 중심 생활지역이지만 인근의 하이퐁 등 다른 공업지역에도 따로 한인공동체가 존재한다. 이는 호찌민 인근 지역의 한인이 인근에 동나이나 빈즈엉 같은 한인 밀집 지역이 성장하고 있음에도 불구하고 호찌민 한인으로 정체성을 형성한 것과는 구별된다. 이러한 점을 고려할 때, 필자는 크게는 북부와 남부, 작게는 하노이와 호찌민에 살고 있는 한인에게서 보이는 사회적, 문화적, 그리고 정치적 차이를 이해하기 위해서는 양자의 역사적 그리고 경제적 특징을 면밀하게 비교해야 할 필요성을 인식하게 되었다.

필자가 이와 같은 과정을 거쳐 가지게 된 여러 문제의식과 이를 토대로 약 2년 동안 모은 새로운 자료를 정돈하여 이 저서에 녹여낼 수 있었던 것은 2019년 한 해 동안 베트남에서 연구년을 지낼 기회를 갖게 된 덕택이다. 호찌민의 인문사회대학 방문교수로 파견되어 활동하면서 필자는 호찌민과 하노이의 많은 한인을 만날 수 있었고, 이들의 견해를 청취하면서 그동안 불확실하였던 부분에 대한 보완작업을 해나갈 수 있었다.

이 기간은 필자가 저서 집필을 하는 데 있어 두 가지 측면에서 큰 도움이 되었다. 한편으로 베트남 공장을 위주로 연구해온 필자가 이전에는 심층 면접할 기회가 많지 않았던 한인을 많이 만날 수 있었다. 베트남 경제가 성장하고 질적으로 변하면서 한인 사회에 점차 늘어나고 있는 금융, 건설, 유통, IT 부문 주재원을 자주 접할 수 있었고 특히 젊은 세대의 이야기를 청취할 기회를 얻을 수 있었다. 이 가운데는 현지에서 고용된 소위 '현채現採, 현지 채용인력'나 베트남 여성과 결혼하여 '한-베 가정'을 이루고 있는 한인도 많아 한인의 정체성에 대한 다양한 시각과 경험을 청취할 수 있었다.

다른 한편으로 현지인과 접촉할 기회를 일상적으로 갖게 되었다. 한국계 회사에서 일하는 현지 노동자의 일터와 삶터를 관찰하고 면담을 나눌 수 있었고, 한인과 연계되어있는 다양한 베트남인들과도 의견을 교환할 수 있었다. 이들과 식사하고 술자리를 가지면서 공식적인 자리에서는 쉽게 보여주지 않는 '은밀한 속내'를 들여다볼 기회 또한 가질 수 있었다. 이 같은 과정은 그동안 필자가 조사와 집필을 해나가면서 궁금하였던 점을 해소하고 부족하였던 점을 보완하는 데 큰 도움이 되었다.

필자가 이 책을 집필하면서 깨달은 점은 한국학중앙연구원이 제공한 '재외한인 연구 프로젝트'로 얻은 기회뿐만 아니라 그동안 10년 이상 틈틈이 한인 사회와 접촉하고 단편적으로 써온 글이 이 저서의 뼈대를 형성하고 살을 붙이는 작업을 가능하게 해주었다는 사실이다. 필자가 처음으로 베트남의 한인에 대한 글을 쓰기 시작한 것은 2004년 여름이다. 이때의 관심은 호찌민의 한인 사회에서 벌어지기 시작한 갈등을 사회문화적으로 해석해내는 일이었다. 당시 호찌민의 한인 사회는 필자가 장기체류하였던 90년대 말과 비교하여 양적으로나 질적으로나 많은 변화를 겪고 있었다. 인구가 현격히 늘고 이에 따라 사회경제적 분화가 가시화되기 시작하였다. 필자는 이러한 변화가 한인 사회의 리더십을 놓고 벌어지는 여러 형태의 갈등과 밀접한 관계가 있다는 점을 설명해보고 싶었다(채수홍 2005 참조).

이후 필자의 베트남 한인에 대한 관심은 공장 매니저로 확장되었다. 베트남의 파업과 노동 정치에 대한 연구를 진행하기 위하여 연구년인 2011년에 여러 한국계 공장을 방문하면서 자연스럽게 공장 매니저의 생애사와 삶의 양태에 대한 진술을 자주 접하게 되었다. 이때 모아둔 인터뷰 자료를 바탕으로 2013년 여름과 겨울에 20여 명의 공장 매니저를 다시 심층 면접할 수 있었다. 그 결과 필자가 이전에 한인에 대한 첫 논문을 쓰면서 상세하게 다루지 못한 공장 매니저의 독특한 삶의 조건과 공장 내외에서 펼쳐지는 다른 한인 및 현지인과의 정치적 관계를 깊이 들여다볼 기회를 가질 수 있었다(채수홍 2014 참조).

정확히 한인에 관한 연구라기에는 논란의 여지가 있지만 이 저서를 위한 연구를 착수하기 전에 필자가 심층 면접한 대상이 하나 더 있다. 베트남에서 이주노동자로 살고 있는 조선족 공장 매니저가 바로 그들이다. 당시에 필자는 베트남에 적게는 5백여 명 많게는 2천여 명으로 추정되는 조선족 공장 매니저가 있다는 사실을 확인하고 교포(베트남 거주 한인)의 교포(조선족)인 이들이 베트남에서 어떻게 살고 있는지 궁금증이 생겼다. 이에 2014년 1월과 2016년 1월 두 차례에 걸쳐 베트남 남부의 호찌민 인근 공업지대인 빈즈엉에서 20여 명의 조선족을 만나 심층 면접을 진행하였다.

특히 베트남에 거주하는 조선족의 절대다수인 봉제업체 공장 매니저를 만나 이들이 베트남에 이주해온 경로, 고향에 있는 가족과의 관계, 공장 내에서 겪는 민족적·계급적 갈등에 대한 진술을 청취하였다. 이 과정에서 이들이 한인과 비교할 때 다른 디아스포라 경험을 하였을 뿐 아니라, 정치경제적으로 특수한 조건 아래 살고 있으며, 그 결과 복합적인 정체성을 가지게 되었다는 점을 깨닫게 되었다(채수홍 2016 참조). 이 연구는 베트남 한인의 정체성에 대해 성찰할 기회는 물론 본 저서 집필에 간접적으로 도움을 주었다.

이상과 같이 필자는 본 저서를 위한 연구에 착수하기 전에 이미 베트남 한인에 대한 몇 가지 퍼즐 조각을 맞추고 있었던 셈이다. 호찌민 한인의 정착사와 시기별 사회경제적 분화를 먼저 살펴보았고, 이 가운데 공장 매니저에 대한 심층 조사를 추가로 실행하였다. 그리고 호찌민 한인의 이주사와 연계되어있고 이들과 일상에서 상호작용하고 있는 조선족 매니저의 삶도 살펴보았다. 이러한 기존의 연구는 본 연구의 일부를 이루고 있고, 베트남 한인에 대한 다양한 측면을 조명하는 데 여러모로 도움을 주었다.

3. 베트남 한인 사회를 조망하는 관점

이 저서는 몇 가지 이론에 뿌리를 두고 있다. 크게 보면, 이 연구는 문화와 권력 간의 관계를 다루고 있다. 특정 집단 구성원이 공유하는 문화는 정치경제적 조건과의 연계 속에서 형성되고 권력이 실행되는 것과 불가분의 관계를 맺고 있다. 이 저서는 재외한인 공동체가 특정한 정치경제적 조건 속에서, 어떤 문화를 공유하고 실천하면서, 어떻게 내부와 외부에 권력 관계를 표출하는지 살펴보는 문화인류학적 연구의 일환이다.

보다 구체적으로, 이 연구의 한 축은 베트남 한인의 역사와 삶을 이주이론과 연계시켜 설명하는 것이다. 해외 이주자의 삶이 가능해진 혹은 강제된 역사적 맥락과 조건을 밝히고, 이들이 일국에서 벗어나 다른 곳에 정착하여 양국에 걸친 삶을 어떻게 살아내는가를 기존 이주이론에 천착하여 설명하고자 한다.

다른 한 축은 이주자가 가진 국가, 민족, 계급, 젠더 등과 관련하여 다양한 정체성을 탐구하는 것이다. 해외에 이주한 한인은 다양한 사회범주에 중첩되어 속하여있다. 한국 국적을 가진 한인이며 남성이며 노동자일 수도 있고, 현지 국적을 가진 한인이며 여성이며 자본가일 수도 있는 것이다. 이 연구는 해외 한인이 이처럼 중첩되고 때론 모순된 사회범주에 동시에 속하여있으면서 어떤 조건과 맥락에서 어떻게 정체성을 표출하는지에 주목할 것이다. 구성원 각각의 삶에서 여러 사회적 범주가 서로 교차하며 만들어내는 '다원적 정체성의 동시성simultaneity'(Brewer 1997; Brodkin 2000)을 베트남 한인 사례를 통하여 드러내고자 한다.

마지막으로 이 연구는 해외 이주노동자의 문화정치를 초국가주 의transnationalism와 초국적 실천을 중심으로 다루려는 시도이다. 여러 계층의 한인이 해외에 진출한 자본가나 이주노동자로서 현지의 일터와 삶터에서 어떻게 초국적 일상을 살아가고, 현지인 그리고 고국에 있는 가족이나 친지와 어떻게 관계 맺는지, 그리고 그 결과 어떤 정치적 경험을 하게 되는지 살펴보고자 한다.

이 저서는 이와 같은 네 가지 이론적 관심을 토대로 작성된 문화인류학적 민족지이다. 베트남 한인의 정착사, 사회경제적 분화, 한인과 베트남인과 벌이는 정체성의 정치 등을 순차적으로 검토하면서 이 민족지가 네 가지 연구 분야의 기존 이론과 관련하여 어떤 함의를 갖는지 함축적으로 제시하고자 한다.

1) 문화와 권력

베트남 한인의 삶을 조망하는 작업은 이들이 타국에서 어떤 문화를 가지고 어떤 행위를 하고 사는지에 대한 탐색이다. 인류학에서 문화란 특정 집단의 세계관을 구성하는 가치, 규범, 상징, 이념 등을 의미한다. 물론 물질문화, 제도, 의례, 예술 등을 포함하여 특정 집단이 생활하면서 만들어내는 모든 것을 문화라고 정의하는 학자도 있다. 실제로 이렇게 문화를 정의하는 '총체론적totalist' 관점이 대중적으로는 더 널리 통용된다.

하지만 오늘날 인류학을 포함한 대다수 학문분과에서는 문화를 총체론적 관점보다는 관념론적mentalist 관점을 가지고 정의한다. 관념론적 관점이 선호되는 이유에는 여러 가지가 있지만, 무엇보다 총체론적 관점을 적용하면 인간의 활동과 관련된 산물이 모두 문화가 됨으로써 문화가 아닌 것이 거의 없다는 문제가 발생하기 때문이다. 문화를 사회 현상과 인간 행위를 분석할 개념적 도구로써 활용하기 위해서는 방만한 정의를 예리하게 할 필요가 있기 때문이다(로저 키징 1985: 89).

문화를 인간의 머릿속에 있는 관념으로 보는 관점을 취하면 특정 집단이 생산한 물질은 문화에 포함되지 않는가 하는 의문이 생길 수 있다. 예를 들어, 고려청자, 한옥, 김치를 한민족의 문화라고 할 수 없다는 말이냐고 반문할 수 있다. 이러한 질문에 대하여 관념론적 관점에서는 물질적 실체로서 고려청자가 문화라기보다 여기에 부여하는 의미가 문화라고 해명한다. 한민족의 오랜 역사 그리고 조상의 높은 기술과 예술을 지녔다라는 의미와 문양의 상징적 의미를 배우지 않은 다른 민족에게 고려청자는 그저 액체를 담는 용기에 불과하기 때문이다. 우리가 시각적으로 확인할 수 있는 물질로서 고려청자라는 도자기가 문화가 아니라 여기에 부여하는 의미가 문화인 것이다.

인류학자가 문화를 인간의 머릿속에 있는 관념으로서 정의하는 것은 특정 집단이 공유하고 실천하는 담론과 행위에 어떤 의미가 담겨져 있는지를 파악하는 것이 중요하다고 생각하기 때문이다 (Simpson et al. 1961: 522). 이러한 의미가 어떻게 사회적 관계 속에서 형성되고 또한 기존 사회적 관계에 영향을 미치는지 파악하고자 하기 때문이다. 더 나아가 집단성원에 의하여 표현되는 의미가 사회적 관계에 내재한 권력 관계를 어떻게 보여주고 작동시키는지를 이해하고자 함이다.

베트남 한인이 현지에서 자신이 속한 한인공동체와 베트남 사회를 어떻게 이해하고 어떤 행동을 보여주는가를 이해하기 위해서는 먼저 이들이 공유하고 있는 관념, 즉 문화에 대해 분석할 필요가 있다. 또한, 베트남 한인의 행위를 결정하는 규칙, 규범, 세계관이 무엇인지에 주목해야 한다. 이와 함께 베트남 한인의 문화가 어떤 사회적 관계와 권력 지형 속에서 표출되고 있는지를 파악하는 것도 필요하다.

베트남 한인이 말하기와 행위를 통하여 드러내는 의미(문화) 속에서 사회적, 정치적(권력) 관계를 파악하고자 할 때 유의할 것은 문화, 이데올로기, 헤게모니를 구분하는 것이다(Comaroff 2001: 205-207). 한인이 표현하는 관념은 자신이 속한 집단이 공유한 문화, 즉 상징, 규범, 가치관이다. 이러한 상징, 규범, 가치관이 집단의 이해관계를 반영한다는 점에 주목한다는 것은 문화를 이데올로기로 간주하는 것이다. 또한, 이들이 권력과 무관하여 보이더라도 궁극적으로 기존의 권력 관계를 존속시키고 강화하는 기능을 한다고 보면 문화의 헤게모니적hegemonic 속성을 인정하는 것이다.

베트남 한인과 이들 공동체를 이해하는 것은 이들의 행위를 때론 이데올로기, 때론 헤게모니와 연결하여 들여다보는 작업이다. 물론 베트남 한인이 향유하고 실천하는 문화를 모두 이데올로기나 헤게모니의 속성을 지닌 것으로 간주하는 것은 과도하다 할 수 있다. 베트남 한인이 한국인으로서 그리고 현지에 사는 외국인으로서 표출하고 실행하는 관념, 상징, 규범 가운데는 권력과 연계시키기에는 무리인 것이 다수 포함되어있다. 한국 음식을 자주 먹고, 한국 드라마를 즐기고, 베트남의 특정 관습이나 환경에 매료되는 것을 굳이 권력과 연계시켜 해석할 필요는 없을 것이다.

하지만 이렇게 표면적으로 비정치적이고 무고innocent하여 보이는 현상도 한인공동체 내부와 베트남 사회에 고착되어있는 문화와 권력을 강화할 수 있다는 사실을 기억해야 한다. 일상에서 한국 드라마를 보고 한국 음식을 자주 먹는 것이 한국인으로서의 정체성을 부지불식간에 보여주고 강화하는 행위일 수 있다는 것이다. 이것이 그람시(Gramsci 1973)의 헤게모니 개념이 말하고자 하는 바이다. 예를 들어, 신앙생활, 스포츠와 여가, 가족에 대한 애정 등은 일견 권력 관계와 무관하여 보이지만 이에 몰두하는 동안 기존의 권력에의 비판의식은 약해지고 저항의 언어는 침묵하게 될 수 있다. 정치적으로 중립 위치에 있거나 비정치적으로 보이는 일상의 문화는 헤게모니적 속성을 가지고 있어 기존의 사회질서와 권력 관계를 존속시키고 강화하는 역할을 할 수 있는 것이다.

이와 더불어 일상에서 행해지는 문화는 집단의 이해관계를 반영하는 이데올로기로서의 속성도 가지고 있다. 베트남 한인이 즐기는 음식, 미디어 프로그램, 관습은 한인과 베트남인을 구분시키고 한국인으로서 민족 정체성과 민족주의를 강화하는 토대가 된다. 마찬가지로 한인 사회 내부에서도 사회경제적으로 조건이 다른 집단이 일상에서 실천하는 문화가 서로 구분되는 계층의식을 강화하는 기제로 작동할 수 있다.

이 글은 베트남 한인이 공유한 문화, 즉 이들의 관념, 가치관, 규범, 상징이 일상에서 어떻게 표현되는지를 이데올로기와 헤게모니 개념과 연계시켜 분석할 것이다. 한인이 베트남에 거주하면서 역사적으로 어떻게 공동체를 형성해왔고, 이 과정에서 한인공동체에는 어떠한 관념과 의식, 즉 문화가 형성되어왔으며, 그 내부에서 분화된 권력 관계를 어떻게 형성해왔는지 살펴볼 것이다. 또한, 이러한 한인공동체 문화가 베트남인과 관계 맺기에 어떻게 영향을 주고 있는지 기술할 것이다. 이처럼 본 저서는 베트남 한인공동체에 형성되어온 문화를 이데올로기, 헤게모니 개념과 연결하여 이해하려는 시도의 일환이다.

2) 디아스포라와 초국가주의

한인의 베트남으로의 이주는 정주를 목적으로 하지 않는다. 일자리를 찾아 돈을 벌기 위한 일시적인 이주이다. 이런 의미에서 1960년대 이전에 해외 이주를 '디아스포라^{diaspora, 離散}'로 이해하는 틀을 베트남 한인 이주에 적용하는 것은 적절하지 않아 보인다. 일제강점기 시절 중국, 구소련, 하와이 등지로 이주한 한인 이주자의 경우에는 사실상 조국에서 쫓겨나 이주국에서 공동체를 이루고 살았다. 따라서 유대인의 역사적 사례에 바탕을 둔 이산이라는 개념을 통하여 이해 가능하였다. 하지만 한인의 베트남 이주는 식민지의 독립과 전지구화의 정치경제적 맥락에서 자발적이고 일시적인 성격을 가지고 이루어졌으며, 이주의 동기, 패턴, 관계망 형성도 디아스포라와는 다른 차원에서 이해할 필요가 있다.

이러한 개념 문제는 베트남 한인의 이주와 삶을 이해하는 데만 국한된 것은 아니다. 최근 세계적으로 일어나고 있는 다양한 해외 이주 양상은 좀 더 정확한 개념을 찾아낼 필요성을 대두시켰다. 그 결과 학계에서는 최근 이주를 포착하는 데 디아스포라보다는 초국가주의라는 개념을 널리 활용하기 시작하였다. 특히 90년대 초부터는 해외 이주를 초국적 현상으로 보기 시작하면서(Basch, Schiller and Blanc-Szanton 1994) 일국의 지리적, 정치적, 문화적 경계를 가로지르거나 넘어서서 이주자가 "사회적 영역social field을 만들고 있는 과정"(윤인진 2008: 7)에 주목하고 있다. 이주의 역사만이 아니라 이주민이 수출국과 수입국에 걸쳐 혹은 '사이에 끼어in-between' 생활하면서 사회적 관계와 문화를 형성하는 과정에 관심이 집중되고 있다.

이처럼 해외 이주를 초국적으로 형성되는 사회적 영역과 역사적 과정에 초점을 맞추면서 이산의 개념으로는 포착할 수 없는 다양한 현상에 대한 탐구가 가능해지기 시작하였다. 예를 들어, 많은 연구자가 이주자가 처한 사회경제적 조건 아래서, 해외 이주의 상징적 주권, 고국과 고향에 대한 의식과 향수, 민족·종족 정체성이 형성되는 과정을 파악하게 되었다. 또한, 초국적 공간에서 '장거리 민족주의long distance nationalism'(Schiller and Fouron 2001)를 바탕으로 정치를 펼치면서 이주국 혹은 고국에서 가족과 친족을 바탕으로 유대감과 공동체 의식을 강화하는 현상에 대한 이해가 진전되었다. 이처럼 초국적 상황에 있는 사회 영역에 주목하는 '아래로부터의 초국가주의'(Smith and Guarnizo 1998) 이론이 영향력을 행사하면서 일상생활에서 해외 이주자가 형성하는 다양한 의식과 경험에 대한 분석이 점차 정교해졌다.

이처럼 초국가주의 개념은 지나치게 포괄적으로 확장될 수 있는 이산의 개념(예를 들어, Clifford 1994)에 비하여 여러 분석적 이점을 제공하고 있다. 하지만 여러 학자가 지적하고 있듯이, 이 개념 역시 현실을 이해하는 도구로서 한계를 가지고 있음이 분명하다(Levitt and Jaworski 2007). 우선 초국적이라는 개념이 다양한 세계적 차원에서 일어나는 다양한 사회문화적 현상을 포괄하게 됨으로써, '전지구적global' 혹은 '국제적international' 같은 용어와 거의 같은 의미를 지니게 되었다(Hayes 2010: 24). 그 결과 일국에 국한되지 않은 많은 현상을 초국적이라고 통칭하게 되었고 개념적 도구로서의 예리함을 잃어버리고 있다.

초국가주의 개념이 미국이나 유럽 등 서구로 유입된 이주자의 사례를 경험적으로 이해하는 데 주로 활용되고 있다는 점도 논란거리이다. 기존 초국적 이주 연구가 대부분 서구의 경험과 시각에서 자국으로 유입된 이주민의 동기를 단순화하고, 이주국으로의 통합이나 동화를 당연하게 간주한다는 비판이 대두된 것이다. 이처럼 서구와 수입국 중심의 시각을 극복하지 못할 경우, 연구초점을 이주민 수출국에 맞추어도 이주민의 역할이 고국에 남은 가족에게 미치는 경제적 영향이나 정치적 간섭을 규명하는 데 그치게 된다 (예를 들어, Tylor et al. 1996). 이주민의 삶이 수입국 혹은 정착국만이 아니라 수출국 혹은 고국의 정치경제적 조건과 사회문화적 경험과 연계되는 메커니즘을 밝힐 수 있는 개념 창출과 연구가 아쉬운 것이다. 이러한 문제의식하에 이주민을 배출하는 사회문화적 공간과 이주민을 수용하는 사회문화적 공간이 세계 자본주의의 흐름에 따라 재구조화되고, 이와 연계하여 이주민의 정체성이 변화하는 과정을 포착할 한층 정교하고 구체적인 개념의 필요성이 대두되었다.

초국가주의의 포괄성과 서구 중심적 시각을 보완하기 위하여 그동안 여러 관련 개념들이 도출된 바 있다. 예를 들어, 이주민의 민족, 인종, 계급 등에 기초한 정체성이 초국적 공간에서 결합하는 방식을 포착하려는 '초국적 교차성transnational intersectionality' (Mahalingham, Balan and Molina 2007) 개념이 있다. 이 개념을 활용하여 수입국과 수출국에 걸쳐있는 다양한 주체가 자신의 정체성을 형성해가는 복합적 과정을 이해하려는 시도가 이루어졌다. 이 밖에도 '초국적 가족transnational family'(Bryceson and Vuorela 2002)이나 '초국적 일터transnational workplace'(Huang 2010: 13) 등 초국적 현상이 일어나는 현장의 맥락에 천착한 개념도 등장하였다.

이와 같은 다양한 개념 등장이 의미하는 바는 초국가주의가 일국에 국한된 기존 개념의 한계를 극복하고 국경을 넘나들면서 형성되는 글로벌 네트워크까지 시각을 확장하였지만, 여전히 경험적 연구를 위해서는 보완적 개념이 필요함을 시사한다. 또한, 각 사례의 특수성에 토대를 두고 초국적 현상을 분석할 수 있는 새로운 개념 생산이 지속될 필요가 있다는 사실을 보여준다.

베트남에 이주한 한인의 초국적 인식과 실천을 분석하는 과정에서도 이들의 특수성을 이해하기 위한 부단한 개념 적용과 보완을 위한 노력이 필요한 것 같다. 먼저, 이들을 단순하게 단일한 민족(종족) 정체성을 가진 동질적 인간 집단의 성원으로 그리는 오류에서 벗어날 필요가 있다. 이와 연계하여 이들의 정체성이 전통적으로 내려온 문화적 관념의 산물이라는 상식적인 이해를 비판적으로 성찰할 필요가 있다. 인간의 행위를 문화의 결과물로 이해하는 문화결정론에서 벗어나, 문화를 형성시키는 정치경제적 조건을 함께 고려할 필요가 있는 것이다. 끝으로, 문화란 정치경제학적 변수와 연계되어 부단히 변화할 뿐 아니라, 사회적 분화에 따라 형성된 하위 집단마다 차별화된 것임을 인정할 필요가 있다. 이 저서는 이러한 성찰을 바탕으로 새로운 개념을 보완하면서 베트남 한인의 초국적 인식과 실천을 다루고자 한다.

3) 다원적 정체성의 정치학

이 저서는 베트남 한인의 정체성을 해명하는 작업에 초점을 맞추고 있다. 이 과정에서 유의할 점은 정체성 규명작업이 이들을 정형화stereotyping하여 동질적인 의식을 갖는 집단으로 재현해내는 방식으로 이루어지면 안 된다는 것이다. 베트남 한인이 자신이 속한 계급, 민족·종족, 젠더 등과 관련하여 매우 다양한 의식을 가진 차별적 집단이라는 점을 기억해야 할 것이다. 앞에서 언급한 '초국적 교차성'(Mahalingham, Balan and Molina 2007) 개념 역시 국경을 가로지르는 현상만을 의미하는 것이 아니라 여러 사회적 범주를 가진 주체의 다양한 의식이 교차하는 방식을 동시에 포착하려는 시도이다.

  사회과학 특히 인류학에서는 이를 '다원적 정체성의 동시성simultaneity'(Brewer 1997; Brodkin 2000)으로 인식하고 이를 해명하기 위하여 노력해온 바 있다. 예를 들어, 한 인간은 멕시코에서 태어난 히스패닉이며 남성이며 공장노동자일 수 있다. 인도네시아에서 태어난 소수민족 여성이며 가정주부일 수도 있다. 이들의 정체성은 이처럼 다원적이지만 정치경제적 조건, 사회적 맥락, 문화적 관념에 대한 분석 과정에서만 분리될 수 있는 것이지, 이들의 실제 행위 속에서는 동시적으로 표출되는 것이다. 따라서 분석 과정에서 각 범주의 차별적 맥락을 어떻게 분리해낼 것인지 그리고 범주의 상호관련성을 어떻게 포착할 것인지가 난제로 남아있다.

이러한 문제를 염두에 두고, 이 저서는 베트남 한인을 특정 범주로 환원시켜 분석하는 한계에 매몰되지 않도록 주의를 기울이고자 한다. 한편으로, 자본주의의 내적 동학을 경제결정론이나 계급결정론에 환원시켜 분석하는 오류에서 벗어나고자 노력할 것이다. 다시 말해, 이들이 어떤 경제적 조건을 가진 사회 집단이라는 것이 이들의 정체성을 바로 결정한다고 가정하지 않을 것이다. 같은 맥락에서 가부장주의를 사회적 현상의 근원으로 간주하고 제반 이슈를 젠더 문제로 환원하는 여성주의 결정론도 비판적으로 성찰할 것이다(채수홍 2003b: 110). 마지막으로, 민족·종족을 역사적 맥락과 무관하게 형성되어있는 본질적인 것으로 보는 시각에 대해서 다양하게 제기된 비판을 적극 수용할 것이다.

이처럼 필자는 이 저서에서 계급, 젠더, 민족·인종을 본질적으로 주어진 것으로 그리고 모든 사회적 현상의 근저에서 결정하는 힘을 갖는 것으로 보는 환원론과 결정론에서 벗어나 베트남 한인의 다양한 범주가 서로 교차하면서 정체성을 만들어가는 방식을 탐구하고자 한다. 특히 '애정과 돌봄의 회로transnational circuits of care and affection'(Huang 2010: 11)를 통하여 정착국과 모국의 여러 사회적 관계를 유지하는 과정에서 이러한 사회적 범주들이 서로 연결되는 방식에 주목할 것이다. 이를 위하여 특히 '초국적 가족'(Bryceson and Vuorela 2002)이 유지되는 방식과 '초국적 일터'(Huang ibid.: 13)에서 문화와 권력이 작동하는 과정을 면밀히 살펴보면서 베트남에 정착한 한인의 삶에서 읽어낼 수 있는 다원적인 정체성을 분석해내고

자 한다.

이 저서는 이처럼 베트남 한인의 정체성을 다원적으로 살펴보기 위하여 시간의 축을 따라 이주의 조건, 동기, 과정을 보여주는 역사를 기술하고, 공간의 축을 따라 삶터와 일터에서 사회적 관계와 이에 토대를 둔 정치가 어떻게 일어나는지 살펴보려 한다. 또한, 이러한 기술과 분석을 통하여 호찌민 한인의 정착 과정과 삶의 양태를 여러 측면에서 보여주고, 이러한 삶이 이들로 하여금 어떠한 정체성을 갖게 하는지에 대하여 다원적으로 분석하려 한다. 이 저서는 이러한 시각을 토대로 베트남 한인을 민족지적으로 기술하는 데 궁극적인 목표를 두고 있다.

4) 해외 이주노동의 초국적 연구

해외 이주노동은 1960년대 이전만 하더라도 이산의 한 형태로 인식되었다. 예를 들어, 일제강점기 시절 중국이나 하와이로 일자리를 찾아 이주한 한인 노동자의 삶이 조국에서 쫓겨나서 해외 여러 국가에서 독특한 민족공동체를 건설하고 살았던 유대인의 처지와 크게 다르지 않았기 때문이다(윤인진 2008: 1-3). 하지만 대부분의 식민지가 독립하고 전지구화가 가속화되면서 이산을 특징짓던 배출push 요인보다는 상대적으로 풍요로운 일자리와 생활 여건을 가진 선진국의 흡입pull 요인이 이주노동의 주요한 동인이 되었다. 또한, 해외 이주노동자가 여전히 구조적 요인에 의하여 배출되긴 하지만, 이주노동의 동기도 다양해지고 이주 패턴도 복잡해졌으며 이들이 형성하는 사회적 연결망도 다선multi-strand으로 변해갔다(Glick-Schiller et al. 1992). 이러한 상황 변화는 점차 '이산'을 해외 이주노동을 설명하는 예리한 개념적 도구로 인정하기 힘들게 만들었다(Safran 1991: 83-84).

이러한 문제의식의 연장선에서 해외 이주노동의 변화해가는 성격을 초국가주의 '문제 틀problematics'(이광래 1989: 151) 안에서 혹은 초국적 이주의 한 현상으로 보고자 하는 개념 전환이 본격화되기 시작한 것은 90년대 초이다(Basch et al. 1994). 이주노동자의 삶에 영향을 주는 사회적 관계와 문화적 관념이 수입국과 수출국을 쌍방향으로 오가며 가족, 공동체, 정체성 등을 만들어내는 과정을 이해하려고 한 것이다.

해외 이주노동을 초국적으로 형성되는 사회문화적 영역에 초점을 맞추어 파악하려고 시도하면 이산과 같은 기존의 개념으로는 포착할 수 없는 다양하게 변화해가는 복합적 현상을 눈여겨볼 수 있게 된다. 예를 들어, 해외 이주노동자가 상징적인 주권, 고국에 대한 의식, 민족 정체성을 이주한 국가에서 자신이 가지고 있는 사회경제적 조건과 활동 상황에 맞추어 유연하게 해석하는 과정을 포착할 수 있다. 또한, "시공간이 점차 압축되는"(Harvey 1990) 초국가적 공간에서 '장거리 민족주의'(Glick-Schiller and Fouron 2001)를 더욱 강화하거나 가족, 친족, 모국어를 매개로 이주노동자 공동체가 공고해지는 현상도 발견할 수 있다. 이처럼 사회적 영역에 주목하는 '아래로부터 초국가주의transnationalism from below'(Smith and Guarnizo 1998) 이론에 천착하면 해외 이주노동자의 의식, 경험, 실천 그리고 이와 연계된 다양한 사회문화적 현상을 분석하는 데 도움이 된다.

초국가주의 개념이 해외 이주노동자 연구에 이와 같은 분석적 이점을 제공할 수 있음에도 불구하고 이를 현실에 적용하는 과정에서 여러 문제점을 노정하고 있는 것도 부인할 수 없는 사실이다. 먼저 초국가주의 이론을 다양한 사회문화적 현상에 확장시켜 적용하는 바람에 "모든 것을 설명하기에 아무것도 설명하지 못하고 있는 이론everything and nothing"(Hayes 2010: 24)이라는 비판에 직면하고 있다. 향후 해외 이주노동에서 어떤 현상이 초국적인지, 역으로 어떤 현상이 초국적이지 않은지를 경험적으로 변별해내려는 노력이 수반되지 않으면 개념의 유용성이 떨어질 수밖에 없을 것이다. 이런 변별력은 이론적 논쟁에서만이 아니라 경험적 자료 축적과 민족지 해석 과정에서 점진적으로 획득할 수밖에 없을 것이다.

필자의 견해로는 이러한 경험적 자료 축적을 위해서는 위에서 언급한 후앙(Huang 2010)의 제안처럼 먼저 가족과 일터를 나누어 초국적 교차성을 순차적으로 연구하는 것이 필요할 것 같다. 이를 위해서는 우선 해외 이주노동자가 다양한 "애정과 돌봄의 초국적 회로transnational circuits of care and affection"(Huang 2010: 11)를 통하여 본국과 현지에 흩어져 있는 부모, 배우자, 자녀와 관계 맺는 과정을 살펴볼 필요가 있다. 이처럼 '초국적 가족'(Bryceton and Vuorela 2008)에 주목함으로써 젠더, 계급, 민족 또는 종족과 관련된 정체성이 (교차하는 방식까지는 아니더라도) 드러나는 방식을 파악하는 것이 해외 이주노동자의 삶을 이해하는 데 긴요하다.

같은 맥락에서 해외 이주노동이 실행되는 '초국적 일터transnational Workplaces'(Huang ibid: 13)에 대한 연구도 동시에 진행할 필요가 있다. 해외 이주노동자는 분절화된segmented 세계 노동시장이 만들어낸 초국적 일터에서 생산조직 내의 지위, 민족 정체성, 젠더와 관련하여 문화와 권력을 실천하며 살고 있다(McDowell 2008). 이들이 자신을 다른 전문직 엘리트 이주노동자나 현지인 노동자와 어떻게 구별하고, 일터에서 노동에 어떤 의미를 부여하면서 일상을 살아가고 있는지 파악할 필요가 있다. 이러한 탐구가 해외 이주노동자의 초국적 삶을 이해하는 데 유익한 실마리를 제공할 것이다.

본 저서는 다양한 사회경제적 지위를 가진 베트남 한인이 한국과 베트남을 가로지르며 만들어내는 사회문화적 영역을 민족지적ethnographic으로 기술하고자 한다. 그럼으로써 해외 이주노동자(같은 맥락에서 다른 계급적 성격을 지닌 다국적 기업의 경영진)에 대한 경험적 사례와 이론적 시사점을 제공하고자 한다. 본 연구는 서구 수입국을 중심에 두고 동화를 전제로 한 시각에서 벗어나 연구 대상 사회의 맥락에 맞는 다양한 초국적 사례를 연구할 필요성을 보여줄 수 있을 것이다. 또한, 해외 이주노동자가 생활공간과 일터에서 특정 가족, 계급, 젠더, 민족의 성원으로서 살아내고 있는 초국적 삶을 어떻게 이해할 것인지 성찰할 기회를 제공할 것이다.

1장

베트남의 역사와
한인 진출 과정

1. 한인의 정착 배경으로서 베트남의 역사와 사회

베트남에 거주하는 한인 중에는 일상에서 문화적 차이를 느낀다고 불만을 표시하는 사람보다 베트남 생활이 "생각보다 덜 낯설다"라며 베트남인과 한인의 문화적 유사성을 강조하는 사람이 훨씬 더 많다. 물론 실제로는 동일한 인물도 상황과 맥락에 따라 문화적 차이나 동질성을 선택적으로 이야기하는 것을 쉽게 목격할 수 있다. 하지만 다른 국가로 이주한 한인보다 베트남 한인이 문화적 차이로 인한 어려움을 덜 느낀다는 담론이 베트남 한인공동체 내부에서 회자되고 이를 사실로 간주하는 한인의 믿음도 공고하다는 점은 분명하다. 이런 담론과 믿음이 지속될 수 있는 것은 나름 타당한 근거가 제공되고 있기 때문일 것이다.

　이런 믿음을 뒷받침하듯이 실제로 봉건시대와 근현대에 걸쳐 유사한 역사적 궤적을 걸어온 베트남과 한국이 공유하고 있는 문화가 많다. 예를 들어, 베트남에서도 한국과 날짜가 같은 음력설Tết이 가장 중요한 민속축제이며, 조상숭배, 효, 충 등의 유교관념이 강하게 남아있다. 따라서 베트남 한인이 베트남인의 가족, 친지, 공동체의 가치관과 규범에 친숙할 수 있다. 게다가 민속신앙이나 불교가 신앙의 기층을 형성하고 있을 뿐만 아니라 기복을 중시한다는 점도 비슷하다. 이러한 문화적 유사성에 토대를 둔 양 국민의 친밀감이 베트남 한인이 현지에 진출하는 데 가교역할을 하고 있다는 점은 부인할 수 없다.

하지만 베트남의 역사를 면밀하게 살펴보면 양국 문화에는 유사성 못지않게 결정적 차이점 또한 많다. 가령 다양한 추정을 종합해보면, 양국이 모두 한자에 기초한 말을 약 40~70퍼센트가량 공유하고 있어 서로 어휘를 이해하기가 상대적으로 쉽지만, 베트남어는 프랑스 식민시대 이래 알파벳을 쓰고 있으며 6개의 성조(남부는 5 성조)가 있다. 따라서 오랫동안 베트남에서 살아온 한인도 현지어를 유창하게 구사하는 데 한계를 느끼며, 베트남 한인은 동남아시아의 다른 국가에 있는 한인보다 현지어에 가장 서툴다. 특히 인도-말레이어를 쓰는 인도네시아나 말레이시아와 같은 지역의 한인과 비교하면 베트남 한인의 베트남어 실력은 상당히 뒤처진다.

양국의 역사도 구체적으로 들여다보면 차이점이 상당하다. 베트남에는 고조선의 단군신화에 비견할 만한 반랑Văn Lang국(기원전 7세기) 건국 신화와 어우락Âu Lạc(BC 208~179) 전설이 있으며, 한국과 함께 중국 주변국으로서 유사한 제도와 문화를 가진 왕조가 흥망성쇠를 거듭해왔다(최병욱 2006b: 69). 한나라가 1천 년간 지배하였던 시기(BC 111~AD 972)뿐만 아니라, 레Lê왕조(980~1009), 리Lý왕조(1009~1225), 쩐Trần왕조(1225~1400), 후기 레Lê왕조(1427~1789)를 거치면서 중국의 영향을 받았으며, 한국과 마찬가지로 통치이념, 사상, 가치관, 종교, 관습, 가치관을 형성해왔다. 특히 11세기에 처음 도입하였다가 15세기 말 다시 정립된 과거제도와 친족체계의 바탕을 이루는 유교사상과 문화는 오늘날 베트남인의 일상생활에 깊숙하게 자리 잡고 있다(하이듀즈 2012: 107-108). 이런 사실에 비추어볼 때 베트남과 한국의 봉건시대 문화유산은 주목할 만한 가치가 있는 공통분모를 가지고 있다.

하지만 베트남의 경우 우리보다 중국의 지배에 더 격렬하게 저항해왔고 그 결과 승전도 많이 하였지만 전쟁에 패할 때마다 장기간 직접 통치를 받았다는 역사적 특징이 있다. 한나라에 1천 년 그리고 명나라에 20여 년 직접 지배를 받은 것이 그 예이다. 중국 역사서에 베트남이 '오랑캐 중의 오랑캐'로 서술되어온 것도 이처럼 강한 저항과 이로 인한 베트남-중국의 상호불신이 한국-중국에 비하여 강하였기 때문으로 보인다(최병욱 2006a). 이러한 역사적 유산은 오늘날 양국의 대중 관계對中關係와 중국에 대한 국민 인식에 반영되어있다(채수홍 2008: 199-202). 이 밖에 일상생활에 지대한 영향을 미친 종교도 베트남은 힌두교와 소승불교의 영향을 받아 대승불교가 유입되어 토착화한 한국과는 차이가 있다.[1]

베트남의 근현대사도 한국과 매우 유사하지만 결정적으로 차이가 있다. 제국주의의 강압으로 봉건왕조가 무너지고 식민지를 겪었으며, 독립 이후 남북으로 갈려 갈등한 점은 매우 유사하다. 중국과 러시아의 지원을 받는 북부 공산주의 정권이 미국과 유럽의 지지를 받는 남부의 자본주의에 기초한 서구민주주의를 표방한 정권과

---

1 베트남은 캄보디아, 라오스, 태국, 버마 등과 함께 11세기경부터 소승불교를 받아들였으며 이는 일반인의 일상생활에 큰 영향을 미쳤다(최병욱 2006b: 17). 이는 대승불교를 받아들인 한국과 여러 차이를 낳았으며, 베트남을 동남아시아로 한국을 동북아시아로 분류하는 주요한 문화적 기준이 되었다. 소승불교는 상좌의 가르침을 뜻하는 테라바다(Theravada) 불교라고도 불린다(하아듀즈 2012: 99).

전쟁을 포함한 극한 대립을 겪은 점도 비슷하다. 하지만 베트남이 겪은 프랑스 식민주의와 한국의 일본 식민주의는 통치 기간은 물론이고 경제적, 정치적, 사회적, 문화적 영향 또한 상당히 다르다. 프랑스로부터 지배를 받은 백 년에 가까운 시간(1862~1954) 동안 베트남은 서구형 혹은 유럽형 근대화와 플랜테이션 중심의 경제를 경험하였다. 이는 35년(1910~1945)의 식민기간 동안 일본을 거치면서 '혼종화hybridity'(Bhabha 1994)된 근대성을 받아들인 한국의 사례와 여러모로 비교된다.

또한 베트남은 한국과 달리 공산주의 정권이 통일 전쟁에서 승리하고 사회주의를 표방하면서 한국과는 현격히 다른 역사적 궤적을 걸었다. 공산당의 일당 체제 아래서 사회주의화를 추구해온 베트남과 분단체제 속에서 자유민주적 통치이념을 지향하며 자본주의적 경제체제를 유지해온 한국은 국가이념뿐만 아니라 정치·사회적 제도와 일상의 문화에서 많은 차이가 있다. 이런 점을 고려해보면 한국과 베트남이 역사와 문화 면에서 유사점이 많아 한국인이 베트남 이주를 선호하고 이주 후 쉽게 적응한다는 베트남 한인 공동체 내의 담론은 선택적이고 일면적인 해석의 결과물이라 할 수 있다.

이와 같은 근대사의 결정적 차이에도 불구하고 아이러니하게도 베트남의 통일 이후 사회주의로의 이행 실패와 구소련을 비롯한 공산주의 국가의 몰락은 한국과 베트남이 시장경제의 길을 함께 걸을 수 있는 역사적 계기를 형성시켰다. 또한, 현재의 베트남 한인 사회가 만들어지는 계기를 제공하였다. 따라서 베트남 한인의 역사를 설명하기 위해서는 베트남전쟁, 사회주의화, 그리고 개혁개방정책으로 이어지는 베트남 현대사의 흐름을 기술할 필요가 있다.

1) 한인의 본격 진출 이전의 베트남과 개혁개방정책의 시행 배경

제국주의와 식민주의의 시대에 우연한 계기를 통하여 정착한 소수 한인을 고려하지 않는다면,[2] 한인 정착을 이해하기 위한 역사적 출발점은 베트남전쟁이라고 할 수 있다. 물론 김기태(2002: 314)에 의하면 베트남이 프랑스 식민지에서 해방될 당시에도 일제에 의하여 강제 징집된 사람들을 중심으로 약 2천여 명의 한인이 살고 있었다고 한다. 하지만 1964년에 한국군이 베트남에 등장하였을 때는 약 20~30명 정도만이 남아있었다고 한다. 일제강점기에 베트남에 진출한 한인은 극히 예외적인 몇몇 인물[3]을 제외하고는 차츰 미국과 호주 등으로 이주해갔기 때문이다. 이들은 오늘날 베트남 한인 사

---

2 물론 근대 이전에도 한국과 베트남 양국은 서로에 대하여 인식하고 교류하였다. 이 글에서 다루는 한인 이주사와는 거리가 있지만, 양국의 교류사에 관심이 있는 독자는 윤대영(2013) 조흥국(2009)의 연구를 참조하기 바란다.

3 김기태가 언급한 유남성이나 안병찬(2005: 219)이 기술한 전성화 등이 이런 예외적 인물이다. 유남성은 일제강점기에 징용을 왔다가 현지인으로 살았고, 해방 후에도 북부의 군대와 광산에서 일한 것으로 알려져 있다. 이밖에 신흥양행 김태성 사장도 큰 무역회사를 운영하며 해방 전부터 베트남에 체류한 인물로 기록되어있다(김기태 2002: 314; 채수홍 2005: 109). 안병찬(2005)에 따르면 전성화는 일제강점기에 하이퐁에 거주하였고 1948년 하노이에서 피살당한 상징적인 인물이며, 그에 관한 연구에 따르면 일본이 패망할 당시 약 1백여 명의 한인이 상인, 군인, 종군위안부로 일하며 하노이에 거주하였다고 한다(이한우·부이 떼 끄엉 2015: 115).

회와의 연계성을 찾아보기 힘들다. 현재 한인 사회를 이해하는 데 필요한 전사前史는 사실상 베트남전쟁부터이다.

베트남전쟁이 베트남 사회에 미친 부정적인 영향은 충격적인 통계만으로도 추정 가능하다. 1964년부터 1972년 사이에만 제2차 세계대전 중 유럽과 아시아에 투하된 전체 폭약의 두 배가 넘는 1천 5백만 톤의 폭약이 베트남, 특히 북부에 퍼부어졌다(Kolko 1997: 2). 그 결과 수많은 인명피해와 부상자는 말할 것도 없고, 1천만 명의 피난민, 1백만 명의 과부, 88만 명의 고아, 25만 명의 마약중독자, 30만 명의 매춘부를 발생시켰다(Marr and White 1988: 3).

베트남전쟁은, 특히 남부를 중심으로, 이러한 양적 피해만으로는 포착해낼 수 없는 사회경제적 변화를 가져왔다. 전쟁 중 남부 베트남 경제는 '상업 수입 제도Commercial Import System'를 통하여 쏟아진 외국 상품과 미군GI을 비롯한 외국 군인의 소비로 유지되었다. 외국인의 소비가 당시 국내 총생산량보다 훨씬 많았으며, 그 결과 적어도 호찌민 같은 남부 대도시는 전쟁특수를 누릴 수 있었다. 이 시기에 한인 수가 비약적으로 늘어난 것도 전쟁이 낳은 이 같은 경제 상황 때문이었다. 군인, 군무원, 무역상을 중심으로 한인 수가 급증하였고 이 과정에서 한국인 남성과 베트남인 여성 사이에 소위 '라이따이한Lai Đại Hàn'이라고 통칭하는 자녀가 생겨나 양 국민의 종족적 혼합이 발생하였다.[4]

하지만 이러한 한인의 증가는 일시적 현상이었을 뿐 한인은 전쟁 종식과 함께 곧바로 베트남에서 다시 자취를 감추게 된다. 약

170명으로 추정되는 교민과 10명 이하의 외교관이 종전 직후 바로 철수하지 못하고 1981년까지 점진적으로 귀국할 수밖에 없는 상황이 전개되긴 하였지만, 북부 베트남 주도의 통일 이후 사실상 거주 의사가 있는 한인은 사라졌다고 할 수 있다.

한인을 포함한 외국인이 거대한 썰물처럼 베트남에서 빠져나갔지만 남은 자리의 상흔은 심각하였다. 무엇보다 상대적으로 안전하고 먹을 것이 있던 대도시에 몰려있던 베트남인은 원시적 산업기반과 일시에 붕괴한 소비시장을 경험해야 하였다. 전투가 집중되었던 농업지역이나 산악지역도 생계 기반이 파괴된 것은 마찬가지였다. 지역을 가리지 않고 전쟁이 끝난 후의 후유증은 전쟁 중에 입은 상처만큼이나 가혹하였다. 베트남 전체가 생존을 염려해야 하는 처지로 전락하게 된 것이다(Nguyen Khac Vien and Huu Ngoc, eds. 1998: 160).

끔찍한 전쟁의 폐해에도 불구하고 오늘날 우리가 목격하고 있는 베트남 사회가 가능해진 것은 일련의 시행착오를 극복하면서 단계적·점진적으로 개혁개방정책을 시행하였기 때문이다. 베트남 개혁개방정책의 배경과 시기 구분에 대한 설명은 학자에 따라 조금씩 다르지만, 2000년대와 2010년대를 질적으로 다른 시기로 세분하

---

4 2000년대 초 필자는 라이따이한을 돌보던 한인과 면담한 바 있다(채수홍 2005: 110-111). 이때 일부
   는 라이따이한의 수가 1천여 명이라고 말하는가 하면 또 다른 일부는 2천여 명이라고 말하였다. 하지만
   한인 사회에서는 그 수가 1만 명이 넘는다는 이야기도 회자되고 있었다. 라이따이한의 존재는 그 수를
   정확하게 알 수 없을 뿐 아니라 이제 이들의 나이가 오십대를 넘어서서 존재감도 희미해졌다. 한인 사회
   에서 더 이상 이슈가 되지 않고 있으며, 최근에 이들 중 한 명이 베트남전 한국군의 폭력을 알리는 일에
   종사하는 것만 확인할 수 있었다.

表 1 개혁개방정책 도입 주요 일정과 내용

시기	주요 내용	비고
1975	전쟁 종료와 통일	
1979	개혁 요구 공식 분출	제4기 공산당 중앙집행위원회 / 당중앙위 6차 회의
1981	농업생산물 계약제, 기업 3계획체제(Three Plan System) 도입	
1983~1984	보수정책으로의 회귀	
1985	가격, 임금, 통화 개혁	구 10동을 신 1동으로 평가절하. 살인적 인플레이션 발생 시작
1986	개혁개방정책 선언	제6차 당대회
1988	외국인투자법, 농가계약제 도입	
1989	시장경제로의 전환 선언	국영기업 보조금 축소, 가격자유화, 쌀 배급제도 폐지
1990 이후	시장경제 확산, 외국인 투자 본격화	도이머이 정책 실행기

지 않는다면, 크게는 사회주의 이행기(통일 이후 1980년까지), 개방 초기(80년대), 그리고 본격적인 개혁개방 시기(90년대)로 나눌 수 있다(필립 랑글레·꽈익 타인 떰 2017). 베트남 사회주의 경제에 정통한 보난찌(Vo Nhan Tri 1988: 77)도 통일 이후 1980년까지를 '사회주의 산업화'를 시도하였던 시기로 보고, 이후 1981~1990년과 1991년 이후 두 단계에 걸쳐 새로운 개혁개방정책으로의 이행이 완성되었다고 보았다. 서구의 저명한 베트남 전문가인 포르데와 빌더(Fforde and

Vylder 1996: 2)는 개혁개방 시기를 더욱 세분화하여 1980~1985년을 강성개혁hard reform 시기로 도이머이Đổi Mới가 시작된 1986~1990년까지를 연성개혁soft reform 시기로 나누기도 한다.

이러한 시대구분을 종합해보면 개혁개방정책의 첫 시기는 전후 경제 후유증과 급격한 사회주의로의 이행을 강행하였던 기간이며, 두 번째 시기는 점차 사유재산과 시장경제를 인정하는 개혁개방 이행 과정 기간이다. 세 번째 시기는 90년대 이후 현재까지 외국자본에 의한 본격적인 산업화가 진행된 전 기간을 포함한다. 이 시기 가운데 한인이 실질적으로 등장한 것은 세 번째 시기부터이다. 물론 베트남전쟁 중에 현지에 살았던 경험이 있는 일부 한인이 80년대 말 외국을 우회하여 일찍부터 정착한 사례도 있다(채수홍 2005: 109-111). 하지만 이들은 소규모였고, 합법적으로 이주한 것도 아니었기 때문에 공개적으로 한인공동체를 이루고 살지는 못하였다.

한인이 합법적으로 그리고 대규모로 등장하기 시작한 것은 한국과 베트남이 수교한 1992년 이후, 즉 개혁개방정책의 세 번째 시기였다. 비록 이 시기부터 본격적으로 한인공동체가 형성되었지만, 현재 한인이 거주하고 있는 베트남 사회 그리고 한인과 일상을 공유하고 있는 베트남인의 의식과 행동을 이해하기 위해서는 개혁개방 이전 시기에 대한 설명이 필요하다. 베트남이 개혁개방정책을 도입하게 된 배경과 일련의 과정이 오늘날 베트남의 정치적, 경제적 제도와 인민의 (의식, 가치관, 규범을 포함하는) 문화를 형성하는 중요한 토대가 되었기 때문이다.

베트남 사회주의 정부가 개혁개방을 추진하게 된 결정적 요인은 위에서 언급한 전쟁 후유증과 경제적 어려움에서 찾을 수 있다. 통일 이후 베트남 정부는 도시인구 분산, 농업 집산화collectivization, 그리고 산업 국유화를 급격하게 추진하였다. 하지만 전쟁 와중에 외국에서 들여온 물품으로 지탱하던 경제기반이 붕괴하고, 생산성이 답보하면서 무엇보다 식량과 소비재가 부족하게 되었다(Vo Nhan Tri 1988: 72-83). 베트남에서 시행한 개혁개방은 한편으로는 세계 사회주의 진영의 전반적인 경제 상황 악화로 인한 정책 전환, 다른 한편으로는 이와 연계된 베트남 국내경제의 어려움, 특히 소비재 기근에서 촉발되었다.

이러한 곤경에 빠진 사회주의 이행기의 베트남 경제는 북부와 남부로 나누어 설명할 필요가 있다. 북부의 경우 이전부터 정착되어 온 공산주의 생산양식이 존재하였고 남부는 자본주의 생산체계에서 새롭게 공산주의 생산양식으로의 이행을 진행하였다. 공산주의 생산양식은 중앙집권적 계획경제 관리를 받는 집단농장과 국영공장을 중심으로 생산을 진행하고 생산수단과 생산물의 사적 소유를 금지하는 것을 근간으로 한다.[5]

이러한 생산양식을 남부에 이식시키기 위해서 베트남 공산당과

---

5 이러한 남북의 생산양식에 대한 경험 차이는 오늘날 베트남 한인이 남부와 북부 베트남인의 문화와 행동양식을 설명할 때 자주 언급한다. 하지만 실제로 이러한 역사적 경험이 남부와 북부 사람의 인식과 실천의 차이를 만들어내는지는 의문의 여지가 있다. 개혁개방의 역사가 벌써 30년이 넘었고 지역에 따른 문화 차이를 설명하는 데는 더 많은 변수가 있기 때문이다.

정부는 우선 농업 부문에서 베트남 남부의 곡창지대인 메콩델타를 중심으로 낮은 수준의 집단농장(초급수준은 생산 집단, 고급수준은 합작사)을 건설하기 시작하였다. 베트남 정부는 이러한 변화에 대하여 확고한 신념을 가졌고 미래 또한 낙관하였다. 하지만 집단농장 건설을 위한 일련의 정책은 처음부터 난관에 부딪혔다. 무엇보다 농업 부문에서 생산물을 국가가 소유한다는 것에 대하여 농민저항이 거세게 일어났다. 소농 중심의 북부와 달리 중농이 70퍼센트 이상 차지하고 있던 남부에서 특히 반발이 심하였다. 농업 부문 '사회주의 이행 위원회' 의장인 정치국원 보찌꽁Võ Chí Công이 "집산화운동은 아직 확산되지 못하였다"라고 인정하지 않을 수 없는 일련의 사태가 일어났는데(Vo Nhan Tri 1988: 79) 농민이 농산물 수확을 거부하고, 토지를 유기하고, 비밀리에 가축을 도살하는 일이 빈번하게 발생하였던 것이다. 그 결과 탈법적 생산물 계약이나 사영 농업이 은밀하게 유지되었고 전국적으로 생산량도 급감하게 되었다.

마침내 80년대 초, 남부의 13,246개 생산 단위 집단농장 가운데 1만 개가 붕괴하는 지경에 처하게 된다(Vo Nhan Tri 1988: 79-80). 또한, 실제 합작사 가입률도 30퍼센트에 불과하였다. 특히 남부 메콩델타 유역은 대부분 초보적 '생산 집단' 흉내만 내었을 뿐 겨우 농가의 6퍼센트만 합작사에 가입한 상태였다. 그 결과 남부에서 농업 부문의 사회주의화는 불과 4~5년 만에 실험이 실패하면서 원상태로 회귀하게 된다. 이러한 일련의 과정에 주목한 많은 베트남 전문가는 "남부는 실제로 사회주의를 제대로 겪은 적이 없다"라고 말할 정도였다. 이러한 역사적 배경은 개방 초기에 한인 기업을 비롯한 외국자본이 남부에서 시장경제 원리가 상대적으로 더 잘 통용된다고 느끼고 투자를 집중한 배경이 되기도 하였다.

일찍부터 합작사가 운영되고 있던 북부에서도 사회주의적 생산 양식의 핵심인 합작사의 생산성은 정부와 농민 모두에게 낙제점을 받았다. 그 결과 80년대 말부터 생산자와 합작사의 '도급계약hoan sản phẩm trực tiếp'을 시작으로 가족 소유의 전통적 애착을 존중하여 사실상 소유권에 가까운 점유권을 점차 허용하게 된다(필립 랑글레·꽈익 타인 떰 2017: 83). 이후 1993년 새 토지법으로 매도, 상속, 종신 점유(사실상의 소유) 권리를 인정하기에 이르며, 사실상 합작사가 해체되고 개인과 가족 경영이 지배적인 생산 관계로 자리매김하게 된다.

전면적인 국유화를 실시한 산업 부문에서는 원자재, 연료, 부품 부족과 경영 기술 낙후가 문제였다.[6] 그 결과 대부분의 국영 공장이 겨우 30~50퍼센트의 가동률만을 유지하였으며, 1980년의 공업생산은 1978년 대비 87퍼센트로 떨어졌다(Vo Nhan Tri 1988: 82). 이처럼 가동률과 생산성이 바닥인 상황에서도 국영기업 노동력의 3분의 1은 과잉 상태였다. 이로 인하여 생산물, 특히 소비재 부족이 급

---

6 당시 남부에서 국유화된 생산시설의 소유주는 다수가 중국계 베트남인인 '화(Hoa)'였다. '화'는 현재 베트남 인구의 약 5퍼센트를 차지하고 있다. 이들은 프랑스 식민정부와 옛 남부 베트남 정권하에서 남부 도매의 대부분, 산업의 80퍼센트, 해외무역의 70퍼센트를 차지하면서 남부 도시경제의 4분의 3을 차지할 정도로 경제적 영향력이 대단하였다(Vo Nhan Tri 1990: 59~72). 개혁개방정책으로 이들 중 일부가 돌아왔지만, 베트남에서 중국과 중국계 베트남인에 대한 반감은 여전하다. 이런 연유로 베트남에서 중국, 싱가포르, 대만, 홍콩 등 범중국계 자본의 영향력은 상당하지만, 다른 동남아국가와 달리 중국계 베트남인 다수는 경제적 역할이 미미하고 '빈곤층'도 많다.

박한 문제로 대두되었고 필요한 물건을 구하기 위한 불법 암시장과 뒷거래가 부활하였다. 새로 도입한 생산 관계가 과거 남부의 자본주의적 경제행위를 일소시키기는커녕 오히려 재생시키는 역설적 상황이 전개된 것이다(채수홍 2003a: 81).

이러한 문제를 시정하기 위하여 정부는 60여만 명을 고용한 2천여 개의 공기업에 책임을 강조하고 생산성을 제고提高하기 위한 여러 방안을 제시한다(필립 랑글레·꽈익 타인 떰 2017: 86). 하지만 1981년 호찌민시의 당서기장 보반키엣Võ Văn Kiệt은 연 16만 톤 생산 가능한 제당 공장이 6만 5천 톤, 연 10만 톤을 생산할 수 있는 가축 사료 생산이 1만 8천 톤만을 생산하였다고 질타하고, 1983년 당 서기장 레주언은 원료 부족으로 공장가동률이 여전히 50퍼센트 미만에 머물고 있다고 한탄하는 일이 반복되었다. 공산품, 특히 소비재의 생산량을 늘리기 위한 원자재 공급과 생산성 제고가 언제 어떻게 정상을 회복할지 막연한 상태였다.

베트남 인민은 식량과 소비재 부족에 대하여 격렬하게 불만을 표출하였다. 생필품을 배급받기 위하여 종일 줄을 서야 하는 실정을 빗대어 '사회주의Xã Hội Chủ Nghĩa, XHCN'를 '매일 줄서기Xếp Hàng Cả Ngày, XHCN'라 조롱하면서 기댈 곳이라고는 시골 친인척 도움밖에 없는 일상이 전개되었다(이한우 2011b: 17). 이로 인하여 '빈곤을 나누어주는 계획경제'에 대한 비판과 개혁 요구가 분출되었다.

이처럼 통일 이후 70년대 후반에 강행된 사회주의로의 이행은 단기간에 총체적 위기에 처하게 된다. 필립 랑글레와 꽈익 타인 떰

(2017: 68-74)에 따르면 이 시기는 '원대한 계획과 총체적 위기'로 축약된다. 이에 남부는 물론이고 북부의 하이퐁 같은 지역에서도 인민이 합작사 철회와 사회주의 계획경제 재고를 강력하게 요구하게 된다(필립 랑글레·꽈익 타인 떰 2017: 69).

물론 혁명적 열정을 가진 보수파가 이러한 반발을 순순히 수용했던 것은 아니다. 1983년에서 1984년 사이에 권력을 장악하고 있던 보수파는 '인민의 정신적 후퇴'를 비판하며 노천시장의 철폐, 합작사 편성의 압박, 화폐개혁 등을 통하여 사회주의 생산양식의 정착을 위한 조치를 강행하였다. 또한, 당 중앙위원회를 중심으로 비효율적 개혁, 부르주아 계급 및 투기의 부흥, 불평등한 가계 소득, 가난한 간부급 임금 노동자의 사기 저하 등을 문제 삼아 급진적 개혁의 부작용을 지적하였다(필립 랑글레·꽈익 타인 떰 2017: 91).[7]

하지만 높은 인플레이션과 식량부족으로 인한 영양실조가 만연한 상황에서 사회주의를 위한 시민정신을 요구하는 것은 당연히 설득력이 떨어졌다.[8] 그 결과 사회주의 체제 고수를 주장하던 (총비서 레주언Lê Duẩn, 국가주석 쯔엉찐Trường Chinh으로 대표되던) 보수파가 퇴조하고 (호찌민시 당비서 응우옌반린Nguyễn Văn Linh과 호찌민시 인민위원장 보반끼

---

7 개혁개방이 돌이킬 수 없을 만큼 진행된 오늘날에도 보수파와 개혁파 사이의 시각 차이와 권력투쟁은 여러 경제적 조치를 둘러싼 채 지속되고 있다. 이와 관련해서는 이한우(2001, 2011a)와 이한우·채수홍 (2019)을 참조하기 바란다.

8 1981년과 1985년 사이에 매년 80퍼센트의 인플레이션이 발생하였다. 1985년 화폐개혁 이후에는 더 심해져 1986년 700퍼센트, 1988년 300퍼센트의 인플레이션을 경험해야 하였다(필립 랑글레·꽈익 타인 떰 2017: 92). 이런 부작용으로 인하여 보수파가 추진한 사회주의적 점진개혁이 정당성을 상실하게 된다.

엣Võ Văn Kiệt으로 대표되던) 개혁파가 새로운 정책을 주도하게 되었다. 이처럼 베트남 사회주의 체제의 변혁은 사상적 퇴조나 인민의 물질적 욕망에서 비롯된 것이 아니라 절대적 기근과 소비재 부족으로 인한 생계 기반의 붕괴에서 싹튼 것이다.

당시 UN 통계에 따르면 통일 직후인 1976년에 101달러였던 1인당 GDP는 1980년에 오히려 91달러로 감소하였다가 1982년에 겨우 99달러로 회복하게 된다. 해방 이후 5~7년 동안 베트남 경제는 사실상 후퇴에 가까운 답보 상태였던 것이다. 실제로 80년대 초반까지 베트남의 1인당 GDP는 150~200달러 수준을 넘지 못하였다. 이처럼 개혁개방 초기 사회주의 베트남은 자원은 풍부하지만 인민은 극도로 빈곤한 국가였다.

이러한 상황에 절망한 베트남 인민이 취할 수 있는 자구책 중 하나가 망명이었다. 1978년 3월에서 12월 사이에만 8만 8,736명, 1979년 1월에서 3월 사이에 육로로 3만 1,922명과 해상으로 5만 명, 그리고 1979년 말 4월에서 7월 사이에 12만 7,811명이 베트남을 탈출하였다. 소위 이들 '보트 피플boat people' 다수는 사회주의의 정치적 탄압보다는 경제정책의 실패로 초래된 궁핍을 면하고자 하는 보통 인민이었다. 실제로 1978년 3월에서 1979년 7월 사이에 베트남을 떠난 50만 명 가운데 20퍼센트 이상이 북부 출신이었다는 점이 이런 주장을 뒷받침해주고 있다(필립 랑글레·꽈익 타인 뗨 2017: 71-72).

끝으로, 사회주의 체제로의 이행이 순조롭지 못하였던 데는 녹록지 않았던 대외적 상황도 크게 영향을 미쳤다는 점을 언급할 필요가 있다. 결정적으로 1979년 베트남 군대가 '학살[killing field]'로 악명을 떨치던 '폴 포트[Pol Pot]' 정권을 축출하기 위하여 캄보디아 내전에 개입한 것이 베트남의 대외 관계를 특히 어렵게 만들었다. 이로 인하여 캄보디아 장악에는 성공하였지만, 주요 경제원조국이었던 중국과 전쟁을 벌이며 완전히 결별하게 되고, 미국을 비롯한 서방국가의 '경제제재[embargo]'를 당하게 된다. 이를 타개하기 위하여 베트남은 1978년 6월에 가입한 '코메콘[COMECON]'을 통하여 소련과 동유럽의 원조에 기댈 수밖에 없었다. 하지만 이들 국가의 경제도 날로 어려워지는 상황이었다. 그 결과 에너지, 건축자재, 부품 등의 수입만 제한적으로 가능하였고 가장 중요한 식량과 소비재 기근은 해결될 기미가 보이지 않았다.

통일 이후 베트남, 특히 남부의 경제가 이처럼 통제 불능 상황으로 치달으면서 80년대 중반부터 "혁명적 열정보다 (현실의) 객관적 법칙을 인정"한다는 기치를 내세우며 마침내 '도이머이' 정책이 실행되기 시작한다(Marr and White 1988: 4). 사회주의 생산양식이, 적어도 당시 시점에서는, 효율적이지 않고 경제적 곤경을 초래한다는 점을 인정하고 새로운 방향으로의 전환을 시도하겠다고 천명한 것이다. 사회주의 '강성개혁[hard reform]'이 막을 내리고, 시장경제로의 점진적 이행을 표방하는 '연성개혁[soft reform]' 시대가 열린 것이다.

연성개혁 시대 즉 개혁개방정책 2단계에 접어들면서 베트남 정부는 우선 식량 생산과 관련된 농업 부문 개혁을 추진하였다. 1981년에는 당비서국의 명령에 따라 합작사가 관개시설, 비료, 씨앗을 관리하고 분배하되 개별 농민은 계약을 초과하여 생산한 분량을 개인적으로 처분하는 것을 허용하였다. 이러한 조치가 효과를 보임에 따라 1988년이 되자 당정치국이 아예 '농가 계약제'를 전면적으로 도입하여 수확량의 일정 비율을 농민이 가져가도록 보장하였다.[9]

이러한 농업 사영화 정책은 1993년에 이르면 토지의 교환, 임대, 상속, 저당까지 허용하여 실질적으로 토지점유권을 보장하는 데까지 진전을 이룬다. 이로 인하여 남부에서 시작한 농업 집산화의 실패는 베트남 전역에서 농업 부문의 시장경제 편입으로 귀결되었다. 북부의 경우 프랑스 식민지에서 해방된 1954년과 통일이 이루어진 1975년 사이에 25만 헥타르의 370여 개 국영농장이 만들어진 바 있는데(필립 랑글레·꽈익 타인 떰 2017: 85), 이들이 사실상 해체된 것이다.

산업 부문에서도 같은 맥락의 개혁이 단계적으로 실시된다. 먼저 계획경제 하에 정부가 제시한 계획지표에 따라 원자재를 배분받고 납품하던 국영기업이 1981년부터는 부분적이나마 자율적으로 경영할 수 있게 되었다. 이는 국가재정부담 부분을 제외한 나머지 부분에 대하여 생산 목표, 가격, 보너스, 이윤 보유 등에 자율권을 부여하는 기업의 상업화로 이어진다. 마침내 1989년에 이르면 정부

---

9 특히 1988년에는 인구가 많은 북부의 여러 성에서 기근이 광범위하게 발생하였고 타인 호아 지역은 특히 그 정도가 심각하였다(필립 랑글레·꽈익 타인 떰 2017: 83). 이로 인하여 농업 부문에 대한 개혁 요구가 더욱 거셌다.

의 보조금 삭감, 자금과 원자재 조달, 가격 설정 자율성, 수익성 원리 도입 등이 이루어져 시장경제에 적응하는 기업들을 만들기 시작한다(이한우 2011b: 24; 랑글레·꽈익 타인 떰 2017: 86).

80년대 초반부터 도이머이 직전까지 점진적으로 이루어진 사적 생산 활동과 소유의 인정은 여러 문제에도 불구하고 베트남 경제에 활력을 불어넣었다. 그 결과 1985년에 이르면 당서기 레주언^{Lê} ^{Duẩn}이 구정에 "10년 안에 모든 가정이 라디오, 냉장고, TV를 가질 수 있을 것"이라는 희망의 메시지를 전할 수 있게 된다(Vo Nhan Tri 1988: 88). 이 메시지는 베트남 경제가 도이머이 이전에 얼마나 어려웠으며 개혁개방정책이 왜 피할 수 없는 선택이었는지 시사하고 있다.

특히 외국인 투자법이 시행된 80년대 말에 이르게 되면 소비재 공급이 이전에 비하여 눈에 띄게 나아지게 된다. 쌀을 수출할 수 있을 정도로 식량 생산이 급증하고 인민이 음식에 지출하는 비율도 1976년 71.6퍼센트에서 80년대에는 83퍼센트로 증가한다. 이러한 경제적 효과로 도이머이는 돌이킬 수 없는 흐름이 되었다. 과거로의 회귀와 '퇴행'을 인민이 용납하지 않을 것이 분명해진 것이다.

이처럼 베트남 개혁개방정책의 시작은 사회주의 경제체제로의 이행 과정에서 발생한 경제적 빈곤과 배고픔의 결과였다. 이러한 역사적 경험은 베트남인에게 시장경제를 지향하는 개혁과 외국자본 유치를 위한 개방이 경제적 어려움을 극복하는 데 도움이 된다고 인식하게끔 해주었다. 개혁개방정책이 자리를 잡기 시작한 90년대 초부터 다시 등장하기 시작한 한인이, 때론 노동 문제를 비롯하여 다양한 문제를 일으켰음에도 불구하고, 현지에서 베트남인에게 도움을 주는 존재로 인식하게 된 것은 이러한 개혁개방의 역사와 밀접한 관련이 있다. 베트남인이 외국자본 유입과 시장경제 확산의 부작용을 모르는 것이 아니다. 이들에게는 과거 사회주의 시절, 그때의 곤경을 다시 반복하고 싶지 않다는 감정과 인식을 일으키는 역사적 기억이 더 강하게 작동하고 있는 것이다.

2) 개혁개방정책의 가속화와 한인의 등장

80년대 중반 이후 일련의 개혁정책은 베트남 경제에 활력을 불어넣으면서 역설적으로 베트남 사회주의의 정당성을 확보하는 데 기여하게 된다. 식량 생산이 자급자족을 넘어서 수출도 할 수 있을 정도로 증가하고, 시장이 활성화되면서 도시의 소비수준이 점진적으로 향상되는 계기가 마련되었다. 이러한 성과에 고무되어 베트남 정부는 1989년부터 은행을 포함한 국영기업 시스템 개혁과 내외교역에 대한 규제 완화에 속도를 내기 시작한다. 시장경제를 지향하는 이러한 개혁이 지속적으로 성과를 내면서 90년대까지 세계 3위의 쌀 수출국이 된 것을 비롯하여 생필품 부족에서 벗어나게 된 것은 물론 매년 8~9퍼센트의 고도성장을 성취한다.

베트남 한인의 등장을 이끌고 지속시킨 동인은 시장경제를 활성화하기 위한 경제개방정책의 점진적 실행이었다. 개방을 통한 성장 가속화라는 목표를 세운 베트남 정부는 1989년 캄보디아에 주둔하고 있던 베트남 군대를 철수하고, 이를 발판으로 1995년 아세안 ASEAN에 가입하면서 외교적 고립에서 벗어난다. 다면적이고 실용적인 대외정책을 펼칠 준비가 되어있다는 점을 세상에 알리고자 한 것이다. 이런 외교 조치를 바탕으로 여러 국가와 무역협정을 맺고, 성장을 위한 자본 유치를 위하여 '공적 개발원조Official Direct Assistance, ODA'와 '외국인 직접투자Foreign Direct Investment, FDI' 유치에 매진한다. 특히 2001년 미국과 맺은 '일반무역협정Normal Trade Relations, NTR'과 2006년 WTO 가입은 베트남의 저임금을 활용하려는 외국자본의 투자를 촉진하는 계기가 되었다.

베트남 정부는 이와 같은 대외적 경제 여건을 조성하면서 동시에 국내 자본과 노동시장을 시장경제에 조응하도록 개혁하기 시작하였다. 외국자본 유입을 촉진하고 지속시키기 위해서는 개혁개방의 진정성을 보여주어 의구심을 풀어야 하였기 때문이다. 이런 연유로 베트남 정부는 국영기업 사유화와 노동시장 자유화를 위한 일련의 조치를 시행해야만 하였다. 우선 국영기업 재편을 위하여 베트남 정부는 1991년 국영기업을 다시 등록하게 한 뒤에, 1993년까지 1만 2,084개의 국영기업 가운데 5,377개만 등록을 허가하고 나머지는 다른 기업에 합병시키거나 해체한다. 1990년까지 GDP의 70퍼센트를 생산하고 국가재정 수입의 60퍼센트를 담당하던 국영기업을 구조조정해서 국가 보조를 줄이고 시장경제에 적응하도록 조치한 것이다(이한우 2011b: 25-26).

이러한 조치가 장기적으로 국영기업 해체와 전환의 물꼬를 트는 역할을 하였지만, 당시 외국자본은 국영기업과 노동시장 개혁이 매우 더디다며 불만을 표시하였다. 규모가 큰 알짜배기 국영기업이 대부분 온존하였고, 이들이 고용한 노동자 수도 183만여 명에서 174만여 명으로 5퍼센트 감소하는 데 그쳤기 때문이다(Pham Quang Huan & Pham Tuan Anh 2002: 34). 실제로 국영기업 개혁 속도에 비판적인 학자와 전문가들은 당시 국영기업의 잉여 노동력이 여전히 20퍼센트 이상이고, 일부는 30~40퍼센트에 이른다고 추정하였다(Ho Xuan Hung 2004: 26). 이처럼 안정성을 가지고, 적게 일하고, 적절한 수입을 가진 직장으로 정평이 난 국영기업을 해체하거나 노동자 수를 줄이는 것이 말처럼 쉽지는 않았다.

이 같은 개혁의 답보상태는 국영기업이 중요한 정치적 고려 대상이라는 사실과 연계되어있다. 국영기업은 공산당과 정부의 정치적 안정에 도움을 주는 지지층이 응집하여있는 곳이다. 이들의 반발을 일방적으로 무시하고 국영기업의 사(민)영화를 강제하는 것은 사회주의 '공장 레짐factory regime'(Burawoy 1985)의 해체를 의미하였다. 사회주의 공장체제는 당, 경영진, 노동조합, (여성동맹, 청년동맹, 조국전선 등) 대중조직이 '사위일체bo tu'를 이루며 일종의 조합주의적으로 운영되는 것이 일반적이었다(Norlund 1997). 공장 내 당이나 경영진이 다른 세력의 의견을 일축하고 사영화, 임금삭감, 노동력 감축 등을 일방적으로 밀어붙이는 것은 사회주의의 민주적 원칙을 폐기하고 공장체제를 해체하는 중대한 변화를 의미하였다.

이런 정치적 이유로 국영기업의 사영화와 효율성 제고는 계획보다 훨씬 더디게 진행될 수밖에 없었다. 이러한 환경에서 90년대 초 베트남에 진출한 상당수의 한인 기업은 외국계 사영기업으로 허가받기 위한 복잡한 절차를 피하고 정치적 안정성을 확보하기 위하여 단독 투자보다는 베트남 국영기업과의 합자合資를 선호하기도 하였다. 하지만 합자 형태로 진출한 한인 기업은 이후 경영과 노동자 관리방식 차이로 인하여 여러 갈등을 겪어야 했다(채수홍 2003c).

국영기업 해체와 함께 이루어진 조치가 주식회사화Cổ phần hoá, equitization이다. 1992년 수상령에 의하여 시작된 국영기업의 주식회사 전환은 기업의 소유와 운영은 물론이고 노동시장에 큰 변화를 몰고 올 수 있는 조치였다. 하지만 처음에는 일곱 개 국영기업을 선정하여 세 개를 시험적으로 전환하였고 1996년까지 다섯 개만이 주식회사로 전환되었다. 이는 국영기업의 관리자와 노동자 모두 정부의 보조금이 삭감되고 고용이 축소될 것을 염려하였기 때문이다. 하지만 외국자본의 압력과 재정 부담을 염려하지 않을 수 없었던 정부는 2008년 말까지 1,500여 개의 국영기업만 남기고 나머지를 주식회사로 전환하여 지분을 팔겠다는 계획을 세우게 된다. 이러한 조치는 국영기업이 더 이상 이전과 같은 임금체계와 고용보장을 유지하기 힘들며, 노동시장에 유연하게 적응할 수밖에 없다는 강력한 메시지였다.

하지만 국영기업의 주식회사 전환은, 이미 언급한 것처럼, 사회주의 방식으로 운영되던 공장의 노동자를 해고해야 하는 난제를 안고 있었다. 베트남 정부는 주식회사 전환에 따른 충격을 완화하고 제반 문제를 점진적으로 해결하기 위하여 '잉여 노동자 지원기금Quỹ hỗ trợ Lao động Dôi dư'을 설치하고, 퇴직자에 대한 보상과 새교육 그리고 구직 기간 6개월 동안의 급여와 재교육 비용 제공 등의 지원책을 마련하기도 하였다. 실제로 2003년 말까지 387개 국영기업에서 1만 5천 명의 퇴직노동자가 이 기금을 받기도 하였다. 하지만 국영기업 노동자 170만 명 가운데 15만 명 이상을 해고해야만 최대 40퍼센트로 추정되는 잉여 노동력의 일부라도 줄일 수 있는 어려운 상황이었다(Lee Kang Woo 2003: 13). 이로 인하여 국영기업의 해체와 구조조정은 계획보다 훨씬 느리게 진행될 수밖에 없었다.

국영기업 개혁과 함께 노동시장의 변화를 추동한 것은 사영기업의 허용이다. 사영기업은 1986년 11월 도시와 농촌에 최대 아홉 명까지 고용할 수 있도록 시험적으로 허가를 내줌으로써 첫걸음을 내디뎠다. 이 조치의 효과는 기대 이상이었다. 불과 2년 후인 1988년 말이 되자 사영기업이 소비재의 40퍼센트를 생산하고, 수출의 25퍼센트를 담당하게 되었다(필립 랑글레·꽈익 타인 떰 2017: 88). 그 결과 소자본의 역할과 발전 가능성에 대한 인식에 커다란 변화가 생겨난다. 그 결과 베트남 정부는 1989년 공산당 중앙위 6차 회의부터 '사유 경제Kinh tế Tư nhân'라는 용어를 공식적으로 사용하게 되며, 1990년에는 사영기업의 성장을 사실상 허용하는 법을 제정하기에 이른다. 더 나아가 2006년에는 공산당원에게도 사유(민간) 경제 부문에서 활동하게 하는 조치가 실행되면서 사실상 거의 모든 베트남인이 사적 이윤추구를 할 수 있게 되었다. 시장경제의 원리가 전면적으로 승인된 것이다.

물론 개혁개방 초기인 90년대 말에도 사영기업은 절대다수가 소규모였지만, 이들이 경제와 노동시장에서 차지하는 비율은 매우 높았다. 하지만 1995년에는 2만여 개였던 사영기업이 2000년대 들어 급증하게 된 것은 새로이 연달아 제정된 기업 관련법의 영향이 컸다(이한우 2011b: 31).[10] 2000년대 이후 사영기업의 급성장은 과잉고용과 적자에 시달리는 국영기업 개혁의 필요성을 인식시키는 촉매로 작용하고, 베트남을 자본주의적 시장경제로 탈바꿈하는 데 큰 역할을 담당하였다.

이상에서 설명한 개혁개방의 가속화 과정은 베트남의 FDI 기업 유치를 통한 산업화, 국영기업의 해체와 사영기업의 성장, 그리고 경제 개방과 성장에 힘입은 소비시장 활성화와 같은 효과를 가져왔다. 또한, 노동시장의 규모와 질을 획기적으로 변화시킴으로써 전통적인 농수산업이 아닌 제조업과 서비스업을 중심으로 베트남인에게 많은 일자리를 제공하였다.

이러한 노동시장의 변화와 성장에서 주목할 만한 점은 베트남의 개혁개방정책이 '공식 부문formal sector'의 성장만이 아니라 '비공식 부문informal sector'에 의존하는 경제 또한 급속하게 발전시켰다는

---

10 이한우(2011b: 31)에 따르면 2002년 새로운 기업법이 제정된 후 3년 동안에만 55,793개의 사영기업이 신규 등록하였다.

사실이다(Hart 1985; Sassen 1994 참조). 물론 이러한 이중의 경제활동은 공적 부문만이 아니라 사적 부문에서 수입을 얻어야 생계가 유지되었던 도이머이 이전에도 광범위하게 존재하였다(이강우 2010). 그러나 사영기업을 허용하는 개혁개방정책이 가속화되면서 여전히 생계가 불확실한 대다수 노동자가 기술이나 전문지식을 직장 밖에서 활용하거나 행상이나 가게 운영 등 서비스업을 병행하는 일이 일상화되었다(Phil 2010; Endres 2013). 그 결과 (특히 국영 부문에서 일하는) 베트남 노동자의 총수입에서 공식 월급이 차지하는 비율을 점차 감소시켰다. 통계에 따르면 1976년에는 도시노동자 수입의 73.6퍼센트가 월급이었지만 80년대에는 66.5퍼센트만 월급이었다(Fforde and Vylder 1996: 93).

개혁개방이 가속화되면서 부수입에 의존하는 노동자가 빠르게 증가하였다는 점을 고려하면, 공식 부문에서 얻는 수입과 비공식 부문에서 획득하는 부수입의 실제 비율은 이보다 훨씬 낮았을 것으로 추정된다. 예를 들어, 국영 부문의 부유한 기업에서 일하는 노동자의 수입도 50퍼센트 정도만 급여였고 나머지는 특별한 활동의 보상으로 주어진 보너스와 직장 밖에서 벌어들이는 부수입이었다.

특히 개혁개방 초기에는 대부분의 (특히 국영기업이나 공무원인) 노동자가 실제로는 하루의 반나절 정도만 일하고 부수입을 획득하기 위하여 직장 밖에서 활동하는 것이 당연시되어 공식적인 일로 이들을 만나려면 대개 오전 중에 약속을 잡아야 하였다. 80년대 말부터 90년대 말까지 외국계 기업과 투자자가 베트남에 몰려들면서 이들의 일을 돕는 일이 많아지고 상업 활동도 활발해지면서 이중 직장을 가지고 부수입이 공식 월급보다 많은 사람이 점차 늘어나게 되었다. 오늘날에도 베트남에서는 공무원, 교수, 국영기업 노동자는 실제 월급은 얼마 되지 않지만 소비수준을 보면 상당한 과외 수입이 있음을 금방 눈치챌 수 있다. 대다수 베트남 노동자에게 비공식 부문에서 얻는 부수입은 개혁개방정책이 어느 정도 안착한 지금도 여전히 '가구 경제household economy' 재생산에서 무시할 수 없는 비중을 점하고 있다.

점차 개선되고 있긴 하지만 한인이 경험한 관료의 '부패'와 여러 절차에 드는 비용은 베트남에서 이러한 이중경제가 여전히 작동하고 있다는 것을 의미한다. 베트남의 다수가 여전히 월급만 가지고는 생활하지 못하고 부수입에 의존하고 있으며, 이것이 한인이 현지에서 일 처리를 할 때 불만스러운 경험을 하게 만드는 원인이 되고 있다.

물론 노동집약적 공장노동자의 경우에는, 지금은 물론이고 과거에도, 국영, FDI, 사영을 막론하고 노동자가 비공식 부문에서 혜택을 보는 것이 상대적으로 힘들었다. 개혁개방 이후 공장 가동이 원활해지면서 종일 생산 과정에 묶여있어야 하기 때문이다. 하지만 (특히 북부에서) 국가배급체제가 붕괴하면서 공장에서 벌어들이는 수입으로 가구를 경제적으로 재생산하기 쉽지 않았기 때문에 회사 물품을 싸게 사거나 빼돌려서 시장에서 교환하고, 거래를 주선하는 브로커 역할을 하는 노동자가 많았다. 이 과정에서 베트남 기업은 물론이고 수출만 허가된 FDI 기업의 물품을 은밀하게 내수시장으로 유통하여 많은 수입을 올리고 개인적으로 회사까지 설립하는 사람도 어렵지 않게 만나볼 수 있었다. 이처럼 개혁개방 초기 베트남에서는 비공식 부문이 공식 부문 못지않게 큰 이중의 구조를 가진 경제가 확고하였고 노동시장도 이에 조응하여 형성되었다. 따라서 다양한 방식으로 부수입을 획득하려는 노동자로 인하여 한인 기업주가 골머리를 앓는 사례 또한 많았다.

한인이 베트남으로의 이주 과정은 이상에서 설명한 개혁개방정책 전개 과정과 연계되어 이루어졌다. 이후에 다시 언급하겠지만 베트남에서 국영기업 개혁과 주식시장 도입, 큰 시장을 가진 국가와의 자유무역협정FTA 체결, 세계무역체제를 뒷받침하는 여러 기구에 가입, 외국인의 토지 소유 허용과 투자정책 개선 등 일련의 개혁개방 조치가 이루어질 때마다 한국기업의 베트남 투자가 급증하였으며 그 결과 베트남 한인의 규모도 커졌다. 1985년 이후 베트남의 정치경제적 변화 과정은 한인 사회의 성장과 불가분의 관계를 맺고 있다.

3) 베트남 개혁개방의 양면성과 한인공동체

한인 사회가 급성장하게 된 가장 큰 요인은 두말할 나위 없이 베트남의 개혁개방정책이 경제적으로 괄목할만한 성과를 내고 있기 때문이다. 베트남 경제는 도이머이 이전에 백 달러에 불과하였던 1인당 GNP를 2014년에 2천 달러까지 끌어올렸고, 2019년에 드디어 3천 달러 선을 넘겼다. 1993년 50.8퍼센트에 이르렀던 빈곤율도 한 자릿수로 감소하였고, 2016년에는 빈곤 가구의 1인당 소득이 5년 전에 비하여 1.6배 증가하였다.[11] 실제로 같은 시기의 지니계수는 0.42~0.44로 중산층도 아직은 증가추세이다. 실업률도 2010년대 들어서서 꾸준히 2~3퍼센트를 유지하고 있다(Minh 2017). 물가 역시 90년대 이후 평균 3~5퍼센트 정도로 안정적이다. 이처럼 개혁개방 이후 특히 최근 10년 동안 모든 경제지표가 인상적일 만큼 긍정적 신호를 보내고 있다.

이러한 성과는 개혁개방 이후 베트남 경제의 높은 경제성장률에 힘입은 것이다. 도이머이 직후인 1987년 경제성장률이 3.9퍼센트를 기록한 이래 1990~1991년 5~6퍼센트대, 1992~1997년 8~9퍼센트대, 2002~2005년 6~8퍼센트대, 2010년대 이후 평균 6퍼센트대를 기록하고 있다.[12] 세계 경제가 90년대 아시아 금융위기, 2000년대 미국의 엔론Enron과 프라임 모기지 사태, 2010년대 무역 분쟁 등

---

11 2016년에 이르면 아동교육 격차는 6.8퍼센트, 최근 1년 동안 아픈데 병원에 못 간 비율이 6.2퍼센트까지 떨어진다. 다만 빈곤은 다차원적(multidimensional)이어서 수치로만 측정하기 힘든 어려움이 있고, 중북부 고산지대에 사는 소수민족의 경우에는 37.8퍼센트가 아직 다차원적 빈곤에 시달리고 있다고 보고되고 있다(ILSSA and ILO 2018: 31-33).

12 2020년에도 코로나19로 거의 모든 국가가 역성장한 가운데 베트남 경제는 2.9퍼센트 성장한 바 있다. 물론 2020년 내내 효과적인 봉쇄정책으로 코로나19 방역의 모범사례로 언급되었던 베트남이 2021년 4월 이후 환자가 급증하여 8월 중순에 30만 명을 넘어섰고, 사망자도 7천 명에 육박하고 있다. 이로 인하여 생산업체와 서비스 산업이 큰 타격을 입었으며, 2021년 경제성장률도 예상치를 훨씬 밑돌 것으로 예상된다.

으로 힘들어하는 와중에도 베트남의 고속성장은 멈추지 않았다. 대부분의 해외 평가기관은 당분간 이러한 성장세가 지속될 것으로 전망하고 있다.

베트남 노동시장에 관한 연구에 따르면 2010년에서 2017년 사이에 베트남에서 고용률은 GDP가 1퍼센트 상승할 때 0.3퍼센트, 수출 10퍼센트 증가에 1.1퍼센트, 수입 10퍼센트 증가에 1.3퍼센트, 투자 10퍼센트 증가에 1.5퍼센트 늘어났다(ILSSA and ILO 2018: 1). 베트남이 같은 기간에 세계평균 경제성장률 3.75퍼센트를 훨씬 웃도는 평균 6.17퍼센트 성장하였고, 매년 FDI가 10퍼센트씩 증가하였다는 점을 고려해보면 베트남의 고용시장이 얼마나 활성화되었을지 쉽게 추정해볼 수 있다. 시장경제 도입과 함께 기근만 해결된 것이 아니라 일자리 역시 꾸준히 증가하여 인민의 '가구 경제' 부담을 경감시켜주고 있다. 베트남 한인 사회가 이러한 경제발전에 일조하며 성장한 것은 부인할 수 없는 사실이다.

무엇보다 베트남 경제의 고속성장은 '세계 가치 사슬'에서 저가 공산품 생산기지로서 확고하게 자리매김한 덕택이다. 이를 가능하게 만든 가장 중요한 두 요인은 외국인 직접투자와 풍부한 노동력 덕택이다(이한우·채수홍 2017: 172-181). 이 두 요인은 베트남 한인 사회가 개혁개방정책의 덕을 어떻게 보았고, 동시에 베트남 경제에 어떻게 공헌하였는지 말해주고 있다.

FDI는 베트남이 경제개발자금을 조달하는 젖줄이다. 1978년 베트남의 캄보디아 내전 개입은 미국이 주도하는 세계적인 금수조치

표 2 베트남 주요 연도 경제성장률

(단위: 퍼센트)

년도	1987	1995	1999	2002	2005	2013	2015	2018
경제성장률	3.9	9.5	4.8	6.4	8.4	5.4	6.68	7.08

출처: 베트남 통계청

표 3 베트남의 최근 경제지표

구분	2014	2015	2016	2017f	2018f
GDP 성장률(%)	5.98	6.68	6.21	6.7	6.3
1인당 GDP(달러)	2,051	2,109	2,215	2,301	2,460
소비자물가상승률(%)	4.1	0.6	2.7	4.9	4.8
산업생산증가율(%)	7.6	9.8	7.3	7.5	6.5
동-달러 환율(VND)	21,246	21,890	22,790	23,208	24,258

출처: 베트남 통계청, WB(월드뱅크), IMF(국제통화기금), EIU(Economist Intelligent Unit)

를 불러오며 가뜩이나 힘든 사회주의 경제의 숨통을 조였다. 이를 타개하기 위하여 베트남 정부는 1987년 12월 '외국인투자법'을 제정하고 이듬해부터 시행하였다. 이 법에 따르면 외국자본의 기업 주식 백 퍼센트 소유와 수익 송금을 보장하되 기관장이나 부기관장을 베트남인으로 하고 주요 의사결정은 이사회의 만장일치로 이루어져야만 하였다. 투자와 자금 유통의 자유를 허용하되 베트남 정부가 영향력을 유지하면서 관리할 수 있는 제도적 장치를 마련한 것이다. 하지만 본격적인 해외자본 조달은 미국이 경제제재를 해제한 1994년을 전후로 실현되기 시작하였으며, 한국기업이 실질적으로 진출한 것도 이때부터이다.

당시 베트남 당-정부는 90년대의 경제목표인 성장률 8~10퍼센트를 달성하기 위해서 최소한 300억 달러 정도의 해외자금 유입이 필요하였다. 1997년 동아시아 금융위기가 닥치면서 원래 목표는 달성하지 못하였지만, 이 기간에 약 150억 달러(ODA 60억 달러, FDI 90억 달러)의 자금을 외부로부터 유치하며 경제 성장의 초석을 다질 수 있었다. 이후 베트남의 경제 성장 가능성에 대한 외국자본의 긍정적인 평가가 이어지면서 FDI는 1989~2009년 총 1,944억 달러의 누계를 기록하였다. 이처럼 외자 유입이 개혁개방 초기를 거쳐 중반기에 이르러 가속도가 붙자 베트남 정부는 과도한 외국자본 비율을 걱정하지 않을 수 없는 처지에 놓이게 되었다. 베트남은 이미 2016년부터 수출에서 외국자본이 차지하는 비율이 70퍼센트를 넘어섰다. 따라서 베트남의 고용시장은 다국적기업의 성격, 투자지역, 성장 추이에 따라 부침을 겪고 있다.

외국자본 기업이 베트남에 지속해서 투자를 늘리고 있는 가장 큰 유인은 젊고, 저렴하고, 풍부한 노동력 때문이다. 베트남은 2019년 현재 약 9,500만 명의 풍부한 인구에 노동력의 3분의 2가 35세 미만이며 중국의 3분의 1 그리고 인도네시아보다 낮은 임금 수준을 유지하고 있다. 이러한 조건을 바탕으로 외국기업은 저임금의 노동집약적 산업을 중심으로 빠른 속도로 노동력을 흡수하고 있다. 하지만 뒤에서 살펴보겠지만 이러한 노동력의 강점이 언제까지 유지될 수 있을지가 베트남 경제와 현지에 자리 잡은 한국기업의 성장을 가늠할 주요 변수 중 하나이다.

2019년 현재, 베트남의 노동시장은 풍부한 노동력, 원활한 FDI 유입, 지속적인 경제 성장 등에 힘입어 여전히 활기를 띠고 있다. 특히 2010년대 들어서는 실업률이 평균 2퍼센트대를 유지하고 있으며, 가장 높은 수치를 기록하였던 2015년에도 2.33퍼센트에 머물렀다(ILSSA and ILO 2018: 24-25). 2012년부터 5년 동안 노동력은 약 2.172백만 명 증가하였고, 일자리는 1.98백만 개가 제공되었기 때문이다. 노동력이 약간 과잉이긴 하지만 노동시장의 수급균형이 비교적 양호하게 유지되고 있는 것이다. 베트남 한인이 아직은 베트남을 매력적인 이주지로 간주하고 있는 이유는 이처럼 베트남 노동시장이 안정적으로 유지되고 있기 때문이다.

하지만 이런 안정성이 계속 유지될 수 있을지는 확실하지 않다. 장기적으로는 베트남 노동집약적 산업의 지속가능성 여부와 인구학적인 동학이 결합하여 노동시장 변화추이를 결정할 것으로 보이기 때문이다. 베트남의 지속적인 임금 상승과 인구 고령화를 고려할 때 적어도 10년 이후에도 지금처럼 외국자본에 의존하는 노동집약적 산업이 주도하는 노동시장이 지속될 수 있을지 의문의 여지가 있다(이한우·채수홍 2017: 180).

이런 점을 염두에 둘 때 베트남 노동시장의 지속성 여부는 향후 산업구조의 고도화가 실현될 수 있는가에 달려있다고 할 수 있다.

베트남 정부도 이런 과제를 인식하고 있어 최근에는 노동집약적 산업의 허가를 까다롭게 하는 대신 한국, 일본, 대만 등지의 기술집약적 산업 유치에 힘을 쏟고 있다. 대표적인 예가 2000년대 중반에 유치한 삼성전자 휴대폰 공장과 LG 가전 공장이다. 하지만 산업 구조 조정 혹은 고도화를 위하여 삼성전자의 통신장비나 '기술개발 센터 R&D center'와 같은 하이테크 산업을 유치하여도 기술이전이 원활히 이루어지고 있지 않다. 베트남 노동자는 생산 라인에서 컴퓨터를 조작하거나 생산물을 검사하는 일에 주로 활용되고 있기 때문이다.

최근 외국자본이 앞다투어 진출한 다른 IT 관련 산업도 임금을 많이 주어도 고도의 지식이 필요한 부분을 담당할 수 있는 노동력을 구하지 못하여 어려움을 호소하고 있다. 따라서 베트남이 산업 구조 고도화를 실현하기 위해서는 부가가치가 높은 기술뿐 아니라 먼저 고급노동력 양성이 필요한 실정이다.

이러한 인구학적 변화가 만들어내는 문제점을 상쇄시킬 수 있는 흐름은 베트남 내수시장의 빠른 성장이다. 최근 베트남의 경제 성장은 여전히 노동집약적 제조업에 기반을 두면서도 2000년대 이후 부동산, 건설, 유통, IT, 금융을 중심으로 한 내수시장이 커졌기 때문에 가능하였다. 새로운 부문에서의 점증적 인력 창출은 향후 한국을 비롯한 외국자본 유입과 노동시장 분화를 촉진할 것으로 전망된다. 베트남 한인 사회가 향후 더 성장할 수 있는지는 베트남 내수시장 활성화에 달려있다고 해도 과언이 아니다.

베트남 노동자로서는 긍정적인 현상이지만 베트남 한인 사회의 성장을 불확실하게 만드는 또 하나의 요인은 한국기업을 비롯한 외국자본 기업이 점차 현지화하고 있다는 점이다. 외자기업은 비용 절감, 안정적 인력 확보, 그리고 내수시장 공략을 위하여 초기와 달리 현지 인력 교육과 간부화를 진행하고 있다. 이로 인하여 베트남 노동시장에서 숙련도, 지식, 관리능력이 뛰어난 인력 성장을 위한 토양이 형성되고 있다.

현지의 사회문화적 맥락에 적응하고 인건비를 절약해야 하는 다국적기업 입장에서 현지화는 장기적 관점에서 볼 때 불가피한 선택이다. 이런 점을 고려하면 향후 외국인 인력이 담당하던 상대적으로 높은 수준의 경영, 기술, 관리, 영업을 베트남인이 담당하면서 현지인을 위한 양질의 일자리가 점차 늘어날 것으로 보인다. 이러한 추세가 강화되면 한국기업을 따라온 한인의 일자리가 줄어들어 한인 사회를 위축시킬 가능성이 있다. 물론 현지에서 채용되는 한인의 일자리도 상대적으로 많아지면서 이를 보완할 것이기에 현지화가 한인 사회에 미칠 영향은 좀 더 지켜볼 필요가 있을 것이다.

이와 함께 베트남 한인은 베트남 개혁개방정책이 긍정적인 효과 못지않게 부정적인 현상을 양산하고 있다는 점에 주목할 필요가 있다. 사실상 베트남이 경제적으로 자본주의 체제로 전환하면서 이로 인한 다양한 부작용이 발생하고 있다(이한우·채수홍 2017). 도시와 농촌 간의 격차 증가, 도시 내부의 불균등 발전, 노동 문제 확산, 그리고 도시화에 따른 제반 사회 문제 등이 그것이다(채수홍 2003a: 82-106). 보다 심각한 것은 '세계 자본주의 체제World Capitalist System'

(Wallerstein 1974)에 편입되어 자본주의적 성장을 지속하면서 경제의 대외의존도와 부의 불평등한 분배가 악화하고 있다는 사실이다.

이로 인하여 '사회주의 베트남'의 정치적 안정이 현재처럼 지속될 것인지에 대한 우려의 목소리가 나오고 있다. 실제로 베트남의 노동자, 농민, 소수민족 등이 공권력의 통제를 피하여 기회가 생길 때마다 저항의 목소리를 내고 있으며, 일상에서 베트남 사회의 제반 문제, 특히 부의 불평등 문제에 불만을 공유하고 있다. 예를 들어, 노동조합을 거치지 않은 '살쾡이 파업wildcat strike'이 일반적인 노동쟁의 형태가 되었고 수적으로도 증가추세에 있다(채수홍 2013a).[13] 또한, 반反중국 정서를 이용하여 2014년에 일어난 대규모 폭력시위나 2016년 대만기업 포모사의 환경오염 사건 등에 대한 대대적인 항의는 베트남 인민이 기회가 닿을 때마다 축적된 불만을 표출하고 있다는 걸 보여준다. 베트남에 가면 이제 이러한 불만을 공공연하게 말하는 사람들을 어렵지 않게 만날 수 있다. 아직은 베트남의 공안公安 체제가 강건하여 이러한 산발적 저항운동이 체제를 흔들 조짐은 보이고 있지 않지만, 베트남의 정치적 안정이 언제까지 지속

---

13 베트남의 거의 모든 파업은 '살쾡이 파업' 형태를 띠고 있다. 대부분의 공장에서는 일반 노동자가 노동조합을 신뢰하지 않아 조장이나 반장 등 영향력을 가진 노동자가 은밀하게 파업 일자와 방식을 정해 갑자기 파업을 감행한다. 협상도 파업 주동자나 지도부가 나서지 않은 상태에서 전체 노동자가 회사 마당에 모여 경영진과 대화하는 방식을 취한다. 경영진이 어느 정도 자신의 요구를 수용했다고 판단하면 노동자는 서로 약속된 암묵적 신호에 의해 작업장으로 복귀한다. 살쾡이 파업은 대부분 비폭력적이고 1~3일 정도면 마무리되는 것이 일반적이다. 하지만 지도부와 요구사항이 명쾌하게 드러나지 않아 경영진이 파업을 해결하기 위한 의사소통을 하는 데 애를 먹는다. 살쾡이 파업의 원인, 과정, 효과 등에 대한 자세한 정보가 필요한 독자는 채수홍(2013a)의 논문을 참조하기 바란다.

될 것인지는 한인 사회의 근간을 흔드는 중요한 변수가 될 것이다.

베트남 한인은 이처럼 외국자본의 유입을 통한 성장정책을 펼쳐온 베트남의 최근 30년 역사의 일부를 이루고 있으며, 개혁개방정책과 밀접하게 관련되어 공동체를 발전시켜왔다. 특히 베트남이 노동 집약적 산업의 세계적 생산기지로 발돋움함에 따라 세계생산체계에서 저가 생산품의 주요 공급자 역할을 담당해온 한국기업의 베트남 진출이 날로 증가한 바 있다. 그 결과 베트남 한인 수도 늘고 한인 사회 규모도 커지고 있다. 하지만 바로 이러한 역사적 궤적과 정치경제적 현실 때문에 베트남 한인의 삶은 베트남 사회가 안고 있는 제반 문제와 분리해서 이해될 수 없다. 한국기업과 한인은 베트남 경제에 공헌하고 있는 조력자로 인식될 수도 있지만, 동시에 베트남의 노동 문제와 환경 문제를 일으키는 주체, 대외 의존을 심화시키는 외국자본, 민족감정을 자극하는 외국인으로 간주될 수 있는 잠재력도 지니고 있다. 이러한 문제에 대해서는 5장에서 한인-베트남인 간의 관계를 다루면서 구체적으로 논할 기회가 있을 것이다.

2. 한-베트남 관계와 베트남 한인의 개황

한국인이 베트남에 거주한 기록의 시작은 일제강점기이다. 베트남전쟁 당시에도 약 30만 명의 파월 한국군과 수천 명의 한인이 살고 있었지만, 오늘날처럼 베트남에 장기적으로 거주하는 한인이 공동체와 조직을 형성하며 특정 거주지를 점유하며 살기 시작한 것은 1986년 개혁개방정책 시행 이후이다. 엄밀하게 말하면 1992년 한국과 베트남이 수교를 맺은 이후 양 국가가 한인 사회 형성에 직접적인 영향을 줄 수 있는 경제적, 정치적, 사회문화적 교류를 시작하였다. 이후 베트남과 한국의 정치적, 경제적 상황 변화에 따라 한인 사회가 양적으로 질적으로 부침을 겪고 있다.

베트남 한인의 사회경제적 성격과 규모에 영향을 끼쳐온 요인은 크게 두 가지로 나눌 수 있다. 하나는, 한국-베트남 양국의 '정치경제적political economic' 관계의 변화이다. 한국으로서는 노동집약적 산업 위주로 성장해온 기업이 임금 상승으로 노동력을 구할 수 없게 된 80년대 말과 90년대 초부터 개혁개방정책으로 싸고 질 좋은 노동력을 공급해줄 수 있는 베트남을 운 좋게 만날 수 있었다. 반면, 인구가 많고 산업이 부족한 베트남으로서는 많은 일자리를 창출할 수 있는 한국의 노동집약적 산업 유치가 매력적일 수밖에 없었다. 이처럼 양국은 서로의 이해관계가 일치하면서 의류, 신발, 전자 등 저가 생활필수품을 생산하고 공급하는 '세계 가치 사슬'(Humphrey and Schmitz 2000)에서 핵심적 역할을 담당할 수 있게 되었다. 이처럼 잘 맞아떨어진 '궁합' 덕택에 한국은 베트남에 가장 많이 투자한 국가로서 지위를 유지하고 있다(〈표 4〉 참조).

하지만 양자 관계는 수교 이래 시기별로 부침을 거듭한 바 있다. 한국은 90년대 말 'IMF 사태'인 '아시아 금융위기' 여파로 경제적 격변을 경험한 바 있다. 이로 인하여 많은 한국기업의 투자가 위축

표 4 대베트남 국가별 투자 누적액 상위 8개국 최근 5년 투자동향

(단위: USD 백만, 건)

순위	국가명	2015	2016	2017	2018	2019.1~6	1988~2019.6 누적
1	한국	6,983.2 (1,029)	6,895.8 (1,263)	7,801.8 (1,339)	5,928.5 (1,446)	1,766.2 (698)	64,551.2 (7,905)
2	일본	1,803.4 (475)	2,509.8 (574)	8,718.6 (601)	7,989.3 (630)	1,572.7 (327)	57,899.8 (4,190)
3	싱가포르	2,802.5 (204)	2,123.3 (309)	4,939.0 (271)	3,269.8 (295)	1,265.0 (163)	49,161.5 (2,266)
4	대만	1,468.2 (187)	1,351.6 (222)	1,162.6 (206)	679.5 (204)	515.3 (110)	31,927.3 (2,645)
5	홍콩	1,148.1 (150)	1,626.1 (228)	1,412.9 (232)	1,936.9 (242)	1,274.0 (181)	21,306.0 (1,554)
6	버진 아일랜드	1,217.3 (89)	826.3 (88)	487.3 (65)	534.6 (70)	400.8 (35)	21,274.9 (816)
7	중국	744.1 (210)	1,705.9 (358)	1,645.8 (380)	1,662.5 (479)	1,876.8 (362)	15,452.4 (2,461)
8	말레이시아	2,478.8 (49)	688.3 (68)	161.2 (47)	282.2 (54)	27.8 (24)	12,504.6 (599)
FDI 투자총계		24,115 (3,038)	22,379.7 (3,862)	30,783.1 (3,975)	25,572.8 (4,215)	10,347.1 (2,351)	351,655.6 (28,954)

출처: 베트남 투자청
순서는 1988년부터 2019년 1~6월까지 누적 투자액순(6월 20일 기준)

되었지만, 오히려 한국에서 일자리를 찾지 못한 한인의 베트남 이주가 증가하면서 베트남 한인 사회 규모와 성격에 영향을 끼쳤다. 이 밖에도 한국의 베트남 이주노동자와 베트남 여성의 한국인 남성과의 국제결혼이 날로 증가하면서 베트남 한인 사회의 한인-베트남인 관계에 영향을 미치고 있다.

한인 사회의 성격과 규모에 영향을 주고 있는 또 하나의 요인은 시기별로 변화하는 세계 경제 경기와 각국 정책이다. 특히 베트남의 미국과 유럽과의 관계는 베트남 한인 사회의 경제적 여건에도 중요한 변수가 되고 있다. 한국기업의 대베트남 투자는 1992년 베트남과 미국의 자유무역협정 체결, 2006년 '국제무역기구World Trade Organization, WTO' 가입, 그리고 2015년 베트남과 유럽연합EU의 자유무역협정 체결이 완료된 시기를 전후하여 급증하곤 하였다. 한국기업에 베트남에서 생산하는 제품의 주요시장인 미국과 유럽연합이 베트남과 어떤 관계를 맺는가에 따라 투자 증감이 이루어져 온 것이다. 2017년 초 미국이 트럼프 대통령의 정책변화에 따라 갑자기 '환태평양 경제동반자 협정Trans-Pacific Partnership, TPP'에서 탈퇴하고 보호무역정책을 천명함에 따라 베트남에 선제적으로 투자를 늘린 한국기업이 어려움을 겪은 것도 동일한 맥락에서 이해할 수 있다(이한우·채수홍 2017: 176).

이와 함께 베트남의 한인 사회의 경제적 여건은 세계경기의 부침에 직접적인 영향을 받고 있다. 세계경기가 좋지 않은 시기에는 한국기업이 고전하고 한인의 수도 정체하거나 감소하지만, 호황기에는 기업투자가 증가하면서 한인 사회 규모가 배가되기도 한다. 베트남에서 생산해서 주로 유럽과 북미에 수출하는 한국의 노동집약적 산업이 세계경기에 힘입어 수익이 늘고 베트남 내수시장 상황이 좋으면, 베트남에서 일자리를 찾는 한인과 한인 기업이 고용하는 베트남인 수가 늘어나고 한인 사회도 활기를 되찾는다.

이와 같은 여러 변수에도 불구하고 한국과 베트남은 1992년 수교를 맺은 이후 교역량을 점차 늘려왔다. 수교 직후 약 5억 달러에 불과하였던 교역량은 매년 약 20퍼센트씩 늘어나서 2013년경에 이르면 이미 2백억 달러를 상회하게 된다(채수홍 2013b: 41). 한국수출입은행이 2016년에 제시한 통계에 따르면 한국은 수교 이래 2015년 10월까지 베트남에 4,700여 건의 FDI를 실행하였으며, 이전 10년 동안에만 양국의 무역 규모가 무려 여섯 배 늘었다. 2018년 현재 한국은 중국에 버금가는 수출액을 기록하며 베트남의 제2 수입국이자 제4 수출국으로 확고하게 자리매김한 상태이다(〈표 5〉, 〈표 6〉 참조).

매년 양자 무역이 증가하여 2016년에 이르면 약 3,332개의 한국기업이 공식적으로 베트남에 투자하고 사무실, 공장, 매장을 운영하기에 이른다. 현재 한국기업의 수는 공식인가 비공식인가, 프로젝트 허가인가 실행인가, 신규인가 추가인가에 따라 투자기업 수가 4천 5백에서 1만 개까지로 추정된다. 이 같은 통계의 유동성을 염두에 두고 조심스럽게 추정해보면, 최소한 5천 개 이상 공식투자를 거친 한국기업이 베트남에서 운영되고 있는 것 같다.[14] 여기에 한인이 베트남인의 명의를 빌려 운영하는 소규모 기업체까지 포함하면

---

14 한국의 산업통상자원부의 고위 관료가 한 포럼에서 발표한 자료에는 한국이 베트남에 2019년 현재 570억 달러를 투자하고 7천 개가 넘는 기업이 진출해있다고 되어있다(뉴시스 2019. 10. 29.). 하지만 무엇을 기준으로 진출기업 수를 추정하느냐에 따라 총계가 유동적이다.

표 5 베트남의 주요 수입국

(단위: US$ 백만)

순번	국가명	2015	2016	2017	2018. 3
1	중국	49,527	49,930	58,229	13,675
2	한국	27,614	32,034	46,734	11,607
3	일본	14,367	15,034	16,592	4,340
4	대만	10,993	11,221	12,707	3,035
5	태국	8,284	8,796	10,495	2,591
6	미국	7,796	8,708	9,203	2,683
7	말레이시아	4,201	5,114	5,860	1,852
8	싱가포르	6,038	4,709	5,301	1,170
9	인도네시아	2,743	2,971	3,640	967
10	독일	3,213	2,828	3,170	825
	기타	16,333	31,917	39,165	10,620
	합계	151,109	173,262	211,096	53,005

출처: 베트남 관세청
General Statistics Office 2017년 순위 기준

베트남에서 활동하는 한인 기업 수는 훨씬 더 늘어날 것이다.

여기에는 2016년 베트남 수출의 무려 18퍼센트를 차지한 북부 박닌과 타이응우옌의 삼성과 같은 초대형업체는 물론이고, 점차 커가는 베트남 내수시장을 겨냥하여 진출한 한국의 대형 은행, 건설

표 6 베트남의 주요 수출국

(단위: US$ 백만)

순번	국가명	2015	2016	2017	2018. 3
1	미국	33,480	38,464	41,608	10,341
2	중국	17,141	21,970	35,463	8,252
3	일본	14,137	14,677	16,841	4,337
4	한국	8,932	11,419	14,823	4,353
5	홍콩	6,965	6,091	7,583	2,115
6	네덜란드	4,762	6,014	7,106	1,739
7	독일	5,705	5,959	6,364	1,659
8	영국	4,649	4,899	5,424	1,313
9	UAE	5,695	5,000	5,030	1,452
10	태국	3,176	3,693	4,786	1,312
	기타	57,470	57,756	75,841	20,484
	합계	162,112	175,942	213,770	54,309

출처: 베트남 관세청
General Statistics Office 2017년 순위 기준

사, 유통업체 등이 포함되어있다. 또한, 이러한 대형업체를 따라 이 동해온 하청업체와 부자재 업체 그리고 이들에게 식품, 교육, 편의, 유흥 등의 서비스를 제공하는 소규모 자영업도 있다. 베트남에서 이처럼 다양한 업종과 규모의 한인 사업체가 빠른 속도로 증가하

표 7 한국의 주요 수출지역

(단위: US$ 백만)

	2010		2013		2016		2017	
	금액	비중	금액	비중	금액	비중	금액	비중
중화권	1,569	33.6	1,893	33.8	1,694	34.2	1,961	34.2
- 중국	1,168	25.0	1,458	26.1	1,244	25.1	1,421	24.8
- 홍콩	253	5.4	278	5.0	328	6.6	391	6.8
일본	282	6.0	347	6.2	244	4.9	268	4.7
아세안	532	11.4	820	14.7	745	15.0	952	16.6
- 베트남	97	2.1	211	4.1	326	6.6	478	8.3
인도	114	2.4	114	2.0	116	2.3	151	2.6
NAFTA	628	13.5	770	14.9	811	16.4	843	14.7
- 미국	498	10.7	621	11.1	655	13.4	686	12.0
EU	535	11.5	489	8.7	466	9.4	540	9.4
전체	4,664	100.0	5,596	100.0	4,954	100.0	5,737	100.0

출처: 박번순 2018

는 추세다.

유의할 점은 한국기업과 한인의 베트남 진출에만 초점을 맞추어 일면적으로 양국 관계를 이해하는 것은 적절하지 않다는 사실이다. 양국의 교역 관계를 자세히 들여다보면, 한국과 베트남의 관계를 한국기업과 한인의 '베트남 진출 붐'으로만 표현하는 것이 적절치 않음을 알 수 있다. 베트남에 한국은 주요 투자국이자 일자리 제공자이지만, 한국에 있어 베트남도 상상하는 것보다 훨씬 중요한 국가가 되었다. 한국기업과 한인이 베트남에 진출하여 현지에서 일자리를 만들고 경제에 활력을 불어넣는 중요한 역할을 한 것은 사실이지만, 베트남도 한국경제에 무시할 수 없는 무역 파트너가 된 지 오래다.

〈표 7〉을 보면 2017년 현재 한국의 대(對)아세안 수출은 전체 수출의 16.6퍼센트로 중국의 24.85퍼센트 다음으로 많다. 이 가운데 베트남이 8.3퍼센트로 단일국가로는 중국과 미국(12퍼센트) 다음으로 많고, 놀랍게도 일본(4.7퍼센트)을 훨씬 상회한다. 한국에게 베트남은 거의 미국에 버금가는 중요한 수출대상국이 되었으며, 한국 정부와 언론은 2020년에는 양국의 교역 규모가 천억 달러를 넘어서서 베트남이 미국을 제치고 한국의 제2 교역국이 될 것으로 전망하기도 하였다(EKNews 2018. 3. 28.). 이러한 예상은 미국과 중국의 무역마찰, 중국 진출 한국기업의 고전, 그리고 한국 정부의 신남방정책의 영향으로 점차 현실화되고 있다.

한국과 베트남의 무역 규모 못지않게 주목할 필요가 있는 지표가 양국의 무역수지이다. 〈표 8〉에서 알 수 있듯이 한국은 2017년에만 베트남으로부터 무려 316억 달러의 무역수지 흑자를 기록하였고, 이 수치가 2018년에도 3백억 달러 내외로 유지되고 있다. 한국이 무역을 통하여 얻고 있는 이익의 상당 부분이 베트남에서 창출되고 있는 것이다. 이는 한국기업의 생산품이 베트남에서 인기를

표 8 한국과 아세안 국가의 무역수지

(단위: 억 달러)

	2005	2010	2014	2017
수출	274	532	846	952
▷선발아세안 6국	237	426	606	462
▷베트남	34	97	224	478
▷CLM	3	9	16	13
수입	261	441	534	538
▷선발아세안 6국	253	405	446	369
▷베트남	7	33	80	162
▷CLM	1	3	8	8
수지	13	91	312	414
▷선발아세안 6국	−16	21	160	93
▷베트남	27	63	144	316
▷CLM	2	7	8	5

출처: 박번순 2018

누리고 있는 덕택이기도 하지만 그것보다는 베트남에 진출한 한국 기업이 부품과 자재를 한국을 통하여 베트남으로 수출하여 일종의 무역 마진을 얻고 있기 때문이다.

따라서 향후 한국과 베트남의 관계 그리고 한인 사회의 지속가 능성을 고려할 때 양국 무역수지 불균형은 문제가 될 소지가 다분 하다. 물론 한국 정부와 기업도 이를 의식하여 ODA를 늘리고 '기 업의 사회적 책임Corporate Social Responsibility, CSR'을 강화하고 있지만, 장 기적으로는 기술이전과 인력양성을 위한 교육투자 등을 통하여 무 역흑자 일부를 환원할 필요가 있다. 이러한 노력을 통하여 상생책을 모색하지 않는다면 머지않아 양국의 무역 갈등이 발생할 가능성은 충분하다. 그렇게 되면 한국에 대한 이미지가 급격하게 나빠지면서 베트남 한인 사회의 안정에 악영향을 미칠 것이 자명하다.

이처럼 한국과 베트남의 경제적 관계가 날이 갈수록 긴밀해짐에 따라 베트남 한인 수도 급증하고 있다. 현지 한인은 하노이를 중심으로 중북부에 5만여 명, 호찌민을 중심으로 한 남부에 10만여 명이 살고 있다고 주장한다. 일부 웹사이트는 호찌민과 인근에 14만 명, 하노이와 인근에 4~5만 명이 살고 있다는 추정을 내놓기도 한다. 물론 정확한 공식통계는 없고 추측일 뿐이다. 그나마 공신력 있는 통계는 한국의 외교통상부가 2년마다 해외공관을 통하여 수집하고 있는 재외동포현황이지만 이도 90일 이상 체류한 한국인만 포함하고 있을 뿐 아니라 수치를 내는 근거도 명확하게 제시하고 있지 않다. 이 통계에 따르면 2019년 현재 베트남 한인은 17만 2,684명이다.

필자는 2014년에 한인상공인연합회 회원명부에 공식적으로 등록된 기업 수와 기업당 평균 10여 명으로 추산한 한인 수, 명부에 없는 각종 자영업체 수에 근거한 한인 수, 그리고 종교단체, 동호회, 한인 학교 등에 등록한 한인 수를 비교하여 베트남 한인 인구를 추산한 적이 있다(채수홍 2014: 64). 이를 토대로 추정해보면 수교 전에 개혁개방정책에 고무되어 먼저 건너온 한인 수가 50여 명 미만이고(채수홍 2005: 111), 수교와 함께 투자가 늘면서 'IMF 사태'를 맞기 직전인 1996년 말에 이르면 호찌민 인근에 5천여 명, 하노이 인근에 5백여 명이 있었던 것으로 보인다. 흥미로운 것은 IMF 기간에도 투자는 줄었지만, 한국에서 일자리를 잃은 사람들이 몰려들면서 한인 수는 줄지 않고 오히려 약간 늘었다는 사실이다. 한인 규모는 이후에도 점진적으로 커져 2000년대 초에는 1만~1만 2천여 명이 호찌민과 인근에, 1천~2천여 명이 북부에 거주하였을 것으로 추산된다(채수홍 2005: 118).

이후 10여 년이 지난 2012년에 베트남 대사관이 공식 추산한 수는 호찌민 한인만 7만 5천여 명이었다. 당시 필자의 계산으로도 최소 6만 5천~7만여 명이 남부에 거주하고 있었다. 주목할 만한 사실은 2008년부터 삼성이 하노이 인근의 박린에 초대형 핸드폰 공장을 짓고 이후 타이응우엔까지 생산기지를 확장하면서 북부 한인 인구가 급증하였다는 점이다. 삼성과 협력업체 직원이 증가하며 2010년대 초에는 하노이 한인 수가 최소 2~3만 명 이상으로 늘어난 것으로 보인다. 이후에도 한국의 대베트남 투자가 꾸준히 증가하였고, 최근 베트남 정부가 외국자본을 북부로 많이 끌어들여 균형발전을 꾀하고 있다는 사실을 고려하면 남부에 약 10만 명, 북부에 5만 명정도 있을 것으로 추정된다.

문제는 재외외교공관이나 재외한인이 주장하는 한인 규모는 항상 최대치를 주장하기 때문에 실제보다 부풀려지는 경향이 있다는 사실이다. 이런 점을 고려할 때 2017년에는 남부에 최대 8~9만여 명, 북부에 3~4만여 명 정도의 한인이 베트남에 거주하였을 것으로 추정할 수 있다. 하지만 코로나 팬데믹이 발생하기 바로 직전까지 '베트남 붐'으로 현지 한국계 은행이나 법률회사에서 한인 기업의 투자가 급증하고 있다는 사실을 피부로 느낄 수 있을 정도였다는 점을 고려하면 2019년 현재 베트남 한인은 최소 15만에서 최대 20만까지 보아도 무리가 없을 듯하다.[15]

흥미로운 점은 한국과 베트남의 인적 교류가 쌍방에서 거의 비슷한 규모로 이루어지고 있다는 사실이다. 2011년 말 5만 9천여 명이던 재한在韓베트남인 수는 2016년 6월 말 14만 3천 명으로 급증하였다. 이런 추세는 2018년 말에도 계속되어 한국에 거주하는 베트남인 수가 19만 7천여 명까지 증가하였다. 이 중 결혼이주자 수도 꾸준히 증가하여 2015년 말에는 약 4만 명의 베트남 여성이 한국 남성과 결혼하여 한국에서 살고 있다. 결혼이주자는 이후에도 매년 평균 약 5천~6천 명 정도씩 늘고 있어 현재 누적 총계가 5만 5천에서 6만 명 정도로 추정된다. 마찬가지로 유학생도 최근 급증하고 있는데, 2007년 1,900여 명에 불과하던 수가 2018년에는 2만 8천여 명으로 늘어났고, 이와는 별도로 어학연수를 하기 위하여 한국어학당에 등록한 학생도 2017년 2만 명을 넘어섰다. 여기에 베트남인 이주노동자도 점점 늘어 2017년 말에 약 5만 명 정도가 한국에서 합법적으로 일하고 있다.[16]

---

15 베트남 통계청에 따르면 최근 베트남을 찾는 한인 관광객이 2019년 7개월 동안 240만 명이나 되었고 매년 백만 명씩 늘고 있는 등 한국인의 베트남에 대한 관심이 범상치 않은 상황이다. 관광객 가운데는 베트남에서 일하거나 거주를 계획하고자 방문하는 사람도 많다. 물론 한국과 베트남 모두 팬데믹의 영향으로 양국 교류와 베트남 거주 한인 수는 일시적으로 급감하였다.

16 이와 관련한 정확한 통계는 한국통계청의 웹사이트(https://kosis.kr)에서 쉽게 찾을 수 있다.

이러한 통계를 면밀하게 들여다보면, 한국인의 베트남 거주와 베트남인의 한국 거주 규모와 체제 목적을 중심으로 나누어본 결과 구성비가 대동소이하다는 사실을 인지할 수 있다. 물론 한국에 거주하는 베트남인 수가 상대적으로 약간 많고, 한국의 베트남인은 유학생이나 국제결혼 여성이, 베트남의 한인은 취업자가 많다는 세부적 차이가 있긴 하다. 하지만 최근 한국인 남성과 베트남 여성이 베트남에서 만나 현지에서 사는 '한-베 가정'[17]이 급속히 늘고 있다. 필자가 2014년에 만난 한-베 가족 구성원들은 호찌민과 인근에만 약 3천여 가정이 있다고 진술하였는데(채수홍 2014: 77), 이에 하노이와 다른 지역에 사는 한-베 가정을 합산하고 최근 급증하는 추세까지 고려하면 약 1만여 한-베 가족이 베트남에 살고 있다고 추정할 수 있다.

이와 함께 최근 베트남에 진출한 한국기업에 취업하려는 청년층이 늘면서 베트남 대학이나 어학원에 다니는 한인 유학생도 급증하고 있다. 이런 점을 종합해볼 때 한국과 베트남의 인적 교류가 단순히 사회문화적 요인에 의해서만이 아니라, 양국 경제협력 정도에 따라 여러 방면에서 그리고 쌍방 간에 급속하게 진행되고 있음을 알 수 있다.

---

17 한국에서는 베트남 여성과 한국 남성이 이룬 가족을 '다문화 가정'이라고 부르지만, 베트남에서는 이를 '한-베 가족'이라고 지칭한다.

2장

베트남 한인의 정착사와
세대별 분화

이주의 역사가 길어짐에 따라 베트남 한인은 양적으로 빠르게 팽창하고 있을 뿐 아니라 질적으로도 분화하고 있다. 베트남 한인 사회는 취업 경로와 경제적 조건에 따라 여러 부류의 한인으로 나눌 수 있으며, 각 범주에 속한 한인의 하위 집단은 서로 구분할 수 있는 사회문화적 삶을 살아가고 있다. 예를 들어, 공관원이나 대기업 등의 주재원, 공장 매니저, 자영업자, 취업 대기자와 실업자, 은퇴자 등이 누리는 정치경제적 조건과 사회문화적 실천 행위는 점차 차별화되어가고 있다.

이와 함께 베트남 한인의 삶은 가족 형태나 사는 지역에 따라서도 조금씩 다른 양태로 나타난다. 단신으로 이주하였는가, 이주해서 가족과 함께 살고 있는가, 이주 후 베트남인과 가족을 이루었는가 등에 따라 한인의 삶은 조금씩 변별성을 보인다. 한인이 어느 지역에 살면서 어떤 성격의 공동체를 이루고 있는지도 이들의 삶을 이해할 때 중요한 지표가 된다. 호찌민을 중심으로 빈즈엉, 동나이, 붕따우, 그리고 메콩델타 지역을 포괄하는 남부에 사는가 아니면 하노이를 중심으로 하이퐁, 남딘, 빈푹, 박린, 타이응우엔에 사는가에 따라 한인의 일터와 주거지에서 사회적 관계를 맺거나 문화적 실천 양태에도 차이가 난다.

한인의 다양한 삶의 조건과 행위 양식은 계층, 지역, 가족 형태와 연계하여 사회 분화가 어떻게 일어나고, 이와 연계하여 한인의 의식과 정체성이 어떻게 형성되는지, 그리고 이를 토대로 한인공동체 내부 정치가 어떻게 전개되고 있는지에 대하여 면밀하게 검토할 필요성이 제기되고 있다. 이 장에서는 베트남 북부와 남부 한인의 사회경제적 분화, 거주지를 중심으로 이루어지는 공간적 분화, 그리고 일상에서 벌어지는 문화적 '구별 짓기'(Bourdieu 1984)를 기술함으로써 한인공동체 구성원의 동질감과 이질감의 실체를 밝히고자 한다. 또한, 이를 통하여 서로 다른 조건을 가진 여러 부류의 베트남 한인이 일터와 삶터에서 자신을 어떻게 표출하고 초국적 실천을 해나가는지 설명하고자 한다.

1. 원로

베트남에 정착한 한인의 사실상 1세대는 한인 사회에서 '원로元老'로 부르는 사람들이다. 나이가 최소 80세 이상인 이들의 숫자는 2010년대 초반만 해도 호찌민 '원로회元老會' 회원 50여 명과 하노이 노년층 10여 명을 포함하여 전국적으로 최대 100명 미만으로 추산되었다. 하지만 지금은 사업을 하거나 직장을 가진 칠팔십대 연배의 한인 수가 훨씬 많아졌으며, 이들 중 다수는 여러 시기에 걸쳐 다양한 경로로 베트남에 들어왔다는 점에서 '원로'라 불리는 한인과는 이주 동기와 경로 그리고 사회경제적 배경이 다르다. 예를 들어, 베트남 한인 사회에서는 한국에서 은퇴하고 베트남에서 생활한 지 그리 오래되지 않은 노년층까지 원로로 간주하지는 않는다.

원로의 일반적인 특징은 베트남전쟁 때 맺은 인연을 바탕으로 개혁개방을 전후하여 재정착하였거나, 그렇지 않더라도 최소한 개혁개방 초기부터 현지에 뿌리를 내리고 살았다는 점이다. 이런 특징으로 인하여, 이들 가운데 일부는 소위 '라이따이한'의 아버지로서 베트남 아내나 자녀와 재결합하여 살고 있다. 또한, 원로 가운데 큰 기업체를 운영하는 사람은 거의 없고 대부분 자영업, 소규모 무역업, 개인 컨설팅 등에 종사한다. 따라서 개혁개방정책을 활용하여 부동산 등으로 부를 축적한 사람도 있지만, 일반적으로 생활이 넉넉지 못하다는 특징이 있다.

원로 집단은 2000년대 초까지만 해도 정체성이 명확하고 한인 사회에서의 활동도 활발했지만, 오늘날에는 베트남 노인회의 구성원처럼 인식되면서 점차 존재감이 사라지고 있다. 이러한 위상 변화는 연로하여 세상을 뜨는 사람이 점차 늘어가고, 비슷한 나이의 '신참'들이 이들과 섞이고 함께 어울리면서 원로 고유의 성격이 모호해졌기 때문이다.

원로 집단 위상에 변화가 일어난 보다 직접적인 요인은 베트남 한인 사회가 투자기업 급증을 동력 삼아 양적으로 팽창하고 질적으로 변화했기 때문이다. 이러한 변화 과정에서 한인 사회의 집단적 활동은 점차 기업인 중심으로 바뀌었다. 그 결과 한인 사회가 소규모 공동체로 존재하였던 과거와 달리 '원로'의 존재를 인식시키고 이들을 대접하는 절차가 각종 행사에서 거의 사라졌다. 게다가 최근에는 경력이 화려하고 사회경제적 조건이 좋은 노년층 은퇴자들이 베트남에서 생활하는 사례가 늘면서 이들이 정통 원로를 대신해서 회사나 공관 행사에 참석하는 일도 많아졌다. 이런 점을 고려할 때, 나이가 많거나 행사에서 어른 대접을 받는 사람을 모두 원로로 간주하는 것은 의미가 없다. 베트남 한인 사회 역사에서 의미가 있는 진정한 원로는 적어도 몇 가지 생애사적 특성을 가진 사람들에 국한될 필요가 있다.

원로들의 증언에 의하면 자신이 베트남 한인 사회 형성의 씨앗을 뿌리기 시작하기 전부터 베트남에 한국인이 살고 있었다고 한다. 베트남 한인 사회의 전사前史가 있었다는 것이다. 원로들이 삼사십대 초반에 '사이공(현 호찌민)'을 비롯한 '월남(현 베트남 중남부)' 여러 지역에 진출하였을 때 만난 한인은 일제강점기에 징용을 왔다가 귀국하지 못하고 현지에 정착한 사람들이다. 확인된 수만 약 20~30명에 달하는 이들 징용 세대 한인은 대부분 현지인과 가족을 이루고 현지인으로 살았다. 이들의 존재는 원로세대 한인들의 증언만이 아니라 월남 패망 당시 탈출에 실패하였던 한인과 외교관의 탈출기에서도 확인할 수 있다(이대용 1981 참조). 여러 정황을 종합하면, 징용 세대와 베트남전쟁 당시 베트남에 거주한 사람 중 한국 국적을 포기한 소수는 월남 패망 이후 베트남으로 귀화하거나 미국, 호주, 캐나다 등 제3국으로 건너갔다. 월남이 패망하기 직전 남쪽 정부와 밀접한 관계를 맺고 일하던 한인은 대부분 한국이나 제3국으로 탈출하였지만, 북쪽 혁명군에 연고를 가지고 있거나 베트남 가족을 포기할 수 없었던 극소수의 경우 사회주의화 이후에도 현지에 남아 현지인 가족으로 사는 것을 선택하였다.

이들이 베트남에 정착하여 소규모 집단을 이루고 살았던 최초의 한국인이라는 점에는 의심의 여지가 없다. 하지만 이들을 한인 역사의 첫 세대라고 부르기는 어려울 것 같다. 이들은 베트남 한인 역사에서 처음이자 마지막으로 현지인으로 동화되어 베트남인과는 구분되는 한국인 집단으로 재생산되지 못하였고 베트남전쟁 와중에 해외로 떠나버렸다. 이런 연유로 현지에서 외국인 집단으로서 고유의 특성을 가지고 재생산되고 있는 현 베트남 한인 사회와의 연속성을 찾기는 힘들다. 징용 왔다가 정착한 뒤 월남 정부를 도와 광산개발을 하였으며 사회주의화 이후에도 현지인으로 남아있던 유 모 옹이 2003년 작고함으로써 징용 세대는 단절된 전사로서의 의미만을 남기고 사라졌다고 할 수 있다.

오늘날 베트남 한인 사회에서 원로는 베트남전쟁 당시 호찌민을 비롯한 남부 일원에서 일정 기간 살았으며, 개방 이후 재정착하여 여생을 베트남에서 보내려 계획하고 있는 사람을 의미한다. 여기서 유의할 점은 원로 대부분이 의무복무 기간 동안 베트남전쟁에 지원한 의무병 출신이 아니라는 것이다. 현재 원로세대가 팔구십대에 걸쳐있는데 전쟁 당시 이들이 최소 삼십대였다는 사실이 이를 증명한다. 물론 80세 전후의 원로 중에는 의무병이나 특수병과 병사로 베트남과 인연을 맺은 경우도 드물게 있긴 하다. 하지만 적어도 필자가 만난 원로들은 예외 없이 베트남전쟁 당시 전투에 대한 기억이 아니라 경제활동과 일상에 대한 경험을 털어놓았다. 원로가 생활인으로서 맺은 베트남과의 인연은 이후 이들이 베트남에 정착하게 되는 중요한 동기와 배경이 되었다.

원로가 파월 장병이 아니었다는 사실이 이들이 한국군이나 전쟁과 무관하였다는 것을 의미하지는 않는다. "64년부터 73년까지 8년 4개월 동안 파월된 총 연인원 32만 명의 군인"(파월전사편찬위원회 1997: 283)에 포함된 사람의 다수는 군무원이었다. 이에 더하여 전쟁 중 경제적 특수를 노리고 현지에서 사업하던 한국인도 많았다. 원로가 베트남전쟁 당시 종사하였던 직업은 직업군인, 군부대 내부와 외부 출입이 자유로운 민간정보원, PX 군무원, 미군 납품업자, 식당·선물센터·식품점·유흥업소 등을 운영하는 자영업자, 외국수입품 무역업자 등이다. 베트남전쟁 기간에 호찌민을 비롯한 중남부 일대에 최대 5만여 명의 한국군과 5만여 명의 민간인이 살았는데, 원로 대부분은 사이공의 '쯔엉민장(현 떤빈군의 레방시 거리)'에 형성된 한국 가게 밀집촌에 드나들 기회가 있었고 군과 직·간접적으로 연계된 민간인이었다.

원로들이 직업군인, 군무원, 사업가 등이었다는 사실을 강조하는 이유는 이들 중 일부가 전쟁 당시 베트남 여성과 살면서 자녀를 낳은 라이따이한의 아버지이기 때문이다. 베트남 여성과 동거하면서 가족을 이루기 위해서는 군부대 안이라는 공간에 얽매여있지 않아야 하고, 경제적으로도 가구를 재생산할 만한 여유가 있어야

표 9 1965~1972년 한국군 월남 참전 연 병력 규모

(단위: 명)

년도	1965년	1966년	1967년	1968년	1969년	1970년	1971년	1972년	총계
인원	21,031	41,809	42,743	45,729	43,408	42,349	42,602	33,177	312,853

출처: www.vietvet.co.kr

하기 때문이다. 당시 직업군인은 장교 이상은 되어야 월 150달러 이상의 수당을 받을 수 있었고, 일반병사의 경우 전투수당 20센트를 포함해 약 50여 달러 정도의 수당을 손에 쥐었다(이상우 1984: 283-284). 따라서 일반병사는 베트남 여성과 동거할 만한 시간적, 경제적 여유가 절대적으로 부족하였다.

원로 다수가 일반병사가 아닌 군무원이나 사업가였다는 사실은 이들이 베트남전쟁 중에 현지인과 접촉할 기회가 많았고 현지인의 보호가 필요한 존재였다는 점을 시사하고 있다. 실제로 필자가 인터뷰한 원로 가운데 일부는 자신이 베트남 여성과 동거를 시작한 이유로 월맹군의 1968년 '뗏 (구정) 대공세' 때 '남베트남 민족해방전선Mặt trận Dân tộc Giải phóng miền Nam Việt Nam'이 남부 일부를 점령한 이후 현지에서 돌기 시작한 외국인에 대한 보복 풍문을 들었기 때문이라고 진술하였다. 현지에서 사업을 하는 외국인으로서 현지인의 협조뿐만 아니라 보호가 필요하였던 것이다.

물론 독신인 외국 남성이 현지 여성과 맺는 성적 관계를 사회경제적 동기에 의해서 만으로는 설명할 수 없다. 많은 인류학적 민족

지가 예증하고 있듯이 전쟁이나 식민지 상황처럼 외국 남성이 물리적, 경제적 우위를 갖는 상황에서 남성 지배 이데올로기와 성적 상상력이 현지 여성과의 관계를 합리화하는 역할을 담당하기도 한다(Stoler 1989, 1991). 생사가 불투명한 전쟁터 상황과 여기에서 싹튼 세계관이 이들의 행동과 선택에 많은 영향을 미쳤을 것으로 추측해볼 수 있다.

원로세대의 재정착 동기를 이해하기 위해서는 한국 남성이 현지 여성과 사실상 부부관계를 유지하였던 동기 못지않게 그 결과에 주목할 필요가 있다. 현지인과 가족을 이룬 원로들은 전쟁 와중에 부인과 처가의 '사회적 연결망Social Network'을 이용하여 현지인과 밀접한 상호작용을 하였다. 이 과정에서 현지인과 자연스럽게 "정이 들고" 훗날 "베트남에 대한 그리움을 간직하게" 되었다. 실제로 필자가 만난 원로들은 예외 없이 향수를 베트남에 재정착한 동기 중 하나로 꼽았다. 또한, 이들은 베트남전쟁으로 "맺어진 인연"과 "베트남에 대한 호기심과 향수"가 베트남 한인 사회 성장의 토대라는 점을 강조하곤 하였다. 하지만 향수가 있다고 모두 재정착을 시도할 수 있는 것은 아닐 것이다. 원로들이 재정착을 결심하고 실행하게 된 다양한 사회경제적 동기와 조건이 존재할 것이다.

베트남에 한국인이 다시 나타나기 시작한 것은 80년대 말이다. 도이머이 바람을 타고 1987년경부터 한국 공안당국의 눈을 피하여 방콕과 싱가포르를 경유하여 베트남에 들어와 사업 가능성을 타진하는 한국인이 생겨나기 시작하였다. 1989년에는 베트남전쟁

그림 1 원로 차상덕 옹의 삶의 자취를 보여주는 자료들

그림 2 원로 차상덕 옹의 훈장 수여 장면

당시부터 현지에 연고가 있던 호주교포 몇 명이 한국인에게 비자를 만들어주거나 사업을 알선하여 많은 돈을 벌었으며, 이 과정에서 마침내 베트남-한국 합자 기업도 생겨났다. 하지만 1992년 수교 이전 현지에 정착한 한인 수는 50명을 밑돌았으며, 이들은 대부분 중동이나 인근 동남아에서 사업을 한 경험이 있고 새로운 기회를 모색하고 있던 사업가였다.

이들 가운데 자본이 있는 사람은 소규모 합자 기업 설립을 추진하였으며, 나머지는 한인을 대상으로 하숙을 치거나 식당과 식품점을 운영하였다. 후자는 과거부터 베트남에 연고가 있는 사람들이었고, 전자는 중동 등지에서 같이 일한 경험으로 후자와 이전부터 잘 알고 지내던 사람들이었다. 전자의 대표적인 인물이 최초로 자동차 정비업체를 합자 기업으로 설립한 배 모 씨나 호찌민 시내에 일찌감치 오피스텔을 지은 안 모 씨 등이며, 후자의 대표적인 인물이 2000년대 후반까지 대표적 한인 거리였던 '팜반하이Phạm Văn Hai'의 유명 인사였던 정 모 씨다. 이처럼 한국과 베트남이 수교한 1992년 말 이전에 정착한 베트남 한인은 대부분 해외 경험이 있었고, 이를 토대로 새로 개방되기 시작한 시장을 선점하려는 동기를 가지고 이주한 사람들이다.

원로세대가 본격적으로 베트남에 들어오기 시작한 시기는 한국과 베트남 수교 직후인 1993~1994년 경이다. 한국과 사회주의권 국가가 국교를 정상화하고 탈냉전을 도모하는 시대적 흐름 속에서 원로가 다시 베트남에 등장한 것이다(이한우·부이 테 끄엉 2015: 24-35).

특히 팜반하이 거리를 만든 정 모 씨가 처음엔 인도적인 견지에서, 이후에는 사업의 일환으로 라이따이한들에게 한국인 아버지를 찾아주거나 경제적인 도움을 주면서 원로들의 발길이 이어졌다.

이 사업에 깊이 관여하였던 정 모 씨에 따르면 약 1~2천 명으로 추산되는 라이따이한 가운데 현재까지 약 5백여 명이 아버지를 확인하였다고 한다. 하지만 라이따이한의 아버지인 한인이 베트남으로 이주해온 경우는 많지 않고, 더욱이 베트남 가족과 재결합한 경우는 극소수였다. 대부분 본국에 가정을 이루고 있었고 베트남 부인 역시 재가한 경우가 많았기 때문이다. 베트남 자녀를 상봉한 한국인 가운데 베트남 정착을 결심한 원로는 전체 원로의 10퍼센트 미만으로 거의 예외 없이 상봉 당시 본인과 베트남 부인이 혼자 살고 있었다. 이들은 대부분 한국에서 경제적으로 성공하지 못하였지만 적은 돈으로도 그동안 소홀하였던 (재결합 당시 대부분 사십대 중반인) 베트남 부인과 (재결합 당시 대부분 이십대 중반이 된) 자녀를 돌볼 수 있다는 생각에 이주를 결심하게 된다.

베트남 가족과 재결합한 원로

식당 사장, 남성, 85세

1968년 구정대공세 때 빈롱에서 한국인들이 신변의 위협을 받았다. 마침 친구와 사는 여자가 조카네 빚을 갚아주고 조카를 데려가라고 했다. 370불을 현금으로 주는 조건으로 빚쟁이들과 협상해서 5백 불의 빚을 청산해주었다. 1천 불을 가져가 나머지 630불은 집 고치는 데 쓰라고 했다. 당시로써는 큰 돈이었지만, 어린 처자가 안되어 보여서 "(나에게) 와도 좋고 안 와도 좋다"고 말했다. 얼마 후 아내가 나를 찾아왔고 4년간 살면서 아이를 낳았다. 1971년 10월에 미군이 철수했고 (월남이 패망해서) 15개월 된 아이를 두고 돌아와야 했다. 사이공 7군에 2천 불을 주고 집을 하나 사주고 금 50돈으로 "아버지가 아들에게"라는 문구를 새겨 메달을 만들어주었다. … 1994년 초 바레인에서 (모 회사의) 안전반 일을 하고 있었는데 베트남에서 연락이 왔다. 정 모 씨가 아들이 찾아오자 중동 출신들이 자주 들락거리던 대우통상이라는 카드 대여 회사로 아이의 편지와 사진을 보내왔다. (베트남) 와이프는 월 20불을 받고 식모살이를 하고 아들은 스물세 살로 씨클로Xích lô를 세내어 일하고 있다고 전해왔다. … 먼저 백 불을 시험 삼아 보내고 보름 있다가 안전하다는 것을 확인하고 1,500불을 또 보냈다. 한국으로 돌아와 아이들과 의논했다. 너희는 대학이라도 보냈지만 막내는 학교도 못 보냈으니 여생을 거기서 살겠다고 말했다. … 1995년 7월에 한국 살림을 정리하고 돌아왔다. (한국인) 막내아들 혼사 치르고 1,500만 원이 남았다. 돈을 모으기 위하여 다시 한번 중동으로 가려고 하니 (재혼했다가 혼자가 되어 다시 결합한 베트남인) 아내가 말렸다. 자기가 식당을 해서 먹여 살릴 것이니 다시는 헤어지지 말자고 했다. 이런 착한 아내가 오늘날 성공의 밑거름이 되었다.

전술한 바와 같이 베트남에 사는 80세 이상의 노인 모두가 엄밀한 의미에서 원로라 할 수는 없다. '나이가 많다는 의미'에서 어르

신으로 대우받고는 있지만, 한인의 뿌리를 이루는 제1세대라고 보기 어려운 경우가 많기 때문이다. 베트남에 정착한 자식을 따라왔거나, 생활비가 저렴하고 날씨가 따뜻한 곳을 찾아 한국에서 이주해온 노인도 점점 많아지고 있기 때문이다. 미국이나 호주에 적을 두고 연금을 받아 생활만 이곳에서 하는 노인도 있다. 이들은 하나같이 베트남은 여러모로 노인이 살기에 적합한 곳이라 말한다. 천 달러 정도면 생활할 수 있고, 추위 걱정 없고, 노인에 대한 차별이 거의 없고, 외국인으로서 높은 지위를 누리며 살 수 있다고 자랑한다. 최근 들어 이러한 노년층이 특히 많아지고 있는데 이들은 어떤 식으로건 과거에 베트남에 연고를 가진 적이 있는 사람들이다. 하지만 이들을 베트남 한인 사회의 역사적 과정을 놓고 볼 때 원로로서 간주하긴 힘들다.

엄밀한 의미의 원로는 현재 가족과 재결합하였건 그렇지 않건, 베트남전쟁 때부터 현지에 살고 있던 노년층을 의미한다. 이들은 현지에서 젊은 시절을 보냈고, 현지에 연고를 가지고 있으며, 여생을 현지에서 마치려는 사람들이다. 따라서 원로 다수가 연고가 있던 남부에 살고 있고 소수만이 다른 이유로 하노이 인근에서 거주하고 있다.

끝으로 원로 가운데 상당수가 베트남전쟁 이후 한국에서 적응하지 못하고 (특히 중동을 중심으로 한) 외국으로 떠돈 경험이 있다는 점에도 주목할 만하다. 특히 거의 100세가 다 되어가는 차 모 씨는 과거 중동 건설 현장에 가 있는 베트남 출신 후배들에게 많은 도움을 준 것으로 유명하다. 베트남전쟁이 끝난 후 무작정 베트남에서 한인을 이끌고 중동에 가서 우여곡절 끝에 건설 현장에 자리 잡고 일을 하다가 베트남으로 건너온 그는 현재 후배가 소유한 건설회사 고문으로 재직하면서 여생을 현지에서 마칠 계획을 하고 있다. 그에 따르면 베트남전쟁이 끝나고 한국에서 경제적으로도 사회문화적으로도 적응하지 못한 사람들이 중동이나 다른 국가로 갈 기회를 모색하였으며, 서울의 명동 인근에는 이런 사람들이 모이는 다방이 여러 개 있었다고 한다. 당시에도 초국적 삶을 살면서 고국에서 경계인으로 살아가는, 베트남에서 귀환한 한국인이 많았음을 알 수 있다.

이러한 원로의 초국적 삶의 궤적이 문호가 열린 베트남으로 다시 돌아오게 된 동력이 되었을 것이다. 이 같은 초국적 경험 때문에 원로들은 베트남에 대한 애착이 어느 세대의 한인보다 강하다. 원로들은 이미 오십대 이상이 되어버린 라이따이한과의 끈을 이어주는 존재며 지금도 이들 주변에는 여러 경로로 한국과 인연을 맺었거나 그러길 바라는 베트남인들이 맴돌고 있다. 원로는 민족-종족 정체성이 강한 보수적인 노년층임에도 불구하고 베트남에 대한 애착을 바탕으로 한인의 베트남 현지화를 긍정적으로 보고 있는 집단이기도 하다.

안타깝게도 세월이 지나고 한인 사회가 급팽창함에 따라 원로의 역할이 점점 줄어들고 위상도 낮아지고 있다. 한인 사회가 면대면의 초기 공동체였던 과거와 달리 한인과 한인 기업 수가 늘어나고 한인 사회의 중심이 기업주나 주재원으로 바뀌었기 때문이다. 한인 사회 내에서 부와 권력을 자랑할 만한 원로가 나오지 않은 것도 이런 흐름을 강화하였다. 따라서 원로는 베트남 한인 정착의 역사에 중요한 이정표를 남겼음에도 불구하고 외교공관이 주최하는 기념식이 아니면 쉽게 접할 수 없는 존재가 되어가고 있다.

2. 개방 초기 세대

베트남 한인 수는 90년대 초중반부터 빠르게 증가하기 시작하여 1997년경에는 이미 최소 5천여 명에 달하였다. 이 가운데 5백에서 천여 명이 주로 대기업 상사 주재원을 중심으로 하노이와 호찌민 양 지역 모두에 근무하고 있었고, 나머지 한인은 경제중심지이고 한인 생활권이 상대적으로 잘 형성된 호찌민과 인근 지역에 집중되어있었다. 90년대 초중반에 이처럼 한인 수가 증가하기 시작한 것은 명백하게 베트남 개혁개방정책의 특수를 노리고 몰려든 투자기업과 상사들 때문이었다.

　1995년 이전만 해도 베트남에는 아직 산업기반 시설은 물론이고 외국인의 생활편의 시설이 매우 열악하였다. 당시에는 삽으로 일일이 흙을 퍼낸 다음 아스팔트를 붓는 수공업적 방법으로 도로를 건설하는 장면을 손쉽게 목격할 수 있었다. 밤이면 가로등이 거의 없어 암흑이 찾아왔고, 오토바이 대신 자전거가 길을 가득 메우던 시절이었다. 베트남 4인 가구 절대다수가 월 백 달러 이하로 생활을 영위했고 오토바이, 냉장고, 냉방기 등도 흔하지 않았다. 장거리 이동을 하려면 동네 어귀에 종일 진을 치고 있는 '시클로'나 낡은 오토바이 기사를 불러 이동하는 것이 보통이었다. 이런 열악한 생활 조건에도 불구하고 베트남 시장의 미래를 보고 시장을 개척하고 선점하려는 한국 투자기업이 베트남, 특히 호찌민을 비롯한 남부지역에 쇄도하였다.

베트남에 최초로 공식 투자한 기업은 푸토성에 진출한 방림방적이지만, 개혁개방 초기 세대의 가장 상징적인 인물은 북부의 대우그룹 김우중 회장, 남부의 신발업체인 태광실업 박연차 회장이다. 베트남 고위인사들과의 인연으로 수도인 하노이에 먼저 기반을 다진 김우중 회장은 수교 전인 1991년에 하노이에 진출해서 한인의 베트남 도시개발사의 이정표를 찍은 대우호텔을 비롯하여 자동차, 화학, 섬유 등을 파는 종합상사를 운영하였다. 또한, 전기, 전자, 봉제 등 공장을 짓기도 하였다. 대우의 하노이 진출의 영향을 받아 코오롱, 효성 등 대기업의 종합상사가 연달아 지사를 설립하였으며, 그 덕택에 하노이 대우호텔 근처에 한인들이 모여들기 시작하였다. 당시 코리아나, 한국관 등 하노이의 한국식당에는 백여 명의 한인이 자주 모여 인사를 나누고 교류하였다.

적어도 IMF 이전까지 하노이 한인 사회는 이처럼 원로로부터 시작된 호찌민 한인 사회와 구성원의 특성과 규모 등에서 차이가 있었다. 90년대 하노이 한인 사회는 공관원과 대기업 주재원이 주도

하였으며, 전체 한인 수도 백여 명에서 시작하여 천 명을 넘지 않아 익명성이 보장되지 않는 면대면 공동체였다. 이후 '계영회'라는 친목 모임이 중심이 되어 결성한 한인회도 갈등이 많은 호찌민 한인회와 달리 초기부터 친화력이 강하였다. 이러한 전통 덕택에 자영업자만이 아니라 대기업 주재원도 한인회에 적극적으로 참여하였으며, 지금도 하노이에서는 상공인연합회가 아니라 한인회가 한인 사회의 중심조직으로 명맥을 이어나가고 있다.

반면 남부의 한인 사회는 초기 진출 시기부터 90년대 말까지 규모가 빠른 속도로 증가하였다. 또한, 초대형 신발업체인 태광, 창신, 삼양 등이 한인회보다는 상공인 모임을 중심으로 움직여 한인 사회의 응집력이 상대적으로 약하였다. 예를 들어, 박연차 회장은 당시에도 베트남에서 국빈 대우를 받고 여러 기관에 기부도 많이 하였지만, 한인회에는 별 관심을 기울이지 않았다. 마찬가지로 호찌민과 인근 동나이, 빈즈엉, 붕따우 등에 있는 회사와 노동집약적 공장에서 일하는 주재원, 공장 매니저는 이미 90년대 중후반부터 자영업자나 기타 부류와 피상적으로만 어울렸다. 이는 호찌민 한인 사회의 규모가 상대적으로 크고 직업도 다양하여 초기부터 '구별 짓기'가 가능할 정도의 계층별 분화가 미약하게나마 진행되었기 때문일 것이다.

이처럼 남부와 북부의 한인 사회는 서로 상황이 달랐지만, 베트남 시장개방 초기, 즉 한국기업의 베트남 시장 개척기에 들어와서 1997년 '아시아 금융위기' 이전까지 한인 사회의 터를 닦은 사람들을 제2세대 한인이라 규정할 수 있다. 이들을 제2세대 한인으로 구분하여 논할 수 있는 것은 세계 각국의 한인 교포 사회에서 흔히 발견되는 "이주 시기와 정주 기간에 따른 사회적 분화"(채수홍 2017)가 베트남 한인 사회에도 존재하기 때문이다. 베트남 한인에게 "온 지 얼마나 되었습니까"라는 질문을 던졌을 때 "저는 초기부터 와있 던 사람입니다"라고 대답하는 사람은 베트남에서 생활한 지 20년 이상 된 제2세대 한인이다. 이들은 개방 초기 베트남 사회를 경험 하였다는 점에서 이후에 정착한 세대와 자신을 구별하며 자부심을 가진다.

당시 베트남 한인 수는 현재보다 훨씬 적었으며 한인 내부의 사회경제적 분화도 문화적으로 서로를 구별하는 변별적 집단을 형성 할 만큼 현저하게 진행되지 않은 상태였다. 오늘날과 비교해볼 때 개방 초기 한인 사회는 훨씬 동질적이었다. 하노이 한인 사회에 비 하여 빠르게 성장하였던 호찌민 한인 사회조차 정착 초기라는 특 수성 때문에 내부의 이질성이 크게 표면화되지 않았다. 하지만 문 자 그대로 표면화되지 않았을 뿐, 이 시기에 정착한 한인의 다양한 사회경제적 조건은 현 한인 사회의 분화를 충분히 예견할 수 있을 만큼 이질성을 내포하고 있었다.

당시 한인 사회의 두 주축은 기업의 지상사支商社와 투자기업이 었다. 지상사는 현지에 사무실만 두고 금융, 보험, 운송, 무역 등을 담당하는 일종의 대기업의 해외지점이다. 당시 베트남 시장의 문을 두드리기 위하여 LG, 삼성, 현대, 대우, 포스코, 선경, 효성, 신한은행, 제일은행 등 굴지의 대기업이 앞다투어 현지에 사무실이나 지점을 열었다. 이런 대기업의 해외지점 직원이 한인 사회의 한 축을 이루었다. 이와 비교하여 투자기업은 자본을 투자하여 해외에서 공장을 운영하는 회사를 일컫는다. 이들이 금융과 소비시장이 원시적인 상태였던 개방 초기 베트남에 진출한 것은 값싼 노동력을 활용하기 위해서였다. 부산의 신발업체와 대구의 섬유업체를 필두로 인형, 가방, 모자 등 노동집약적 봉제산업이 소위 '신국제 노동 분업the new international division of labor'(Frobel, Heinrichs and Kreye 1980) 논리에 따라 공장을 이전해왔다.

적어도 IMF 이전까지 이런 공장들이 입주한 '수출 가공 공단 Export Processing Zone, EPZ'과 산업단지에서 현지 노동력을 감독하는 한국인 공장 매니저가 한인의 다른 한 축을 이루었다. 호찌민 한인 사회 인구가 하노이에 비하여 상대적으로 빠르게 증가한 것은 신발, 섬유, 의류, 가방 등을 생산하는 봉제공장이 산업화 기반과 통일 이전 자본주의적 시장경제를 경험한 바 있는 남부를 더 선호하였기 때문이다. 이로 인하여 90년대 중반까지는 이전부터 원시적이나마 산업지대가 형성되어있던 호찌민과 인근 동나이 그리고 항만이 있는 바리아-붕따우가 베트남 경제의 60퍼센트 이상을 차지하였다. 이 같은 외국기업에 의한 초기 산업화 과정에서 노동력이 부족해지면서 북중부 농촌 지대에서 이주해오는 베트남 노동자가 급증하기 시작하였다. 그 결과 남부의 한인 사회는 대기업 지상사와 투자기업의 공장 매니저가 주축이 되었고 양자 사이의 분화가 가시화되기 시작하였다. 또한, 한인과 베트남인과의 갈등도 일상화되기 시작하였으며, 특히 공장을 운영하는 투자기업의 한인 매니저와 베트남 노동자 사이에서 발생하는 갈등과 분규가 급증했다.

90년대 중반이 넘어가면서 베트남 (특히 남부의) 한인 사회 내부에 서로 다른 사회경제적 조건을 가진 변별적 집단들이 조금씩 나타나기 시작하였다. 한인 사회의 양대 축인 지상사와 투자기업 직원 사이의 사회경제적 조건 차이는 물론이고 투자기업 사이에서도 모기업의 규모에 따라 한국 직원의 급여와 회사 복지 수준차가 달랐다. 하지만 이 시기에 이주한 제2세대 한인 다수는 당시 한인 사회가 매우 동질적이었다고 기억하고 있다. 그 이유 중 하나는 한국기업이 진출하기 시작한 90년대 초중반에는 월급 차이만 있었을 뿐 이것이 일상에서 두드러지게 나타날 여지가 거의 없었기 때문이다. 은행에 근무하는 상사원이나 신발공장에서 일하는 현장 매니저나 사는 집 규모나 시설에 큰 차이가 나지 않았다. 기껏해야 작은 여관 규모의 호텔에 사는 것과 개혁개방 이전에 소련 장교나 기술자가 쓰던 합숙소를 개조하여 사는 정도 차이에 불과하였다. 골프장, 가라오케, 식당 등 외국인을 위한 위락시설도 매우 초보적이어서 돈이 있어도 이를 과시할 만한 대상이나 장소조차 없었다. 또한, 대기업의 상사도 이제 막 지점을 설립하고 사업 기반을 조성하는 상태였기 때문에 회사로부터 노동집약적 기업의 매니저와 크게 다른 경제적 지원을 기대할 수 없었다. 물론 현지인을 상대로 부자 행세는 충분히 할 수 있었지만 4인 가족이 월 백 달러 이하로 생계를 유지하는 것이 일반적이었고, 오늘날처럼 부유한 베트남인은 찾아보기가 쉽지 않았던 그 시절에는 웬만한 한인은 부자행세를 할 수 있었다.

90년대 초 호찌민 한인 사회의 문화적 동질성

전직 은행원, 남성, 58세

당시에 갈 곳이라고는 시내 호텔이나 한국인 거리인 '팜반하이'밖에 없었다. 투득에 막 골프장이 생겼지만 손으로 꼽을 정도였고, 저녁에 유흥을 즐기려고 깨끗한 베트남 가라오케에 가곤 했다. 한인 가라오케는 xxx 사장이 그즈음 막 들어왔을걸? 고향식당, 럭키식당 그리고 이름은 잘 기억 안 나는데 '득바Đức Bà' 성당 근처에 있는 한남 오피스텔 옆에 식당이 하나 더 있었다. … 밤이면 시내가 깜깜해져서 돌아다닐 수 있는 곳도 많지 않았다. 90년대 말이 되면 확 바뀌지만 … 처음 왔을 때는 서비스 아파트가 없어서 말이 호텔이지 조그만 여관에서 지냈다. 공장 사람들이 대부분 다층 주택을 빌려 함께 기숙하던 시절이었으니까. 당시에는 지상사 대부분이 험지 수당을 주었고 쓸 곳도 별로 없어서 몇 년 지나면 월급을 통째로 모아 강남에 아파트를 한 채 살 정도였다. 주재원, 식당 주인, 공장 다니는 사람이 모여 운동하는 모임도 결성하고, 저녁에 집에 모여 카드도 치고 그랬다. 한인이 많아지긴 했지만, 초기에는 한인끼리 만나면 서로 인사하고 특별히 잘난 놈, 못난 놈 없이 잘 지냈던 것 같다. 한국에서도 뭐 그냥 회사 다니는 사람들로 생각했지 큰 기업, 작은 기업 별로 안 따졌던 것 같다. … 한 번은 (외국에 적응하느라) 물갈이를 한다고들 하는데, 온 지 3개월쯤 되어 원인 모르게 죽도록 아픈 적이 있었는데 식당 주인이 죽을 쒀서 갖다준 적이 있었다. 정말 고마웠다.

상사 직원과 노동집약적 공장의 매니저 사이에 생활 격차가 가시화되면서 제2세대 한인 내부에서 사회경제적 분화가 생겨나기 시작한 것은 1995년 이후이다. 베트남을 대상으로 한 한국기업의 FDI가 점증하면서 1996년에는 공식적인 루트를 통한 투자만 8.26억 달러에 이르렀다(KOTRA 호찌민 지부 2004: 3). 이는 초기에 베트남에 투자한 기업이 이윤을 내기 시작하면서 베트남 시장에 대한 기대가 한껏 부풀었기 때문이다. 시장 탐색이 성공적이라 평가되면서 지상사에 대한 모기업의 투자와 지원도 본격화되었다.

이러한 투자 열기에 고무되어 베트남에서 외국인을 위한 주거환경과 위락시설도 현격히 개선되기 시작하였다. 외국인을 위한 호텔과 고급 아파트가 앞다투어 완공되고, 외국산 생필품을 파는 슈퍼마켓도 생겨났다. 외국인을 위한 가정부나 운전기사가 중하층 현지인에게 선망하는 직업이 되고, 외국인 자녀가 다니는 국제학교가 여럿 설립되었으며, 골프장, 식당, 가라오케 같은 위락시설도 급증하였다. 이런 변화에 힘입어 적어도 상사 직원은 회사의 지원을 받아 가족과 함께 고급 아파트에 거주하며 자녀를 국제학교에서 교육할 수 있게 되었다. 반면 이런 생활 여건 개선에도 불구하고 노동집약적 공장의 매니저는, 사장이나 고위직 간부를 제외하고는, 재

정이 상대적으로 열악한 회사에서 가족과 함께 기거하면서 자녀를
외국인 학교에 보낼 수 있게 지원받는 것을 기대하기 힘들었다. 회
사가 제공하는 기숙사나 사택에 공동거주하면서 월급 대부분을 한
국에 있는 가족에게 송금하고 여러 명목상 받는 수당으로 현지에
서 생활을 영위하는 것이 보통이었다. 이런 상황에서 상사 직원과
같은 문화적 혜택을 향유하는 것은 불가능하였다. 90년대 중반 이
후부터 제2세대 베트남 한인 사회 내부에서 사회경제적 분화가 조
금씩 가시화되기 시작하였던 것이다.

　제2세대 베트남 한인 사회의 성장과 분화를 논할 때 빼놓을 수
없는 또 하나의 집단이 소규모 투자자이다. 베트남 경제의 급성장
과 한인의 급증을 배경으로 몰려들기 시작한 이들은 소수의 현지
인을 고용하여 영세한 규모의 공장을 경영하거나, 현지인 이름을
빌려 식당, 가라오케, 식품점, 이발소 등 한인 고객을 겨냥한 가게
를 운영하였다. 이 시기에 소수의 현지인을 고용하고 동시에 자신
과 가족 노동력을 활용하는 (포괄적 의미의) 자영업자가 급증하였다.
이들은 한국인 거리인 팜반하이나 시내 사무실 밀집 지역에 베트
남인 명의로 가게를 임대하여 운영하였다. 당시만 해도 베트남인이
할 수 있고 투자 규모가 크지 않은 업종은 허가가 나지 않았고, 한
인이 종사하는 자영업 대부분이 이에 해당하였기 때문이다. 따라
서 사실상 '반합법' 상태인 이들의 법적 지위는 열악하였다. 게다가
초기만 해도 임금이 싸고 경쟁자도 많지 않아 제법 돈을 모을 수
있었지만, 90년대 말에 이르면 한국에서 소문을 듣고 몰려온 자영

그림 3 1990년대 호치민에 있던 이발관의 최근 프랜차이즈

업자 수가 늘고 임대료가 급상승하면서 생활이 팍팍해지기 시작하였다.

이러한 상황은 한인 규모가 빠르게 증가하던 호찌민에서 특히 두드러졌다. 1992년만 해도 50여 명에 불과하던 호찌민 한인 수가 불과 3~5년 후인 90년대 중후반에는 5천 명을 넘어선 것은 무엇보다 이들 자영업자 수의 증가에 힘입은 바가 크다. 예를 들어, 1995년만 해도 불과 몇 개에 불과하던 한국식당이 1997년에는 수십 개로 증가하였다. 귀국하는 사람들에게 부탁해서 구하던 생필품을 현지에서도 쉽게 구할 수 있을 만큼 한인을 상대로 영업하는 한인 가게가 늘어나기 시작했던 것이다.

피부로 느껴지는 자영업자의 증가

공장 매니저, 남성, 61세

IMF 이전만 해도 한국에서 방문하는 사람들이 무엇을 가져갈까 하고 물었다. 라면이나 한 박스 가져오라고 하면 대부분 라면, 김치, 밑반찬 등을 가져다주었다. 공장에 있는 매니저들은 부품이나 자재가 들어올 때 컨테이너에 싣고 들어와 지상사 직원들에게 나누어주기도 했다. 세관에서는 어차피 컨테이너당 계산해서 얼마씩 받고 통관을 시켜주던 시절이었으니까 문제 될 게 없었고. 당시만 해도 한국 물건은 귀하고 베트남 물건은 쓸 만한 것이 많지 않아서 까다로운 사람들은 고생 좀 했다. … 그런데 90년대 중반이 지나면서 가게도 많아지고 한국 물건도 수입을 많이 해서 생필품이 그리 아쉽지 않게 되었고, 무엇보다 식당이 엄청 많아졌다. 전에는 식당 이름들을 다 기억했는데 어! 무슨 거리에 있는 식당 있잖아? 이렇게 말할 정도로 갑자기 한국 가게들이 엄청 많아졌다. 한인도 회사 다니는 사람보다 가게 하거나 뭔지 모르지만 사업한다고 돌아다니는 사람들이 피부로 느껴질 만큼 갑자기 확 늘어나기 시작했다.

이와 같은 자영업자의 양적, 질적 성장은 베트남 한인 사회의 또 다른 사회경제적 분화를 예고하는 것이었다. 남부와 북부를 막론하고 초기에 투자한 자영업자는 상사 직원이나 투자기업 직원과 친밀한 관계를 유지하며 살았고 일부는 호형호제하기도 하였다. 하지만 이런 광경이 점차 낯설어지기 시작하였다. 식당이 늘어나면서 단골과 고객 관계에 변화가 오기도 하였지만, 사업가, 주재원, 자영업자 등의 구분이 점차 의미를 갖게 되면서 초기와 같이 민족, 학연, 지연을 토대로 '의사친족疑似親族'처럼 지내기가 어려워졌다. 일터와 삶터에서 관계를 맺는 사람들과 문화를 향유하는 공간이 서로 간에 달라졌기 때문이다.

그 결과 주재원과 자영업자의 면대면 관계가 점차 형식적으로 되었다. 생활양식에 차이가 나면서 양자는 서서히 서로 구별되는 집단으로 인식되었다. 여기에 더하여 자영업이나 무역업 등을 해보겠다고 영세한 자본을 들고 베트남으로 건너왔다가 실패한 한인이 늘어나면서 이런 구분이 점차 명시적으로 되어갔다. 필자가 인터뷰한 한인의 표현을 빌자면 "자동차 사고가 났을 때 보험처리를 할 수 있는 사람과 (보험이 없어) 현지인과 협상해야 하는 사람" 혹은 "직업을 말하는 사람과 그냥 수산물을 한국에 수출한다고 말하는 사람"으로 나누어지기 시작하였던 것이다.

베트남 시장을 개척하기 위하여 진출하였던 제2세대를 중심으로 급성장한 한인 사회는 초기의 사회적, 경제적, 문화적 동질성을 잃고 점차 차별적인 집단으로 분화되었다. 이런 와중에 IMF 사태가 한국과 동남아시아 국가 경제에 엄청난 충격을 가하면서 베트남 한인 사회는 또 한 번의 질적 변화를 겪게 된다.

3. IMF 직후 세대

IMF 사태는 크게 두 단계에 걸쳐 베트남 한인 사회에 양적, 질적으로 영향을 주었다. 먼저 IMF 사태 직후부터 약 3년간 베트남 현지 투자를 크게 위축시키며 한인 사회의 성장을 가로막았다. 1997년에 8억 2,600억 달러에 달하였던 한국 투자자본의 베트남 유입이 1998년에는 1,300만 달러로 급감하였다(KOTRA 2004: 3). 신규투자가 거의 중지된 것이나 마찬가지였다. 설상가상으로 베트남에 진출한 일부 현지법인이 한국 모기업의 자금난과 파산으로 도산하거나 미아가 되는 경우도 심심치 않게 발생하였다. 한국경제의 위기가 베트남 한인 기업의 경제난을 악화시키며 사업을 중단하거나 구조조정에 착수하도록 만든 것이다.

둘째 단계는 IMF 사태가 어느 정도 수습되기 시작한 2001년부터 2000년대 중반까지 일어난 변화이다.[1] 이 시기에는 한국 자본의 베트남 투자가 다시 완만하게 증가하면서 현지 한인 기업이 어느 정도 안정을 되찾아갔다. 하지만 이때 투자된 자본은 이전에 비하여 중소규모가 주를 이루었고, 초기와는 투자자본 성격도 달라졌다(KOTRA 2004: 4). 또한, 한국의 내수시장이 심각한 침체를 겪으면서 비공식적으로 아주 적은 자본을 들여와 사업을 모색하는 한인 수가 급증하였다. IMF 사태 직후 이러한 변화는 베트남 한인 사회의 구성에 상당한 영향을 끼쳤다.

IMF 사태 전개 시기에 특히 영향을 받은 기업은 노동비 절감에서 이윤을 짜내야 했던 노동집약적 공장이었다. 나이키나 아디다스와 같은 서구 대기업의 오더를 받아 운영되는 신발공장은 크게 영향받지 않았다. 신발은 제조공정이 복잡하고 많은 설비가 필요하여 생산자를 쉽게 대체할 수 없는 업종이기 때문이다. 당시 한인 신발업체는 대금을 달러로 받아 환율이 급격하게 떨어진 현지 동화 Đồng나 한화로 교환하여 오히려 상당한 부를 축적하였던 것으로 보인다. 이와 달리 섬유와 의류 등을 생산하는 봉제업은 생산량과 한국인 매니저 수를 줄이는 등 가능한 모든 방법을 동원해서 생존을 모색해야 했다. 베트남 한인 사회의 성장을 이끌었던 한 축인 투자

---

1 2001년에는 전년 대비 투자증가율이 51.3퍼센트였고 2002년에는 134.3퍼센트였다(KOTRA 2004: 3).

기업의 수혈이 멈추고 기존 투자기업의 출혈이 계속되면서 귀국하는 한인 수가 늘었으며, 남아있는 한인의 소비도 위축되었다. 이 시기 한인 사회에서 투자기업 매니저의 양적, 질적 영향력이 현저하게 약화되었던 것이다.

이와 비교하여 IMF 사태가 대기업 상사 직원에게 미친 영향력은 상대적으로 크지 않았다. 이들의 모기업 역시 한국에서 경제적 어려움을 겪고 있었지만, 베트남 지점이 모기업에서 차지하는 비중이 당시로써는 미미하였기 때문이다. 예를 들어, 신한은행, 삼성, 포스코, LG, 현대 등에서 볼 때 베트남 지점은 성장 가능성은 큰 반면 규모는 한국의 지점 하나 정도에 불과하였다. 이런 연유로 베트남 지점에 대하여 감량경영을 하거나 직원 수와 재정적 지원을 줄일 필요성을 크게 느끼지 못하였다. 그 결과 베트남 한인 사회 내부에서 지상사 직원이 차지하는 비중이 커졌으며 이들과 투자기업 직원을 비롯한 다른 한인과의 사회경제적 격차도 더 벌어졌다. IMF 사태가 지상사와 직원이 한인 사회 중심으로 부각할 수 있는 계기를 마련해줬던 것이다.

한국과 베트남 양국 모두에 심대한 영향을 끼친 '아시아 금융위기'의 파장은 이후 한인 사회 구성에도 영향을 끼쳤다. IMF 사태가 어느 정도 수습된 2000년대 초부터 지상사와 투자기업 직원 사이 구분이 가시화된 것에 더하여 소규모 개인투자자가 빠르게 증가하였기 때문이다. 이 시기에 많은 투자기업이 도산하거나 구조조정의 소용돌이에 휩싸였음에도 불구하고 베트남 한인 수가 완만한 증가세를 유지할 수 있었던 이유도 이들 '개미군단'의 유입 때문이었다.

실제로 이 시기에 IMF 사태로 한국에서 도산하고 건너온 기업주나 위축된 한국의 내수시장에서 고전하다가 새로운 기회를 찾아 이주한 자영업자가 눈에 띄게 늘어났다. 이 시기부터 베트남 한인 사회에 가족과 함께 건너와 작은 가게를 차리거나 혼자 건너와 사업을 모색하면서 소일거리를 찾는 사람을 쉽게 만날 수 있었다. 지상사나 투자기업 직원의 '월급쟁이'에 비하여 불안정한 생활을 감수해야 하는 한인의 증가는 또 다른 차원에서 베트남 한인 사회의 사회경제적 분화를 촉진하였다. 한국의 IMF 사태가 소규모 투자자로 특징 지워지는 제3세대 한인의 유입을 증가시키면서 베트남 한인 사회의 경제적, 사회적, 문화적 성격을 변화시켰던 것이다.

필자가 첫 장기 '현지 연구field work'(1998년 가을~2000년 봄)를 끝내고 미국으로 건너갈 즈음만 해도 호찌민을 위주로 한 베트남 일대의 한인 숫자가 5천여 명으로 추정되었다. 이후 2004년과 2005년 여름 베트남 한인에 관한 현지 연구를 진행하면서 가장 놀라웠던 점은 불과 4~5년 사이에 이 추정 수치가 1만~2만 명까지 올라갔다는 사실이었다. 비록 이 수치가 정확한 것은 아니지만 베트남에 장·단기로 거주하는 한인이 1990년대 말부터 2000년대 초 사이에 급증한 점만은 분명하였다.

호찌민의 경우 필자가 첫 조사를 끝내고 떠날 때만 해도 불과 30~40여 개에 불과하였던 한국음식점이 광고지에 나오는 것만도 100여 개가 넘었으며, 거의 독과점 상태였던 한국인 이발소, 식품점, 가라오케 등은 경쟁 상태에 돌입하여있었다. 그 밖에도 당구장, PC방, DVD 가게, 한인 잡지사 등 이전에 없었던 업종이 눈에 띄게 늘었다. 불과 4~5년 만에 다른 국가에 사는 교포 사회가 오랜 세대에 걸쳐 형성한 소위 한인만의 소비시장과 생활 기반을 구축하였던 것이다.

이와 같은 베트남 한인 사회의 급속한 양적 팽창은 '아시아 금융위기' 여파에 한국경제의 구조적 문제가 결합하면서 나타난 현상으로 이해될 수 있다. IMF 사태 여파로 중산층이 몰락한 데다가 이후 내수시장이 침체하고 과다한 자영업의 폐업과 실업이 급증하는 등 한국경제가 고전을 면치 못한 것이 배출요인으로 작용하였다. 동시에 적은 자본으로도 사업을 할 수 있고 아직 고성장으로 시장성 있는 베트남의 흡인요인이 한인의 이입을 촉진하였다. 이와 더불어 제2세대 한인 가운데 퇴사한 뒤 귀국하지 않고 현지에 관한 지식과 경험을 바탕으로 상대적으로 전망이 밝은 베트남에서 새로운 사업을 모색하는 사례가 점차 많아졌다.

베트남, 특히 호찌민 한인의 급증은 IMF 사태 초기부터 조짐을 보이기 시작한 한인 사회의 질적 변화를 진전시켰다. 우선 원로가 씨를 뿌리고 제2세대 자영업자가 발전시키면서 형성되었던 한인 거리 주변에 한정되어 있던 한인 주거지가 여러 지역으로 팽창하였다. 호찌민의 경우 IMF 사태 이전만 해도 한인 밀집 지역이 팜반하이와 꽁아 거리에 한정되어있었지만 2000년대 초에 이르면 한인 수가 늘면서 다양한 계층이 시내 여러 지역에 흩어져 살게 된다.

게다가 이런 한인 밀집 지역을 벗어나 현지인과 이웃하여 호찌민 인근에 흩어져 사는 사람도 늘었다.

이처럼 IMF 사태는 한국에서와 마찬가지로 한인 사회의 사회경제적 조건의 불균등을 심화시키면서 공동체의 공간적 분화를 주도하는 결정적 계기가 되었다. 물론 IMF 사태로 인한 영향은 한국이 그랬던 것처럼 베트남에서도 차별적이었다. IMF 사태 직전에 막 투자를 감행하였거나 본사가 힘들었던 업종과 기업으로서는 이 시절이 고통스러운 기억으로 남아있겠지만, 앞에서 잠시 언급했던 것처럼 일찍이 90년대 초부터 베트남으로 공장을 이전한 일부 업종과 기업에는 오히려 기회이기도 하였다. 베트남의 인건비는 여전히 저렴하였고, '아시아 금융위기' 직후를 제외하고는 경제도 고도성장 중이었으며, 현지에서 번 달러의 가치는 그 어느 때보다 높아 일부 기업에는 호시절이기도 하였다. 마찬가지로 직업이 안정적인 지상사 주재원도 본사가 힘든 시기를 나고 있어 월급이 오르지는 않았지만, 베트남에서 절약한 돈으로 한국에서 집을 장만하기에는 충분하였다. 한국에서의 곤경을 극복하고자 이주해오는 기업가, 노동자, 자영업자가 늘어난 반면 현지에서 위기에 몰린 사업가나 주재원이 생겨나면서 한인 사회 내부의 사회경제적 격차가 확대되었다.

IMF가 만들어낸 클래스의 차이

방적회사 사장, 남성, 61세

IMF 사태 때 돈 번 사람이 많았다. 특히 신발 하는 사람들은 달러로 받아서 환율이 절반이 되었고 한국에 반값으로 떨어진 자산에 투자하면 그냥 네 배를 벌었다. 이후에 경제가 좋아져서는 훨씬 더 많이 벌었고. 그때와 지금 주식이나 부동산 가격을 비교해봐. IMF가 돈 있는 사람에게는 떼돈을 벌 기회였고 그때 돈 번 사람들이 (누구라고 실명을 거론함) 지금 큰소리치는 거다. 우리 같은 방적 회사들은 한국에 주요 공장은 놔두고 여기에 일부만 옮겨와서 재미를 못 봤다. 공장을 좀 늦게 옮겨온 셈이다. 한국에서 본사는 망하고 여기만 살아남은 곳도 있고… 뒤늦게 망한 공장을 인수한 사람들이 베트남에 공장이 있어 훗날 재미를 보기도 했다. 이때부터 한국만이 아니라 베트남 한인 사회도 있는 사람과 없는 사람이 확 갈라졌다. 막 지어진 고급 서비스 아파트에 살면서 부동산 사들이는 사람과 밥 먹고 살기 위하여 아등바등하는 사람이 생겨났다. 서로 클래스가 다른 사람들이 생기기 시작한 것은 IMF가 주범이다.

IMF가 변화시킨 한인 사회

무역업자, 남성, 72세

IMF 사태가 지나면서 한인 사회에 별별 사람이 다 들어왔다. 옛날에는 투자를 허가받으면 안기부에서 교육받고 왔다. 올 수 있는 사람만 온 거다. IMF 사태 지나면서 여행비자로 와서 눌러앉아 여기서 몇십 달러씩 현지인에게 주고 비자 연장하면서 사는 사람이 훨씬 많아졌다. 그래도 가게 하러 오는 사람은 계획이 있는 거다. 그냥 와서 식당에서 옛날 경력 들먹이며 노는 사람도 많았다. 그러고 싶어 그런 건 아니겠지만. 이런 사람들이 돈 떨어지면 말썽을 일으키지 않겠는가. 베트남에서도 한국 사람을 조심해야 한다는 말이 이때부터 생겨난 것 같다. 베트남 사람에게 사기당하는 경우는 드물다. 없지는 않겠지만. … IMF는 베트남 한인 사회에도 많은 영향을 주었다.

IMF를 전후하여 만들어진 또 하나의 변화는 베트남 현지에서 실업자나 '빈곤층' 한인이 눈에 띄기 시작한 것이다. 이 시절에도 영어와 현지어에 능통하지 못한 제3세대 한인이 적은 자본으로 까다로운 베트남 법망을 피해가며 할 수 있는 사업이 그리 많지 않았다. 따라서 이들은 대부분 한인을 상대로 한 업종을 선택할 수밖에 없었다. 문제는 한인을 상대로 한 업종 경쟁이 이미 과열된 상태였다. 이를 알면서도 조건상 제약이 많은 한인은 어쩔 수 없이 포화상태인 일부 업종, 특히 자영업에 뛰어들어 경영에 어려움을 겪거나 파산하는 사례가 늘었다. 이런 여건 때문에 한국에서 들고 온 얼마 안 되는 사업자금을 소진하며 눈치만 보다가 신용불량자로 전락하는 사람을 쉽게 찾아볼 수 있었다. 실업한 뒤 무작정 뛰어든 중년층과 사업자금을 소진하며 출구를 찾지 못하는 한인이 늘어나면서 베트남 한인 사회는 이전에는 목격할 수 없었던 여러 종류의 사회적 갈등과 문제를 경험하기 시작하였다.

4. 2000년대 이후 세대

베트남 한인이 2000년대 초부터 급증하기 시작한 깃은 베트남이 개방정책을 확대하며 한국의 노동집약적 산업이 본국과 다른 국가에 흩어져있던 생산기지를 점차 베트남으로 옮겨왔기 때문이다. 이런 흐름에 물꼬를 튼 것이 2001년 베트남과 미국의 NTR이었다. 무역 관계를 정상화하는 이 협정을 통하여 노동력이 여타 지역보다 저렴한 베트남에서 생산하여 관세를 면제받고 최대 시장인 미국에 수출할 수 있는 환경이 조성되었다. 이러한 호조건을 활용하기 위하여 여러 업종의 노동집약적 산업이 베트남으로 몰려왔다. 여기에 더하여 2006년 11월에 베트남 정부는 숙원이었던 WTO 가입을 이루어냈고, 불과 한 달 뒤에는 미국으로부터 '항구적 정상 무역 관계Permanent Normal Trade Relation, PNTR' 지위를 얻어냈다. 이러한 변화는 2000년대 초중반 한국과 대만을 비롯하여 노동집약적 산업이 많은 국가들을 매혹시켰다. 베트남의 개혁개방정책 가속화, 경제 고도성장, 임금억제정책으로 여전히 저렴한 인건비는 산업 구조조정과 인건비 상승으로 힘겨워하던 한국 노동집약적 산업을 위한 새로운 돌파구가 되었다.

이러한 시대적 상황에 맞추어 베트남의 한인 기업 수가 급증하였고 더불어 한인 사회도 비약적으로 팽창하였다. 베트남 남부에는 이미 공단으로 자리 잡은 호찌민과 동나이 외에도 빈즈엉에 섬유, 봉제, 식품, 전자, 신발업체가 속속 입주하였다. 특히 빈즈엉은

그림 4 2000년대 후반 한인 봉제공장

2000년대 후반에 이르러 대규모 산업지대로 탈바꿈한다. 1996년 처음 싱가포르 자본에 의하여 건설된 '비엣싱VietSing' 공단 중 하나로 시작한 빈즈엉 지역은 2021년 현재 25개 산업공단과 12개 '공업 밀집 지역'으로 구성된 거대한 산업도시가 되었으며, 여기에 수백 개의 한국 공장이 가동되고 있다(채수홍 2016a: 551). 빈즈엉에 입주한 한국 업체는 2009년 말 현재 92퍼센트가 섬유, 의류, 부자재 업체 등 소규모 제조업체였다. 이들은 북중부와 메콩 유역에서 유입된 최소 60만 명에 이르는 이주노동자를 활용하여 공장을 가동하였다.

베트남의 산업화 붐은 남부에서만 일어난 것이 아니다. 북부 하노이와 인근 지역에도 2002년 소위 '미국의 오더가 터지면서' 봉제업을 위시하여 여러 업종의 한국계 공장이 앞다투어 진출하였다. 이로 인하여 기존 산업지대는 물론이고 하노이 인근 농촌 지역이 공단으로 변신하며 인근 노동력을 흡수하였다. 예를 들어, 태평양, 신원, 약진, 영원무역, 세계물산 등 봉제업계의 큰 손인 '벤더vendor'들이 이 시기에 한국과 남미의 생산시설을 하노이와 그 인근으로 옮겨왔다.

베트남 한인 사회가 양적으로 팽창한 또 한 번의 계기는 미국의 '리먼 브러더스Lehman Brothers'와 '서브프라임 모기지Subprime Mortgage' 사태로 야기된 세계금융위기가 수습되기 시작한 2008년 말부터이다. 세계금융위기는 '도이머이' 정책 시행 이후 2006년까지 성장 가도를 내달리던 베트남 경제에 심각할 정도로 부정적인 영향을 끼쳤고, 이에 대응하여 베트남 정부는 외국기업에 대한 규제를 줄이고 파격적인 조건을 제시하면서 외국자본을 끌어들이고자 하였다. 그 대표적 성과가 삼성 핸드폰 공장의 베트남 이전이었다. 2016년 현재 베트남 수출의 약 20퍼센트에 육박하는 비중을 차지하게 된 삼성이 하노이 인근의 두 성에 단계적으로 진출하면서 이와 연계하여 한국계 기업의 수도 급증하였다. 삼성의 투자와 함께 LG가 북부 항만도시 하이퐁에 화학과 전자 부문 공장을 대규모로 건설하면서 한국과 베트남의 무역 관계는 새로운 단계에 진입하게 되었다. 이에 따라 한인 사회의 양적 성장과 질적 변화도 이전과는 비교할 수 없을 정도로 가속화되고 있다.

2000년대 후반부터 2010년대 중반까지 세계적 위상과 규모를 자랑하는 공장을 보유한 한국 대기업들이 연달아 투자를 실행하고, 중국에서 전망이 불투명해진 노동집약적 공장들이 잇달아 이전하면서 베트남은 명실상부한 저가 상품생산의 세계적인 중심지로 발돋움하였다. 또한, 베트남 경제의 이 같은 성장은 베트남 내수시장을 주목할 만한 규모로 팽창시키며, 소비시장을 겨냥한 외국계 자본 유입을 촉진하는 연쇄적 계기를 제공하였다. 산업 인프라와 아파트 열풍으로 일어난 건설 붐을 노리고 많은 한국계 건설업체가 베트남에 진출한 것도 2000년대 후반 이후다. 상당한 성장 잠재력을 가진 금융, 통신, 유통 관련 시장을 점유하기 위하여 많은 한국 기업이 신규로 진출하거나 투자를 늘린 것도 이 시기다. 베트남 한인 사회 규모가 2000년대 후반 이후 두세 배 커진 근본적 원인은 이러한 경제적 변화 과정에 있다.

당연히 베트남 한인 사회의 양적 성장은 여러 가지 질적 변화를 만들어냈다. 눈으로 가장 빠르게 확인할 수 있는 것이 한인의 사회경제적 여건과 연계된 거주 공간의 다변화였다. 앞에서 잠시 언급하였지만 호찌민의 경우 90년대 초중반까지 한인은 소수의 밀집 거주지와 기숙사, 개인주택, 영업점에 딸린 집 등에서 생활하다 90년대 말에 등장한 고급 아파트와 여러 군Quận의 주택가로 분산되어 살게 되었다. 하지만 실질적인 대규모 한인 거주지라고 할 만한 지역은 존재하지 않았고, 한인이 많이 사는 고급 아파트나 주택도 거주하는 한인 간에 이름을 알 정도로 소수에 불과하였다.

하지만 2000년대 들어서면서 호찌민 7군 '푸미흥Phú Mỹ Hưng' 신도시가 건설되고 여기에 한인 학교가 설립되면서 이곳으로 한인이 대거 이주하였다. 이 지역은 월세가 2,000~5,000달러에 달하는 고급 아파트와 주택도 있지만, 500~1,500달러 내에서 집세를 해결할 수 있는 내외국인을 위한 서민 아파트도 밀집하여있어 다수의 한인이 거주지를 형편에 맞게 고를 수 있다.

이와 더불어 호찌민의 건설 붐 덕택에 부유한 공장주나 주재원은 푸미흥의 고급 아파트는 물론이고 1군과 3군에 해당하는 도심과 2군의 안푸 지역에 연달아 건축된 고급 아파트에 살 수 있게 되었다. 반면 소규모 공장의 매니저나 가난한 한인은 현지인이 사는 소위 '로컬 아파트'에서 500달러 이하의 월세를 내고 살았다. 그만큼 한인이 살 수 있는 거주지가 다양해지고 선택지도 많아졌다. 이 같은 거주지 분화는 한인의 사회경제적 조건이 다양해지면서 생긴 당연한 결과이기도 하지만 동시에 한인 사회 계층에 따른 사회문화적 분화를 촉진하는 촉매로 작용하였다.

2021년 현재 이러한 경향은 더욱 강화되고 있는 추세이다. 호찌민의 한인 밀집촌이었던 7군 신도시 푸미흥의 인기가 이전만 못 하게 되자 경제적 여유가 있거나 거리가 가까운 빈즈엉 공단에서 일하는 한인이 최근 몇 년간 호찌민 남동부인 2군과 빈탄군의 대형아파트로 옮겨가기 시작하였다. 이는 호찌민의 대형건설 프로젝트가 연달아 완공되면서 빈홈을 비롯한 초대형 아파트가 속속 공급되고 있기 때문이다. 또한, 새로 조성된 아파트촌의 집세가 다른 군의 아파트촌이나 주택가 거주지에 비하여 다소 비싸기는 하지만 교통체증이 심한 푸미흥에 비하여 1군과 3군이 시내에서 가깝고 한인을 위한 편의시설도 충분하기 때문이다. 물론 푸미흥에 있는 한인학교나 다른 외국계 학교에 자녀를 보내야 하거나 상대적으로 싼 아파트를 구하고자 하는 한인은 교통이 불편한 걸 감수하고 여전히 한인에게 필요한 제반 편의시설이 모여있는 푸미흥에 거주하고 있다. 이런 점을 종합해볼 때, 2000년대 이후 호찌민에 다양한 거주지가 조성됨에 따라 한인도 자신의 사회경제적 여건에 맞게 살 곳을 선택할 수 있게 되었다. 달리 말하면 호찌민 한인 사회에서 사회경제적 여건에 따른 주거지의 분화가 목격되고 있다.

호찌민보다 뒤늦게 그리고 규모가 상대적으로 작게 이루어지고 있다는 점을 고려하지 않는다면 2000년 이후 하노이 거주 지역의

그림 5 호찌민 푸미흥의 대규모 아파트 단지 스카이 가든

분화도 맥락과 특성 면에서 호찌민과 크게 다르지 않다. 베트남 진출 초기에 한인은 하노이 대우호텔 인근과 장보 거리에 모여 살거나 시내와 비교적 가까운 지역에 있는 베트남인 주택을 임대하여 사는 것이 일반적이었다. 하지만 2000년대 중반 이후 하노이에도 대규모 아파트와 소비시설이 건설되면서 쭝화와 미딩 지역에 호찌민의 푸미흥과 같은 한인 밀집 거주지가 형성되었다.

　이후 2009년에 하노이의 최고층 건물로 기획된 경남빌딩이 건설되고, 롯데, 참빛 등의 건설기업이 대규모 주상복합단지를 조성함으로써 한인 거주지가 다변화되었다. 그 결과 부유층과 법인장급 주재원은 주로 경남과 롯데 빌딩에 살고, 일반 주재원과 공장 매니저 등은 미딩과 쭝화 지역의 조금 저렴한 아파트에 사는 것이 일반화되었다. 또한, 호찌민과 마찬가지로 유학생이나 형편이 넉넉지 않은 한인이 거주할 수 있는 로컬 아파트에 거주하는 한인도 늘어나고 있다. 최근에는 아파트 단지가 매년 다량 공급되면서 신도심을 중심으로 한인이 살 수 있는 거주 공간이 다변화되고 있으며 이 과정에서 사회문화적 분화도 가시화되고 있다. 더 이상 한인이 가까운 곳에 모여 살면서 민족공동체를 확인하고 정체성을 일깨우기에는 베트남 한인 사회 규모가 너무 커진 것이다.

　이처럼 2000년대 후반 이후 한인 거주지는 하노이와 호찌민 모두 다변화하여 사회경제적 지위에 따라 점차 분화되고 있을 뿐 아니라, 주거지의 범위도 핵심 도시를 넘어 여러 지역으로 팽창을 거듭하고 있다. 예를 들어, 대다수 한국계 공장이 호찌민이나 하노이에서 승용차로 1~2시간 걸리는 거리에 있어 자녀와 함께 살지 않고 공장 인근이나 기숙사에 사는 한인도 많아지고 있다. 또한, 통근이 쉽지 않은 거리에 공장이 위치한 경우 동료나 가족과 함께 지역에 주택을 구하여 사는 사례도 늘고 있다. 북쪽의 경우 박닌이나 하이퐁과 같은 하노이 인근 성이나 도시에 한국 공장이 많아 한인공동체가 형성되기도 한다. 남쪽의 경우에도 호찌민, 동나이, 빈즈엉 등에 집중되어있던 공장이 더 저렴한 노동력을 찾아 북쪽의 빈푹이나 서쪽의 메콩델타 지역에 공장을 신축하거나 추가로 건설하는 일이 늘고 있으며, 대도시로 통근이 쉽지 않은 한인이 아예 이런 곳에 거주하는 사례도 늘고 있다. 이 밖에도 최근 한국인에게 동남아시아를 대표하는 관광지로 주목받고 있는 다낭이나 냐짱에도 관광산업에 종사하는 한인과 이들의 거주지가 늘고 있다.

2000년대 이후 점차 두드러지고 있는 거주지의 사회경제적, 지역적 분화는 한인 사회의 사회적 결집과 문화적 정체성에 영향을 주고 있다. 다음 장에서는 이러한 사회경제적, 공간적 분화 조건과 양상을 세부 집단별로 살펴볼 것이다. 또한, 추후 이를 토대로 한인이 한인공동체 내부와 외부에서 어떠한 정체성의 정치를 전개하는지 상세하게 기술하고 분석할 기회를 가질 것이다.

3장

베트남 한인의 사회경제적 분화와 문화적 특징

베트남 한인의 삶의 양태에 대한 인터뷰를 진행하면서 느꼈던 것은 오랜 기간에 걸쳐 교민이 정착한 사회(예를 들어, 뉴욕, LA, 오사카 등)와 비교해볼 때 베트남 한인이 서로에 대한 정확한 정보를 가지고 있지 않다는 사실이었다. 베트남 한인 수가 그리 많지 않음에도 불구하고 공식적인 통계조차 없다는 사실이 단적인 예다. 필자가 만난 베트남 한인 사회의 지도층은 이런 비판에 공감하면서도 원인을 한국과 베트남 정부의 무관심이나 통계의 엄밀성 부족으로 돌리곤 하였다. 반면 양국 정부 관계자들은 베트남 한인의 경우 영주권이 없고, 일시적 체류자가 많으며, 비교적 최근에 수가 급증하여 통계를 작성하기가 쉽지 않다고 토로하였다.

하지만 한인이 비자를 위한 노동, 사업 허가를 베트남 중개회사에 뒷돈을 주고 '구입'하는 반합법적 거주가 여전히 많기는 하지만, 적어도 형식적으로라도 불법으로 거주하여 통계에 잡히지 않는 한인이 거의 없다는 점을 고려할 때 충분히 추정 가능한 것 아닌가 하는 의문을 지울 수 없다. 또한, 한인에 대한 통계가 대부분 과학적 근거가 명확하지 않은 단순 추정에 가깝고 통계마다 큰 편차를 보이는 현상도 안타깝다.

베트남 한인이 자신이 속한 '공동체'에 대하여 정확하지도, 일관되지도 않은 정보를 가지고 있는 원인에는 한인의 양적 증가만이 아니라 한인 사회 내부에서 공간적 그리고 사회문화적 분화가 심화하고 있는 현상도 연관된 것으로 보인다. 한인의 베트남 정착 초기와 달리 오늘날 베트남 한인 사회의 중상층과 하층은 아주 피상적으로만 접촉할 뿐 서로의 삶에 대해서는 '정형화된stereotyped' 이해에 그치고 있다. 비싼 외국인 아파트에 사는 주재원 중 상당수는 손님을 모시고 구경삼아 가거나 동료나 가족과 함께 식당을 방문할 때가 아니면 한인 밀집촌 거주지에 거의 가지 않는다. 물론 현지에서 '냐쪼nhà trọ'라고 명명되는 80년대 서울 구로공단의 '벌집' 같은 셋집에 사는 한인도 있다는 사실을 아는 주재원은 거의 없다. 이들은 베트남인이 사는 '로컬 아파트'라는 단어를 들으면 길거리에서 볼 수 있는 낡은 구식 아파트를 지칭하는 것이라고 짐작하지만, 여기에 사는 한인이 제법 있다는 말을 들으면 반신반의한다. 마찬가지로 로컬 아파트에 사는 한인은 물론이고 한인 밀집 지역에 사는 중하층 한인도 비싼 외국인 아파트에 사는 주재원이나 사업가의 삶에 대하여 정확하게 알지 못한 채 오해와 편견을 쉽게 드러내곤 한다.

사회경제적 차이를 가진 집단 혹은 계층과 조응하여 공간적, 사회적, 문화적 분리가 일어나는 것은 어느 사회에서나 존재하는 일반적 현상이다. 이런 점에서 베트남 한인 사회라고 특별할 것 있겠냐고 반문할 수 있을 것이다. 하지만 필자가 보기에 베트남 한인의 사회경제적 지위에 따른 집단 구분은 몇 가지 주목할 만한 특이성이 있다.

우선 베트남 한인이 누리는 사회경제적 조건과 이에 따른 지위는 한국에서의 그것과 반드시 일치하지 않는다. 예를 들어, 한국에서는 평범한 회사원일 뿐인 한인이 베트남의 직장과 한인공동체 내에서는 상당한 사회경제적 조건과 지위를 누릴 수 있다. 마찬가지로 재산이나 수입이 더 많다고 반드시 한인 사회 내에서 더 나은 사회문화적 활동을 할 수 있거나 정치적 지위를 획득할 수 있는 것도 아니다. 또한, 구미 선진국의 교민 사회에는 일반적으로 오래 거주하고 시민권이나 영주권을 획득한 교민이 일시적으로 체재하는 주재원이나 유학생보다 우월한 경제적 조건을 가지고 더 많은 정치적 권리를 가졌다는 것을 떠올려보면, 베트남 한인 사회 내에서 위계가 사회문화적으로 만들어지고 인식되는 방식은 조금 독특한 면이 있다.

이 장에서는 한인 사회 내부에 존재하는 여러 집단의 정치경제적 조건 그리고 사회문화적 실천을 소개하면서 이런 독특한 실체에 접근해보고자 한다. 이를 위하여 지금부터 베트남 한인을 주재원, 자영업자, 공장 매니저, '빈곤층'으로 나누어 이들 각각이 어떤 조건에서 어떤 삶을 살아내고 있는지 살펴볼 것이다. 베트남 한인을 이같이 네 개 집단으로 나눈 이유와 분류 기준의 타당성은 각 집단의 특성을 기술하고 비교 분석하면서 자연스럽게 해명될 수 있을 것으로 믿는다.

1. 주재원

여느 사회와 마찬가지로 베트남에서도 가장 부유층에 속하는 한인은 큰 회사를 소유하고 있는 경영자이다. 베트남에는 최소 2~3백만 달러의 자금을 가지고 사업을 하면서 큰 규모의 회사나 공장을 운영하는 한인이 많다. 베트남 진출 초기만 해도 한인 사회의 부유층은 주로 대구와 부산 공단에서 운영하던 신발, 가방, 섬유 공장을 베트남으로 이전해오면서 이윤을 많이 남긴 사람들이었다. 2010년도 이후에는 베트남에 투자하는 한국 자본 규모도 커지고 업종도 다양해지면서 부유한 한인 기업인 수도 점차 늘고 있다.

　하지만 줄곧 베트남에 머무르고 주력회사가 베트남에 있는 일부를 제외하고, 이런 부유층 한인 사업가를 엄밀한 의미에서 베트남 한인이라고 할 수 있을지 의문의 여지가 있다. 이들 중 다수는 1년에 일정 기간만 베트남에 머물며 회사의 경영 상태를 점검할 뿐 주요 활동무대는 한국이다. 또한, 이들 가운데는 중국이나 동남아 다른 국가에도 공장이나 사무실을 가지고 있어 베트남에는 일정 기간만 머무는 경우가 많다. 베트남의 경제적 위상과 사업에 있어 차지하는 비중이 커지면서 베트남에 살면서 경영에 매진하는 사업가가 늘고는 있지만, 규모가 아주 큰 업체를 소유한 사장님이나 회장님은 베트남에 일정 기간만 머물면서 법인장에게 경영을 맡기는 것이 일반적이다.

가끔 오시는 회장님

의류공장 법인장, 남성, 63세

회장님은 몇 달에 한 번씩 오셔서 어떨 때는 며칠, 어떨 때는 1주일 정도 머문다. 골프를 치거나 가족이나 친구와 함께 오시면 좀 오래 머문다. 한국에서 보고 다 받으시니까. … 오시면 비상이다. (회사로서는) 가장 중요한 행사가 회장님 방문이다. … 회장님께서 베트남에 관심이 많으시다. 중국 공장은 이제 접으려고 하고 인도네시아보다는 베트남에 더 자주 오신다. 베트남에서 중요한 행사가 있을 때도 오시려고 노력한다. … 여기에 자주 오시는 이유는 사실 아들에게 베트남 공장을 물려주고 싶어 하기 때문이다. 아들이 셋인데 이 중 한 명에게 베트남 공장을 맡기고 싶어 하신다. 그래서 집도 여러 채 사놓았다. 가끔 들러서 자식과 손주도 보고 뭐 그런 것 아니겠나. … 아! 한인 사회? 뭐! 회사에서 일을 벌이는 것 외에는 베트남 자체에 특별한 관심이 있는 것 같지는 않다. 한국에서 하시는 일도 너무 많고.

위의 사례에서 알 수 있듯이 여러 나라에 사업체를 가지고 있거나 본사 규모가 큰 회사 경영자가 베트남에만 특별한 관심을 가지거나 이해관계를 표명하긴 힘들 것이다. 하지만 최근에는 중소기업으로서는 제법 규모가 큰 기업인도 베트남에 상주하다시피 하면서 주력공장을 현지에서 운영하는 사례가 점점 늘고 있다. 특히 한인 사회에서 "베트남에서 돈 많이 번 회장님"으로 알려진 기업가가 많아지면서 이들에게 한인회나 상공인연합회KOCHAM 임원으로 활동하라고 요구하는 한인 사회의 압박 또한 강해지고 있다. 물론 아직도 규모가 큰 공장을 소유한 부유층 기업가가 외부에서 적극적으로 활동하는 것을 꺼리고는 있지만, 이전에 비하여 한인 사회에서 이들의 존재감이 커지고 있는 것은 사실이다.

이러한 변화 조짐은 베트남 한인 사회의 위상이 커지고 있는 것과도 관련 있다. 양국의 경제협력이 어느 때보다 중요해지면서 베트남은 한국의 정치인이나 관료의 방문이 '너무 잦은' 곳이 되어버렸다. 이들뿐 아니라 한국에서 나름 잘 알려진 연구자나 투자자의 방문도 일상화되었다. 이로 인하여 기업인이 한인 사회에서 중요한 직책이나 역할을 맡는 것이 사회적 연결망을 확대하고 자신의 위상을 제고하는 데 필요하다고 생각할 만하다. 따라서 한인 사회 조직을 대표하는 인물 가운데 베트남에서 오랫동안 사업을 해왔고 현지에 오래 머물면서 경제적으로 여유 있는 기업가가 점차 늘고 있다.

하지만 여전히 베트남 한인 사회는 한국의 지부支部 같은 위상에서 크게 벗어나지 못하고 있다. 한인 사회에서 지도부 역할을 하는 인물 가운데 큰 기업체를 가진 사람이 그리 많지 않은 이유가 여기에 있다. 사업에 도움이 되도록 사회적 연결망을 넓히고 기업의 위상을 높이려는 목적을 가진 대기업 법인장이 지도부에서 활동하고 있을 뿐, 한국에서도 알만한 기업을 운영하는 사업가가 한인 사회 중심에서 역할을 하는 경우는 드물다. 이들이 한국에서 유사한 성격의 조직, 예를 들어, 경제인 연합회, 향우회, 후원회, 사단법인, 위원회 등에 적극적으로 참여하고 있는 것과는 확연히 대조된다.

이런 사실을 거론하는 목적이 베트남 한인 사회 조직들의 위상이나 지도부의 진정성과 헌신성을 비하하려는 데 있지 않다는 것은 두말할 필요 없을 것이다. 다만 필자는 아직 한국 사회가 베트남 한인 사회를 작고 가난한 나라의 교민 모임쯤으로 보는 좁은 안목에서 벗어나지 못하고 있음을 지적하고 싶을 뿐이다. 이런저런 이유로 베트남 한인 사회에서 대기업이나 이에 버금가는 재력을 가진 중소기업 소유주는 한인 사회의 성원으로서 존재감이 그리 크지 않은 것 같다.

기업 소유주를 논외로 한다면 베트남 한인 사회에서 상대적으로 사회적 지위가 높은 집단은 대기업 상사 직원이나 해외 공관원이다. 이들을 베트남 한인 사회에서는 주재원이라고 통칭한다. 베트남에 공장을 가진 큰 기업체 사장이 현지에 머물 때 함께 식사하고 골프를 치는 사람도 주로 주재원들이다. 대사관이나 총영사관 직원, 은행원, 대기업 직원, 코트라 직원 등을 망라하여 (다른 부류에 속한 한인 표현에 따르면) "월급과 회사나 조직 돈으로 떵떵거리며 사는" 사람, 즉 주재원은 전체 한인 중에서 수적으로만 보면 소수자이다. 하지만 이들은 거주 공간, 노동 과정, 소비 양태, 한인 사회를 보는 시각 등에서 나머지 집단에 속한 한인과 구분되는 삶을 살면서 스스로 다른 집단에 속한 한인보다 높은 사회적, 정치적 위상을 점하고 있다고 믿는다.

주재원의 거주지는 대부분 90년대 중반부터 주기적으로 완공되고 있는 외국인 전용 아파트이다. 호찌민의 경우 시내 중심가나 사이공 다리 건너 외곽에 있는 다이아몬드플라자, 스탠퍼드, 노폭, 파크랜드, 챈슬러, 엠플라자(옛 금호 아시아나) 등이 주재원이 사는 대표적인 주거지이다. 이런 종류의 외국인 서비스 아파트에는 한 회사의 주재원이 무리 지어 사는 경우가 많다. 이런 서비스 아파트가 시내에만 있는 것은 아니다. 한인 밀집 거주 지역인 7군 푸미흥에 있는 워터프론트나 크레센처럼 고급 외인 아파트 단지가 건설되어 있다. 최근에는 2군 지역에도 이러한 수준의 아파트 단지가 여럿 조성되어 가족과 함께 사는 주재원들로부터 인기를 끌고 있다. 호찌민처럼 많고 다양하지는 않지만 하노이에도 이런 서비스 아파트가 여러 개 있다. 기존 대우아파트 외에도 하노이의 랜드마크인 경남빌딩과 롯데빌딩 아파트가 대표적인 주재원 거주지이다. 이 밖에도 아파트 건설 붐을 타고 하노이에 주재원이 살 만한 고급 아파트가 여러 지역에 속속 건설되고 있다.

흥미로운 것은 같은 회사에 다니는 주재원은 가급적이면 같은 아파트에 살지 않으려고 한다는 사실이다. 한 은행에 다니는 지점장이 안푸에 살면 부지점장은 노폭에, 과장은 스탠퍼드에 사는 식이다. 서로의 사생활을 존중하려는 의도도 있지만, 상사와 함께 살면 고급 아파트에서 살면서 누리는 사회적 지위에 대한 만족도가 떨어진다는 점도 고려된 것 같다.

하지만 서비스 아파트의 제한된 공급으로 같은 회사에 다니는 주재원이 모두 다른 아파트에 살 수 없는 것이 현실이다. 게다가 많은 대기업이 베트남 소유주와 보증금, 집수리, 세금계산서를 둘러

싸고 불미스러운 마찰을 피하려고 직원들에게 아파트를 관리하는 회사가 확실하게 모든 것을 보증하는 서비스 아파트에 살도록 권유하기 때문에 모든 주재원이 서로 다른 아파트에 살기에는 선택지가 제한되어있다. 따라서 개인 소유주와는 계약할 수 없는 회사의 주재원 가정을 방문해보면 회사가 비용을 감당하긴 하지만 시설에 비해 비싸게 살고 있다고 생각할 수 있다.

주재원이 사는 아파트의 또 다른 특징은 거주민의 절대다수가 회사에 속한 주재원 가족이라는 사실이다. 물론 베트남에서 공장을 운영하거나 크게 자영업을 하는 개인사업자는 주재원보다 경제적으로 여유가 있고, 이들 중 일부는 이런 서비스 아파트를 선호하기도 한다. 하지만 이들은 시설에 비하여 비싸다고 여겨지는 서비스 아파트에서 살며 월세를 내기보다는 고급 아파트를 매입하여 소유하는 것이 더 일반적이다. 아파트 관리회사가 제공하는 서비스를 받기보다 인건비가 비싸지 않은 베트남에서 가정부를 고용하는 것이 현명하다고 판단하기 때문이다. 특히 2010년대 들어서면서 시설이 좋고 투자가치가 있는 아파트가 많이 공급되고 외국인의 건물 소유가 자유로워지면서 이런 경향이 확대되고 있다. 이로 인하여 서비스 아파트는 점점 주재원과 그들 가족이 사는 곳으로 이미지가 굳어지고 있다.

주재원이 거주하는 서비스 아파트의 월세는 평균 2,500~3,000달러이다. 방이 두세 개 정도 있고 모든 살림이 갖추어져 있다. 호텔처럼 청소와 침실 정리 등의 서비스가 매일 제공되고 경비체계가 잘 갖추어져 있다. 이런 아파트에 사는 주재원은 대부분 가정부를 '풀타임'이나 '파트타임'(매일 2~4시간 근무, 평균 월급 100~200달러)으로 고용하고 있다. 회사가 차를 제공하는 높은 직급이 아니면 편의를 위하여 자동차를 사서 운전기사(평균 500달러 이상)를 고용하기도 한다. 하지만 개혁개방 초기와 달리 2010년대 이후에는 택시, 그랩Grab, 우버Uber 등이 싸고 편리해진 데다가 베트남의 안전에 대한 신뢰가 쌓이면서 개인 승용차나 기사를 두는 주재원이 드물어지고 있다. 현지 인건비가 많이 오르고, 월급에 비하여 생활비가 많이 들어 주재원이 이런 호사를 누리는 것이 점점 힘들어진 것도 이런 추세가 강화된 이유이다.

이 같은 상황 때문인지 베트남 한인 중에는 "주재원 생활도 옛날 같지 않다"라고 하는 이들도 있다. 물론 아이가 둘 이상 있는 경우에는 음식 하는 가정부와 집안일하는 가정부를 따로 두고 있는 한인 가족이 많고, 혼자 산다면 한국보다 훨씬 더 저렴한 가격에 가사 서비스를 받을 수 있다. 이처럼 (특히 어린) 자녀를 키우는 데 도움을 많이 받을 수 있다는 조건 때문에 한인 사회에서는 주재원 부인은 남편이 발령을 받으면 세 번 운다는 우스갯소리도 있다. 처음 발령을 받았을 때 (오지에 간다고) 슬퍼서 울고, 살면서 좋아서 울고, 갈 때 아쉬워서 운다는 것이다.

하지만 요즘은 한국기업의 주재원에 대한 특혜도 줄고 베트남 물가도 많이 올라 예전 같지가 않다. 그래서 살림살이를 알뜰하게 하는 주재원 부인은 가정부를 쓰지 않고 직접 가사를 돌본다. 주재원

부인 다수가 전업주부이고, 베트남 가정부의 서비스나 태도에 대한 부정적 인식도 있으며, 가정부를 두지 않는 회사 상사를 비롯하여 타인의 시선을 의식하는 것도 이러한 경향을 부추기고 있다. 하지만 가장 근본적인 요인은 과거 호시절 주재원과 비교할 때, 이제 베트남에서도 월급쟁이로서 살아가는 것이 만만치 않아졌기 때문일 것이다.

이런 변화가 일고 있지만 여전히 주재원은 다른 부류 한인이 부러워할 만한 경제적 혜택을 누리고 있다. 한인이 현지에서 가족과 함께 살면서 비용이 가장 많이 드는 부분이 자녀 교육비이다. 주재원 자녀는 대부분 미국, 캐나다, 호주, 프랑스 등 외국계 국제학교에 다니면서 1인당 연평균 1~2만 달러 정도의 수업료를 낸다. 여기에 과목당 월 200~400달러의 과외비나 기타 비용을 추가하면 연 1만 5천~3만 달러는 있어야 자녀 한 명에게 원하는 교육을 제공할 수 있다. 그러나 대기업인 지상사와 투자기업 그리고 재외공간에서 근무하는 주재원은 대부분 회사(조직)가 자녀 두 명까지 외국계 국제학교 등록금을 제공하기 때문에 자녀교육비 부담으로부터 상대적으로 자유롭다.

그렇다고 주재원이라고 자녀교육에 고충이 없는 것은 아니다. 자녀가 영어가 공용어인 국제학교에 적응하는 문제부터 대학입시를 대비하여 자녀를 방학마다 한국 학원에 보내는 일까지 다양한 걱정거리가 있다. 언제 인사발령이 나서 귀국해야 할지 모르는 것도 큰 고민이다. 갑작스럽게 발령받은 주재원은 자녀의 학년이나 특례

입학 연한을 맞추기 위하여 부인과 자녀만 현지에 머물게 되는 일도 종종 발생한다. 자녀가 '교육 미아'가 되지 않을까 노심초사하면서 외국에서 한시적으로 자녀를 교육하는 것은 만만치 않은 일이다. 이러한 부정적인 측면에도 불구하고 절대다수의 주재원과 가족은 비용을 거의 들이지 않고 자녀를 국제학교에서 교육시킬 기회가 있는 것을 큰 혜택으로 여긴다.

베트남 주재원이 가정 밖에서 흔히 즐기는 대표적인 오락과 취미는 골프, 식사, 여행, 가라오케 등이다. 식사와 여행은 평소 회사와 일에 매여 여가를 내기가 어려운 주재원이 가족과 지내지 못한 시간을 벌충하기 위하여 선택하는 가장 흔한 활동이다. 이에 비해 한국 기업문화의 특성으로 인해 주재원이 가장 자주 찾는 곳이 골프장과 가라오케이다.

전에는 주재원이 사회적 연결망을 형성하고 정보를 획득하는 데 골프와 여흥이 중요하다고 인식해 회사가 직간접으로 비용을 지원하는 것이 관례였다. 오늘날은 골프장 회원권을 가진 회사, 거래 은행, 사적 모임 등을 통하여 구한 이용권을 활용하고 나머지 비용은 개인이 부담하는 것이 일반적이다. 물론 투자가치가 있다고 생각하여 골프장 회원권을 직접 보유한 주재원도 있지만 귀국할 때 이를 처분하는 일이 만만치 않아지면서 요즘은 그때그때 회사나 조직의 회원권을 활용하는 것을 선호한다. 이렇게 하면 골프장 이용권을 주고받거나 소개하면서 비즈니스 관계에 있는 사람끼리 서로 친밀함을 확인할 수 있다는 부가적인 장점도 있다.

그림 6 골프를 즐기는 호찌민 주재원

주재원 부인끼리 골프를 즐기는 광경도 자주 볼 수 있는데 이 경우에도 비용부담 방식이 다르지 않다. 이처럼 한국과 비교할 때 상대적으로 저렴한 비용으로 주위 눈치를 덜 보면서 골프를 즐길 수 있는 것은 주재원과 가족이 베트남에서 누릴 수 있는 문화적 특전이라 할 수 있다. 주재원과 그의 가족 중에는 한국에 돌아가서는 베트남에서처럼 골프를 즐길 경제적, 정신적 여유가 없을 것이고, 다른 친인척 눈치도 보일 것 같다며 현지에서의 이런 여가활동에 만족해한다.

한국에서는 누릴 수 없는 문화적 혜택
대기업 과장, 38세, 남성

베트남 와서 골프를 배웠다. 여기서는 모두 골프를 쳐야 한다고 생각하고 그래야 회사에서도 밖에서도 (지인과) 어울릴 수 있다. 거의 매주 나갈 기회가 있는데 재미가 붙었다. 플로팅(이용권)도 회사를 통하여 구할 수 있고 차도 함께 타면 되니 크게 부담되지 않는다. … 한국 같으면 나처럼 직급도 낮고 어린 직원이 골프를 칠 엄두를 내겠는가. 돈도 돈이지만 시간도 없고 가족이나 부모님 눈치도 보일 것이다. 여기라서 누릴 수 있는 혜택이고 (한국에) 돌아가면 할 수 없을 거라는 것도 잘 안다. … 와이프가 베트남을 더 좋아하는 것 같다. 눈치 볼 시댁도 없고 회사가 내주는 좋은 아파트에 살면서 여유시간이 많으니 그렇지 않겠나. 요즘은 골프도 배워 여자들끼리 몰려다니며 재미있어한다.

이처럼 골프를 즐기는 주재원이 늘어나고 있는 것과 대조적으로 이들이 가라오케에 가는 문화에는 상당한 변화가 일어나고 있다. 2000년대까지만 해도 남성 주재원은 거래처, 고객, 지인을 만나면 가는 '정해진 코스'가 있었다. 일차로 식사하면서 술을 마시고, 이차로 가라오케에 가서 여급을 불러 함께 술을 마시며 노래를 부르는 것이었다. 당시에도 가라오케에 가려면 최소 200달러 정도가 필요하였지만, 고객을 만나거나 부서 회식을 하는 경우라면 회사에서 여러 방법을 동원하여 대부분 비용처리를 해주었다. 회사도 '빨간영수증hoá đơn đỏ'이라 부르는 공식 세금계산서만 영수증으로 받아오면 회사 업무비용으로 처리해주었다. 추후 세금 공제를 받을 수 있어 크게 부담스러워하지 않았기 때문이다.

요즘은 한국과 한인 사회의 사회적 시선과 분위기를 의식해서인지 이런 비용에 대한 회사의 공식 혹은 비공식 보조가 없어지고 있는 추세다. 더욱이 젊은 세대 주재원의 주류문화가 많이 바뀌어 과음이 불가피하고 가정에서 갈등을 겪게 만드는 가라오케 출입을 삼가는 경우가 많아지고 있다. 여전히 남아있는 한국식 유흥문화 때문에 영업을 담당하는 주재원은 자의 반 타의 반으로 가라오케에 출입할 일이 생기기도 하지만 2010년도 이후에는 주류문화의 변화, 물가 상승, 여유가 많지 않은 회사와 주재원의 경제 형편 등으로 인하여 가라오케에서 술을 마시는 횟수가 전보다 현저하게 줄어들었다. 그럼에도 불구하고 다른 부류의 한인은 비용 문제 때문에 출입에 큰 부담을 갖는 한국계나 외국인이 주로 출입하는 가라오케에 한인 주재원은 적어도 과거에는 회사의 경비부담 덕택에 쉽게 출입할 수 있었다. 이런 점은 이들의 사회 계급에 따른 '아비투스 habitus'(Bourdieu 1987)와 관련하여 기억해둘 만하다.

주재원이 모든 생활을 자기 비용으로 영위하려면 자녀 교육비를 계산에 넣지 않아도 월수입이 최소 7~8천 달러는 되어야 할 것이다. 하지만 목돈이 드는 월세와 자녀 교육비는 회사가 부담하고 골프 이용권과 접대비 등도 회사에서 지원받는 경우가 많아 실제 개인이 지출하는 돈은 그렇게 많지 않다. 월급은 직급에 따라 해외수당을 합쳐 5천 달러부터 1만 달러 이상까지 천차만별이지만 생활비의 많은 항목을 회사가 보조해주기 때문에 돈을 쓸 일이 별로 없다.

이런 이유로 적어도 2010년대 이전만 해도 베트남 주재원은 회사의 다른 해외지점에 있는 동료에 비하여 높은 생활 수준을 즐기면서도 비용은 적게 든다는 사실에 만족감을 표시하였다. 선진국에 근무하는 주재원도 회사로부터 집세와 자녀 학비를 보조받지만, 이들은 서민 아파트나 주택에 살면서 자녀를 공립학교에 보내는 것으로 만족해야 한다. 또한, 상대적으로 높은 사교육비와 생활비 때문에 베트남의 주재원과는 비교도 할 수 없을 만큼 '쪼들리는' 생활을 해야 한다. 실제로 필자가 2000년대 초에 현지 연구를 하며 만난 일부 주재원은 베트남에서 3~5년 동안 근무하면서 서울에 집을 장만하였다고 자랑하였다. 그만큼 개인 비용을 최소로 하고 돈을 모을 수 있는 가능성이 있었다.

물론 지금도 청렴하게 살면서 돈을 모을 수는 있지만, 이전처럼 베트남에 근무하는 동안 한국에 집을 장만할 정도로 돈을 모으기란 거의 불가능하다. 이제는 오지나 험지로 분류되지 않는 베트남이 주재원 부임지로 선호되면서 여러 혜택들이 사라지고 있는 것과 동시에 한국기업의 해외 진출 경험이 쌓이면서 합리적 비용처리가 정착되었기 때문이다. 게다가 베트남이나 한국이나 2000년대 이후 부동산 가격 급등으로 주재원이 월급을 아껴 집을 사는 것은 거의 불가능하다. 그럼에도 불구하고 많은 기업에서 해외, 특히 베트남 주재원 발령을 선호하는 이유는 이들이 여전히 경제적으로뿐 아니라 사회문화적으로도 한국에서 누릴 수 없는 여러 혜택을 향유할 수 있기 때문이다.

주재원은 자신이 현지에서 유지하는 사회경제적 지위가 회사 지원에 힘입은 것이고 한시적이라는 사실을 잘 알고 있다. 중요한 점은 이런 자각보다는 이들이 누리는 문화 활동 과정에서 형성된 사회관계와 경험이 부지불식간에 이들에게 '주재원' 집단에 대한 정체성을 갖게 한다는 사실이다. 또한, 이들이 일상적으로 누리는 생활에 필요한 비용 때문이라도 주재원과 그 가족이 만나는 사람이 제한적일 수밖에 없다. 베트남 한인 중 많은 사람이 주재원이 회사 덕택에 누리는 높은 수준의 자녀 교육과 여가생활 등에 쉽게 비용을 지출할 만큼 여유롭지 못하다.

이런 이유로 주재원과 그 가족으로 구성된 집단 내부에는 특유한 정체성과 타자에 대한 시각이 자연스럽게 형성된다. 이들이 향유하는 수영, 골프, 고급 가라오케 등 스포츠와 오락도 자신을 다른 집단과 구별시켜주는 변별적인 지표로 인식되며 이와 관련된 지배적 관념이 강화된다. 소위 "사회 집단에 따른 분리된 아비투스"(Bourdieu 1977; 황익주 1994: 192-193)가 일시적이나마 형성되는 것이다. 이런 과정을 거치면서 주재원은 베트남 한인 사회 내에서 다른 집단과 변별성을 갖는 집단으로 분화해간다.

한인 사회 내에서 변별적 집단성원으로 존재하는 주재원은 자신이 다른 부류의 사람을 구분하고 있다는 점을 일상적 담론 속에서 부지불식간에 드러내곤 한다. 예를 들어, "상대적으로 교육을 적게 받은 사람들" 혹은 "열심히 살지만 어렵게 사는 사람들"이라는 말로 자신도 의식하지 못한 채 다른 부류의 사람을 구별 짓고 타자화他者化시키는 것이다.

주재원이 자신과 구분하는 다른 부류의 사람에는 당연히 영세한 자영업자나 빈민층이 포함되어 있다. 이들 외에도 주재원이 타자화시키는 또 하나의 집단이 있다. 작은 기업의 상사 직원이나 투자기업 임원이 그들이다. 이들은 '진짜' 주재원과 교육 수준도 비슷하고 월급쟁이라는 점도 같지만, 실제 생활 수준에서 주재원과 차이가 나기 때문이다. 2000년대 후반 필자가 만난 하노이 공기업 간부의 분류에 따르면 이들은 "흉내를 내는 아류"이다. '아류'는 돈을 아껴 골프도 치고 회사 차를 자가용으로 사용한다는 점에서 외양상 '진짜' 주재원과 구별되지 않는다. 하지만 월급도 적고 무엇보다 회사의 지원금이 적어 생활 수준에서 '진짜'와 차이가 날 수밖에 없다.

2000년대 초반까지만 해도 노동집약적 중소기업의 이사, 부장,

고용 사장은 회사의 경제적 여건이나 다른 현장 매니저와의 형평성을 고려하여 3~4층으로 지어진 개인주택을 월 1천 달러 내외에 임대하여 살았다. 아니면 호찌민이나 하노이 도심에서 벗어난 곳에 있는 주택이나 상대적으로 저렴한 아파트를 월 1천~1천 5백 달러에 임대해서 살았다. 물론 지금은 호찌민과 하노이 모두 여러 종류의 아파트 단지가 우후죽순으로 들어서고 있어 월 1천~1천 5백 달러 정도 되는 임대료로도 시설 좋은 아파트를 구할 수 있게 되었다. 덕택에 중소기업 간부나 직원이 살 수 있는 선택지가 많아져서 이들의 주거환경이 많이 개선되었다. 하지만 주재원이 주로 거주하는 도심의 고급 서비스 아파트는 여전히 이들이 쉽게 접근할 수 있는 세상이 아니다. 이들의 개인적인 부가 어느 정도인지와는 별도로,[1] 대부분의 노동집약적 공장을 포함한 중소기업에서는 간부에게도 이런 아파트에 살 수 있는 비용을 제공해주고 있지 않기 때문이다.

여기에 더하여, 자신을 '진짜' 주재원으로 여기는 부류에 따르면 '아류'를 변별할 수 있는 또 하나의 지표는 자녀가 다니는 학교의 종류와 수준이다. '진짜' 주재원은 회사의 지원 덕택에 자녀를 외국계 국제학교에 보낼 수 있지만 '아류'는 한인 학교에 보낸다는 것이다. 물론 주재원 가운데도 자녀의 한국대학 특례입학을 위하여

---

1 실제로 중소기업 직원이 대기업 주재원보다 개인적으로 부자인 경우도 많을 것이다. 여기에서는 개인적 부의 차이가 아니며 이는 필자의 관심 주제 또한 아니다. 주재원이라는 집단에 속할 경우, 중소기업에서 일하는 한인, 자영업자, '빈곤층' 등과 어떤 사회문화적 구분이 생겨나는지 이해할 필요가 있다는 점을 강조하고 싶을 뿐이다. 그리고 이러한 구별 짓기가 주재원과 다른 집단이 누리는 정치경제적 조건의 차이에 토대를 두고 있다는 점을 보여주고 싶을 뿐이다.

일부러 한인 학교에 보내는 경우가 없는 것은 아니다. 하지만 회사의 지원에도 불구하고 외국계 국제학교를 외면하는 사례는 그리 많지 않다. 주재원에게도 베트남에 근무하는 특수한 상황이 아니라면 자녀에게 비싼 교육을 제공할 수 있는 기회가 그리 쉽게 주어지지 않기 때문이다.

흥미로운 점은 자영업자나 '빈곤층'처럼 다른 부류의 한인들은 '진짜' 주재원과 '아류' 주재원을 군이 구분하지 않는다는 사실이다. 이들에게는 주재원을 분류하는 의미가 다르기 때문이다. 특히 자영업자에게 주재원은 "월급 받고 회사 비용으로 현재의 (높은) 생활 수준을 유지하는 사람"이다. 골프는 엄두도 내지 못하는 소규모 공장 매니저까지 주재원으로 부르는 이유가 여기에 있다. 반면 주재원 내부에서는 대기업 상사 직원이나 공관원 등과 '아류'나 아류에도 못 끼는 중소 투자기업 주재원은 사회적으로 문화적으로 구분이 가능한 집단이다.

2000년대 초 남부 호찌민에서는 이런 주재원을 통칭하여 '코참 Kocham(한인 상공인연합회) 사람들'이라는 말이 등장하였다. 상사협의회와 투자기업협의회 소속 기업이 모두 참가하여 한국의 '암참 Amcham(미국인 상공인연합회)'과 유사한 조직을 만들어 베트남 정부의 승인을 받은 후 쓰이기 시작한 말이다. 이러한 구분이 상대적으로 명확한 남부의 경우 어떤 사람이 자신을 코참 사람과 구분하며 어떤 시각으로 코참 사람을 바라보는가에 대해서는 다음 절에서 자세히 설명할 것이다. 또한, 북부 하노이의 경우 왜 이러한 구분이 별

의미를 갖지 못하는가도 함께 해명할 것이다.

2. 자영업자

베트남 한인은 주재원이 높은 생활 수준을 유지할 수 있는 이유가
실제로 부유해서라기보다는 대학 교육을 받고 좋은 직장에 다니기
때문일 뿐이라고 생각한다. 이런 비판적 시간을 견지하고 있는 사
람은 주로 자영업자나 소규모 사업자이며, 이들의 항변은 나름 타
당성을 가지고 있다. 실제로 자영업자나 소규모 기업을 운영하는
사람 가운데는 주재원보다 더 많은 재산과 수입을 가진 사람도 많
기 때문이다. 특히 최근 들어서는 자본을 많이 투자하여 큰 가게를
운영하거나, 개방 초기부터 한인 소비시장을 선점하여 큰돈을 만
진 사람이 제법 있다. 게다가 자영업을 하는 일부 한인은 베트남 부
인의 이름으로 땅을 사서 큰돈을 벌기도 하였다. 원로나 한-베 가
정의 한인 남성 중에는 이런 사람이 제법 된다.
　하지만 자영업자는 일반적으로 축적된 부와 상관없이 그리고 가
진 돈에 비하여 생활 수준이 주재원에 비하여 낮다. 웬만큼 돈이
많지 않고서야 개인 돈으로 월 3천 달러 정도의 집세를 내려면 특
이한 소비관이나 상당한 배포가 필요할 것이다. 호찌민과 하노이에
저렴한 대형아파트가 다량 공급되기 시작한 2010년대 중반 이전에
는 합법적으로 자신의 명의로 집을 구매하는 것이 가능하지 않아

이런 곳에서 살려면 비싼 월세를 감당해야만 하였다. 따라서 자영업자는 집세를 아껴 돈을 모으기 위하여 가게가 있는 건물 주택이나 가게와 가까운 곳에 있는 저렴한 주택 또는 아파트를 임대하는 것이 일반적이었다. 또한, 상당수가 골프를 즐기거나 "2백 달러는 있어야 갈 수 있는" 가라오케에 가는 것을 아까워하였다. 순전히 자기가 부담해야 하는 비용이기 때문이다. 물론 최근에는 아파트를 필두로 외국인의 부동산 매매가 합법화되고 가치도 상승하면서 자영업자도 좋은 거주지에 살고 있다. 하지만 주재원과 비교할 때 자영업자가 주거비에 민감할 수밖에 없는 것은 변함없는 사실이다.

게다가 돈이 있는데도 아끼기 위하여 주재원처럼 살지 않는 자영업자는 차라리 예외에 속한다. 다수의 자영업자는 특별히 영업상 필요한 경우가 아니라면 골프를 치거나 가라오케에 가는 것에 부담을 느낀다. 자녀를 외국인 학교에 보내는 것 또한 엄두도 내지 못한다. 물론 이들도 나름대로 유흥을 즐기고 자녀교육에도 최선을 다한다. 하지만 회사의 경제적 도움을 받는 주재원처럼 이를 마음 편하게 즐기지는 못한다. 경제적 형편이 넉넉하지 않은 자영업자가 다수이기 때문이다.

자영업자가 자녀 둘을 키우려면 가게가 딸린 집의 월 임대료로 최소 1천 달러 정도를 지출해야 하고, 한인 학교에 보내도 자녀의 학비와 과외비 등으로 1천 달러가 추가로 필요하다. 여기에 식비, 인건비, 전기료 등을 합하면 최소 3천 달러는 있어야 외국인으로서 기본 생활을 유지할 수 있다. 하지만 개혁개방 초기와 달리 2000년대 이

그림 7 호찌민 한인 학교

후에는 베트남에서 가게를 하면서 월 2천 5백~3천 달러의 순수입을 올리기가 쉽지 않아졌다. 이 정도 수입을 안정적으로 올리면서 생활할 수 있는 사람이면 스스로 성공하였다고 자조할 수 있는 상황이다. 한인을 대상으로 한 사업 경쟁이 나날이 치열해지고 있기 때문이다. 2019년 필자가 만난 호찌민 푸미흥에서 작은 식당 겸 카페를 하며 자리 잡은 자영업자는 한인을 대상으로 한 식당 "백 개 가운데 성공한 식당은 많이 잡아야 열 개"이내라고 단언하였다.

자영업자의 어려운 경제 형편
식당업, 53세, 남성

베트남을 방문하는 사람들은 잘 되고 성공한 자영업만 보고 "여기 괜찮네"라고 생각할지 모른다. 돈을 많이 번 자영업자도 있다. … 이 집만 해도 내가 아는 형님이 한국에서 망해 먹고 돈 한 푼 없이 와서 베트남 여자 만나 속 차리고 열심히 식당 일을 했다. 형수를 잘 만났다. 하지만 요 앞집은 부부가 와서 정말 힘들게 살았다. 지금은 많이 좋아졌지만 아껴 쓰는 거지 한 달에 남는 돈이 3천 달러 되기 정말 힘들다. 내가 회사 나와서 (자영업을) 해봐서 아는데 나로서는 거의 불가능했다. 많이 버는 달도 있지만 임대료, 식비, 인건비 등 다 떼고 평균적으로 그만큼 벌려면 장사가 정말 잘 돼야 한다. 내가 아는 푸미흥의 자영업자 대부분 그 정도 못 번다. 게다가 거의 전부가 베트남 사람 이름으로 영업한다. 법적으로 문제 되는 경우는 드물지만 이런 신분을 가지고 있으면 비자 받으러 캄보디아라도 다녀와야 한다. 전에는 그냥 되었지만 가끔 정책이 바뀌고 단속이 심해지면 '야메(뒷거래)'로 하는 것조차 쉽지 않다. 버는 것도 힘든데 석 달이나 여섯 달에 한 번씩 캄보디아 갔다 오면 뭐가 남겠나. 내가 아는 자영업자 거의 다 그렇게 산다.

일상적으로 어려움을 겪고 있는 자영업자는 한국에서 온 관광객이 가게에 와서 비싼 돈을 지불하고 가라오케에서 술을 먹었다고 떠벌리고 다니거나, 주재원이 은근슬쩍 (생활 수준에 대해) 자랑할 때 분통이 터진다고 한다. 물론 자영업자가 주재원에 대하여 반감을 느껴도 양자가 대부분 고객과 주인으로 대면하기 때문에 심한 언쟁이 붙거나 격한 싸움이 일어나는 사례는 매우 드물다. 가게 소문이 나쁘게 나면 더 이상 장사를 할 수 없기 때문이다. 다만 1세대 원로가 자영업을 하는 경우에는 나이가 많다는 점을 활용하여 이런 행태를 보이는 한인 관광객과 주재원에게 젊잖게 충고하는 경우를 종종 목격할 수 있다. 때론 이런 충고가 지나쳐 자영업자와 주재원이 크게 다투는 사건도 이따금 발생한다.

원로 김모 씨가 다툰 사건
자영업자, 85세, 남성

주재원들이나 관광객들이 여기 사정을 모르고 말을 함부로 하다가 봉변을 당하는 경우가 있다. 언젠가는 한국 관광객 두 명이 "어젯밤 술을 7백 불어치 먹고 1백 불 주고 (베트남 여성과) 잤다"라며 자랑을 늘어놓다가 교민들에게 봉변을 당한 적이 있다. 금으로 몸을 치장하고 있던 사십대 남자 두 명이 교민들에게 맞았다. … 나도 비슷한 이유로 싸운 적이 있다. 어떤 젊은 친구가 식당에 모 기업 지점장을 만나러 왔다. 지점장이 이 친구에게 (베트남 생활을 설명하다가) "3천 불짜리 집에 아들 학비까지 한 달에 1만 불가량이 (회사에서 주재원을 고용하기 위해) 든다"라고 이야기했다. 내가 "IMF 사태까지 겪은 나라에서 허리띠를 졸라매도 시원치 않은데 이런 식으로 해서야 되겠냐"고 욕을 해주었다. 지점장이 "남의 일이니 상관 말라"고 대답하기에 정말 화가 나서 "이것이 남의 일이냐, 나랏일이지"라고 꾸짖었다. 내가 "5~6백 달러짜리 집에 살고, 양주 먹지 말고 소주 먹어라. 그러면 진급도 빠를 것"이라고 욕을 하면서 싸움이 났다.

공장주와 식당 주인과의 폭행 사건

공장주, 59세, 남성

이곳 식당에서 ○○○가 대판 싸웠어. 공장 규모도 커지고 장사도 잘될 때였는데 그때도 술버릇이 안 좋았어. 처음에는 (공장주인) ○○○와 이사들이 옆 테이블에 있던 다른 공장주와 식구들을 만나 합석해서 즐겁게 술을 먹었지. 그러다 시비가 붙어 테이블을 엎고 난리가 났지. … 이들은 서로 합의했는데 식당 주인이 열 받은 거야. (싸운 사람 모두) 단골이라 깨진 것 물어내라며 화를 낸 게 아니었어. 자신이 식당 한다고 무시하는 거냐고 대든 거지. 이들이 싸우면서 식당 하는 사람이 듣기에 거북한 소리를 한 모양이야. 모르고 한 거지. …
식당 주인이 회사 밥 먹는다고 식당 하는 사람을 우습게 본다며, 자기도 옛날
에 어쩌고저쩌고하면서 분을 못 참고 싸운 거야. 술버릇 안 좋은 ○○○이가
참을 리가 있겠어. 이것저것 깨지고 한 번 더 난리가 났지. 식당도 (운영이) 힘든
데 팔자 좋은 사람들이 와서 배부른 소리 하고 쌈박질이나 한다고 생각한 거
지. … 나중에 화해하긴 했지만 그 뒤에 거기 잘 안 가게 되었다고 ○○○가 그
러더라고. 그 친구 술버릇이 문제야. 고쳐지겠어? 힘든 사람들 생각 안 하고
지 입장에서만 말하고 또 그렇게 싸우겠지.

자영업자가 한국 사람 '망신'시키는 부류로 분류하며 주재원 못
지않게 못마땅하게 생각하는 부류의 사람이 또 있다. 한 달에 1천
달러에도 못 미치는 수입으로 가정을 유지하면서 자녀의 한인 학
교 학비를 체납하거나 이도 부담스러워 베트남 학교에 보내는 사람
들이다.[2] 같은 맥락에서 이들은 혼자 살면서 다른 이들에게 '기생하
며' 사는 사람도 한인 사회의 문제점으로 생각하고 있다. 자영업자
는 이런 '빈곤층' 때문에 자신처럼 성실하게 사는 사람이 한인 사회
내에서 '도매금으로' 신뢰할 수 없는 집단으로 비치는 것에 대하여

---

2 오해해서는 안 되는 것이 베트남 학교에 보내는 한인이 반드시 '빈곤층'은 아니다. 오히려 베트남 학교에
   보내기가 더 쉽지 않을 수도 있다. 여러 가지 절차를 거쳐 자녀를 베트남 학교에 보내는 한인의 경우 자
   녀가 현지어를 익히고 현지에 적응하기를 원하는 경우도 있다. 실제로 이런 선택을 한 한인 자녀 중에 베
   트남이나 외국의 좋은 대학에 진학하고 한인 기업에 취업하여 능력을 인정받으며 일하는 경우가 제법
   있다. 특히 한-베트남 가정에서는 아이를 한인 학교나 외국계 국제학교보다 베트남 학교를 보내는 것을
   선호하기도 한다.

불만을 토로한다. 호찌민의 한인 거주지에서 오랫동안 가게를 운영해온 한 남성은 필자에게 "실제 이 거리에서 장사하고 있는 사람들은 한푼 두푼 아끼며 열심히 사는 사람들"이라며 "문제는 일없이 거리를 어슬렁거리며 끼니나 때우고 다니는 사람들"이라고 힘주어 말하였다. 이 거리의 가게 주인들 때문이 아니고 가난한 한인 손님들의 잘못된 행태 때문에 한인 밀집 지역이 "범죄의 온상처럼 낙인찍혔다"는 것이다. 이로 인하여 자신과 같이 성실하게 사는 자영업자까지 좋지 않은 시선을 받는다고 주장하였다.

이 같은 사례를 통해 볼 때, 자영업자는 "회사의 지원으로 잘 사는 월급쟁이"나 "자기 생활도 제대로 꾸려나가지 못해 한인 사회에서 문제를 일으키는" 한인을 타자화하며 자신의 정체성을 표현하고 있다고 판단된다. 이런 의미에서 자영업자가 때론 현지인 이름을 빌려 소규모 공장을 자신, 가족, 그리고 소수 베트남인 노동자를 고용하여 일하는 공장주까지 자신과 '처지가 비슷한 부류'로 분류하는 것은 이해할 만하다. 자영업자는 코참에 소속된 공식 투자업체처럼 상대적으로 규모가 크고 여유 있게 사업하는 사람이 아니라, 비공식적으로 현지인 이름을 빌려 생활하더라도 자신, 가족, 소수의 베트남인 노동자와 함께 노동하면서 성실하게 아끼며 사는 사람에게 동질감을 느끼는 것이다.

실제로 이런 포괄적 의미의 자영업자에 포함되는 한인끼리 상부상조하면서 일상적으로 밀접한 관계를 맺는다.[3] 예를 들어, 호찌민과 하노이의 변두리 식당 주인 가운데는 '환치기'를 해서 부수입을 올리는 사람이 여럿 있다. 이들의 주요 고객은 현지인 명의로 공장을 운영하는 공장주, 이런 공장에서 일하는 매니저, 영세자영업자 등 한국에 합법적으로 송금하기 힘든 한인이다. 이런 하이이 운영하는 식당에 가면 몇몇 사람들이 월급날 찾아와 식사를 하면서 식당 주인에게 베트남 동화와 소액의 수수료를 지불하며 송금을 부탁하는 것을 목격할 수 있다. 물론 거액의 환치기를 전문으로 하는 소수 업자도 있긴 하지만, 베트남에서 활동하는 다수의 환치기 업자는 본업을 하며 단골손님 유치를 겸하여 부업으로 환치기 영업을 할 뿐이다.

끝으로, 남부 호찌민의 경우 자영업자가 중심이 되어 한인회가 꾸려졌다는 점에 주목할 필요가 있다. 자영업자 스스로가 자신을 포괄적으로 정의하고 다른 한인을 분류하는 기준과는 별도로, 호찌민 한인 사회에서 특히 주재원이나 '빈곤층'은 이들을 '한인회 사람들'이라고 부르기도 한다. 다른 장에서 상세하게 설명할 기회가 있겠지만, 남부 호찌민의 경우 코참이 생겨난 이후 한인 사회에 갈등이 악화된 상황에서 이런 호칭이 통용되기 시작하였다. 실제로는 호찌민 한인회에 소속감을 표현하고 적극적으로 활동하는 한인은 그리 많지 않다. 하지만 호찌민의 독특한 갈등의 역사와 연계시켜

---

3 포괄적 의미의 자영업자 집단이 남부에만 국한해서 보더라도 실제로는 '한인회 사람들'로 묶일 수 있을 만큼 동질적이지 않다. 거주지와 가게 등 이들의 생활공간 역시 다양하게 분포되어있다는 점 또한 염두에 두어야 할 것이다. 비록 이 글에서는 한인의 다수를 구성하고 있는 기업인, 주재원, 공장 매니저에 대한 대립물로서 형상화하긴 하였지만, 하나의 용어로 포괄할 수 있을 만큼 사회적 관계망이나 문화적 정체감을 가지고 있는지 의심의 여지가 있다.

코참에서 활동하기 애매한 직업을 가진 한인을 이렇게 부르고 있으며, 이들 중 대표적인 부류가 자영업자이다.

베트남, 특히 남부에 가면 자신이 주재원 출신이지만 남아서 자영업을 하고 있다는 사실을 무의식적으로 강조하는 사례를 쉽게 접할 수 있다. 사회경제적 분화에 따른 구별 짓기의 부정적 측면을 잘 알고 있으면서도 자신은 원래 자영업자라기보다는 주재원에 가까운 사람이라는 것을 드러내고 싶어 하는 것이다. 이런 행위가 의도한 것인지 그리고 도덕적인지에 관한 판단은 쉽게 내릴 수 없을 뿐 아니라 필자의 관심사도 아니다. 중요한 점은 넓게는 베트남, 좁게는 호찌민에서 자영업자와 다른 집단을 구분하고 구별 짓는 인식과 담론이 일상에서 표출되고 있다는 것만은 사실이다.

유의할 것은 '한인회 사람들'이라는 표현과 여기에 함축된 의미가 주로 남부 호찌민 인근에서만 통용된다는 것이다. 예를 들어, 하노이에서는 자영업자만 특별히 '한인회 사람들'로 분류하지 않는다. 이는 한인회의 조직구성과 역사가 호찌민과는 다르기 때문이다. 하노이 한인회에는 오히려 돈 있는 기업인이나 주재원이 주축을 이루고 있으며, 소규모 자영업자도 한인회 활동에서 소외되지 않고 있다. 하지만 하노이 역시 '한인회 사람들'이라는 표현을 쓰지 않을 뿐이지 주재원과 자영업자 및 소규모 사업자의 구분 양상은 점점 뚜렷해지고 있다.

이러한 구별 짓기에서 유의할 또 한 가지는 남부 자영업자가 자신을 '한인회 사람들'이라고 부르지 않는다는 점이다. 이 용어는 주재원이 자신을 자영업자와 구분 짓는 과정에서 만들어지고 활용되고 있다. 남부의 경우에 국한된 것이긴 하지만, 정작 자영업자 스스로는 이런 함축적 의미를 가진 '한인회 사람들'이라는 용어를 긍정적으로 받아들이거나 적극적으로 사용하지 않는다. 남부의 한 자영업자에 의하면, '한인회 사람들'이라는 용어는 과거 호찌민 한인회의 중심이었던 원로세대가 가진 '꼰대(고집불통의 노인)' 이미지와 함께 한인회가 의례적 조직에 불과하다며 냉소적으로 말하였다.

이런 해석의 타당성과는 별개로 주재원이 가진 사회경제적 조건과 이에 토대를 둔 사회문화적 인식과 실천이 자영업자 및 소규모 사업자와 다르다는 점에는 변함이 없다. 이로 인하여 한인 사회가 성장하면서 사회경제적 분화가 심화할수록 개별 성원의 의식과는 별개로 '한인회 사람들'을 포함한 다양한 용어를 활용하여 구별 짓기가 확대 재생산될 것으로 보인다. 베트남 진출 초기와 달리 한인 사회를 묶어주던 민족-종족 정체성은 이따금 상징적인 사건이 일어날 때만 그 의미가 드러날 뿐, 일상에서는 사회경제적 조건의 차이에 따른 분화가 만들어낸 '정체성의 정치politics of identity'에 묻혀버릴 가능성이 높기 때문이다.

3. 공장 매니저

베트남에 진출한 투자기업 다수가 노동집약적 공장을 운영하고 있고 이런 공장의 '현장shop floor'마다 한인 매니저가 있다. 이런 점만 보아도 이들이 베트남 한인 사회에서 차지하는 비율이 적지 않을 것으로 추정된다. 저자가 2010년대 초에 추산한 바에 의하면 한인 공장 매니저와 가족을 합하면 아무리 적게 잡아도 남부에만 최소한 2~3만 명이 살고 있는 것으로 파악되었다. 만약 오늘날 한인 기업이 7천여 개라는 외교공관의 주장을 받아들이고, 공장마다 최소 5~10명의 한인이 있다고 가정하면, 베트남 전역에 약 3만 5천~7만 명 정도의 공장 매니저가 살고 있을 것으로 보인다. 이처럼 공장 매니저가 한인 사회에서 중요한 한 축임에도 불구하고 초국적 이주 연구와 재외한인 연구에서 한인 공장 매니저에 초점을 맞춘 연구는 매우 드물다. 이 점은 베트남 지역학 연구 분야도 예외가 아니다(채수홍 2014 참조).

이는 초국적 이주노동 연구가 세계 시민적 엘리트 계층(예를 들어, Ong 1988)이나 열악한 환경에 있는 소수자인 미숙련 노동자에 집중되어왔기 때문이다. 기존의 초국적 연구는 엘리트 계층이 직장과 가정 등 여러 나라에 퍼져있으면서 이들이 전략적으로 초국적 기동성을 발휘하며 민족·종족 정체성을 타협해나가는 방식에 주목해왔다. 다른 한편으로 가난한 나라에서 부유한 나라로 이주한 노동자가 현지에서 겪는 차별과 이주노동자가 이에 대응하면서 본국의 가족이나 친지와 연계하면서 벌어지는 정체성의 정치를 해명하는 데 집중해왔다. 여기에 더하여 재외한인 연구 분야에서도 정착한 한인 연구에 초점을 맞추면서 공장을 따라 이주를 거듭하는 기업

주와 국적이 같은 공장 매니저에 대해서는 거의 관심을 가지지 않았다.

이처럼 상대적으로 학계의 관심을 끌진 못하였지만, 베트남 한인 공장 매니저는 초국적 연구에서도 정체성의 정치 연구에서도 매우 매력적인 연구 대상이라고 생각한다. 먼저 이들은 노동자이면서도 기업주와 국적과 민족·종족 정체성을 공유한다는 이유로 모호한 계급적 지위와 의식을 보여주고 있다. 또한, 엘리트나 미숙련 노동자와는 다른 삶의 조건을 가지고 있으며 이 때문에 '초국적 가족'(Bryceson and Vuorela 2002)을 돌보는 방식에 있어서도 다른 부류의 집단과 차이를 보인다. 즉 이들은 민족·종족, 계급에 따라 분절화된 세계 노동시장이 만들어낸 독특한 집단으로서 일터와 삶터에서 베트남의 다른 한인이나 현지인과 다른 지위와 정체성을 가지고 있다. 이런 점에 유의하면서 베트남에 거주하는 한인 공장 매니저가 어떤 경로로 현지에 유입되었고, 삶터와 일터에서는 어떤 조건에서 살고 있으며, 현지에서 정체성의 정치를 어떤 식으로 보여주고 있는지 기술해보고자 한다.

베트남 공장 매니저는 크게는 '세계 자본주의 경제체제world capitalist economic system'(Wallerstein 1974), 작게는 한국과 베트남의 경제적 변화에 따라 이전하는 기업을 쫓아서 이주하였다. 즉 "조직의 경로를 따라 불가피하게 이주"(Peixoto 2001)하여온 것이다. 빠르게는 90년대 초에 조금 늦게는 90년대 중후반부터 베트남의 개혁개방정책을 신뢰할 수 있다는 사실을 확인한 기업이 여러 국가에서 베트

남으로 몰려들기 시작하였다.[4]

이 과정에서 한국 노동집약적 공장의 공장 매니저도 급격하게 늘어났다. 특히 80년대에 구미歐美 시장을 겨냥하여 사이판과 과테말라, 엘살바도르 등 남미 국가에 진출하였던 봉제공장이 규모를 키워 남부 호찌민 인근으로 이동하면서 이러한 흐름이 빠르게 전개되었다. 이후 한국에서 산업 구조조정이 본격적으로 이루어지며 노동집약적 산업, 특히 섬유, 의류, 신발, 가방 등 봉제업이 설 자리를 잃게 되고, 일자리 창출이 우선 과제였던 베트남이 이를 적극적으로 유치하면서 한인 공장 매니저가 베트남으로 대거 유입되었다.

90년대 초 베트남으로 이주하여 30년 가까이 일한 1세대 공장 매니저는 그 수가 많지 않다. 베트남에 30년 넘게 거주한 한인은 일부 있지만, 공장 매니저로만 이렇게 오랫동안 거주한 한인은 흔치 않다. 대부분의 노동집약적 공장이 어느 정도 시간이 지나면 비용을 절감하기 위하여 한인 인력을 현지인으로 대체하기 때문이다. 더욱이 이러한 현지화 과정에서 나이가 많고 경력이 오래된 매니저가 우선 감원 대상이 되기 때문이다. 베트남 공장에서 20~30년에 걸쳐 장기간 근속하는 경우는 회사 소유주와 특별한 관계에 있거나 재정-회계와 관련된 업무를 맡고 있을 개연성이 크다. 아니면 특수한 현장기계 조작 및 관리 기술을 가지고 있어 회사에 필수적이

---

4 비공식적으로는 80년대 초부터 한국기업이 현지인의 이름을 빌려 진출하였다. 이때 진출한 기업은 매우 소규모였으며, 대부분 베트남 통일 이전에 현지에 살았던 사람들이 실소유주였다. 호찌민 한인 정착사와 관련해서는 채수홍(2005)과 김영진(2010)의 논문을 참조하기 바란다.

고 대체가 어려운 업무를 수행하고 있는 인력일 것이다. 이들은 회사 내에서 공장장이나 이사급 직위를 가지고 업무를 담당하고 있으며 아무리 적게 잡아도 나이가 50대 중반을 넘어선다.

오늘날 베트남에서 일하고 있는 한인 공장 매니저 다수는 'IMF 사태' 이후에 유입되었다. 이들 중 일부는 자신이 일하던 한국의 공장이 이전함에 따라온 사람들이고, 다른 일부는 현지에서 고용된 사람들이다.[5] 전자는 노동집약적 공장 가운데 비교적 "덩치가 크고 맷집이 좋아" IMF 사태 때 살아남은 회사에 소속되어있다. 물론 이들도 언제든지 회사의 인력감축 대상이 될 가능성을 늘 안고 있지만, 공장 규모가 크고 본사가 동남아시아를 위시한 여러 국가에 생산시설을 갖추고 있어 상대적으로 안정된 고용 상태를 누리고 있다.

이와 비교하여 현지에서 고용된 인력은 한국에서 일하던 회사가 망하거나 다른 개인 사정으로 인하여 실직 상태에 있다가 동종업종에서 일한 경력을 토대로 베트남 공장에 취업한 경우이다. 베트남에서는 이들을 '현채'라고 부른다. '현채'인 공장 매니저는 대부분 계약직이라 고용이 불안정하다. 그 결과 규모가 커서 고용이 안정되었거나 월급과 노동조건이 좋은 동종업종 공장에 자리가 나면 이직하는 경우가 많다. 또한, 이들 가운데 상당수는 다른 나라에서 근무한 적이 있고, 한국에 귀국한 뒤 재취업하는 경우도 있다.

---

5 현지 고용 인력은 베트남 법인에서 직접 채용한 경우만이 아니라 한국 본사에서 면접을 본 뒤 건너오기도 한다. '현채'라고 불리는 이들은 한국 본사가 운영하던 공장에서 파견 나오거나 공장 이전과 함께 이주해온 인력과는 구분된다.

관련 직종에서 방황하다 현지에서 채용된 공장 매니저

공장 매니저, 55세, 남성

1975년에 농고를 졸업하고 상경하여 청량리 공장에서 일을 시작했다. …
80년대 초에 실크 제조 업체에서 18만 원이었던 월급을 32만 원으로 올려주
겠다는 스카우트 제의가 와서 생산관리를 하며 3년간 일했다. 당시에 섬유 수
출이 한창이라 1986년에 자그만 공장을 차렸는데 88 올림픽이 끝나고 사양
길에 접어들었고, 결국 1992년 공장을 접어야 했다. … 이후 공장에서 손수건,
스카프, 넥타이를 사다가 납품하는 일도 하고, 베트남에서 악어가죽을 수입
해 가방공장에 팔기도 했지만 모두 실패했다. … 부자재 납품 중개업이라도
할 수 있을까 해서 베트남에 왔다가 2009년 지금 법인장을 만나 생산관리를
맡게 되었다. 덕택에 처음으로 안정된 생활을 할 수 있게 되었다.

해외에서 관련 직종에 종사하다 현지에서 채용된 공장 매니저

공장 매니저, 59세, 남성

고등학교를 졸업하고 1981년 동대문의 소규모 인쇄공장에서 일을 시작했다.
나일론 원단이 막 개발되던 시절이었는데 여기에 쓰이는 잉크를 개발하여 인
쇄하는 작업이었다. 군대에 있었던 기간을 빼고 총 7~8년 일했다. 1989년만
해도 일도 많고 돈도 많이 벌었는데 인건비가 높아지면서 업체들이 해외 이주
를 타진하던 시절이었다. 1993년을 기점으로 일이 없어지기 시작했고 식당일

을 비롯해 안 해본 일이 없다. 그 전에 인도네시아에서 일자리를 제안받았을 때 가지 않은 것이 많이 후회되었다. … 인쇄업계에서 알고 지내던 친구가 오라고 해서 2004년부터 2008년까지 중국에서 일했다. … 지금 사장이 중국에 놀러 왔다가 베트남에서 같이 일하자고 해서 왔다. (호찌민에는) 또래나 형님도 많고 한국 가족도 먹여 살릴 수 있어 잉크 묻히는 일에 감사하며 살고 있다.

이처럼 베트남 한인 공장 매니저는 한국기업을 따라온 부류와 '현채'로 분류되며, 이런 변화에 한국의 IMF 사태가 중요한 계기를 제공하였다. 이후에도 한인 공장 매니저는 한국기업의 베트남 진출이 날로 증가하면서 시기별로 양적, 질적으로 여러 변화를 겪게 된다. 특히 베트남에서는 이들의 가구household 구조와 거주 형태가 시간이 지남에 따라 조금씩 변모하였다. 반면 이들의 초국적 삶의 토대가 되는 정치경제적 조건은 크게 변한 것이 없어 보인다. IMF 사태 이후 나타나기 시작한 노동집약적 공장에서 일하는 현장 매니저의 열악하고 전형적인 삶의 조건이 점차 강화되고 고착화된 것으로 보아도 무방할 것이다. 공장 매니저가 일터에서 누리는 조건은 크게 변한 것이 없거나 오히려 열악해진 반면 이들의 생활공간에는 조금씩 변화가 감지되고 있다.

베트남 공장 매니저의 정치경제적 조건을 점차 악화시키고 있는 가장 중요한 현상은 한국에서 일하던 공장 이전에 따라 이주한 사람이 줄고 '현채'가 늘고 있다는 것이다. 이를 회사 시각에서 보면 고용과 노동 통제 방식이 유연해진 것일 수 있다. 하지만 피고용자인 공장 매니저 입장에서는 수입과 고용 안정성이 크게 흔들리는 것이다. 이처럼 계약직 현지 고용이 늘고 있는 데는 크게 두 가지 이유가 있다.

먼저 노동집약적 공장의 기술-관리직 매니저가 속한 노동시장이 "민족에 따라 분절되어있는 상황"(McDowell 2008)이 모순을 만들어냈기 때문이다. 이 부문 기술-관리직 노동자의 세계 노동시장은 '지역화regionalized' 되어있고 동족同族을 선호하는 경향이 매우 강하다. 특히 한국기업이 해외에서 운영하는 공장에서는 민족에 따른 선호 현상이 두드러지게 나타난다. 한국계 다국적 공장은 대부분 현장의 핵심 기술직이나 관리직은 신뢰할 수 있는 한국인이 담당해야 한다고 굳게 믿고 있다. 한국인 매니저라야 경영진의 방침에 진정으로 동조하고 의사소통도 원활하다고 생각하기 때문이다. 여기에 더하여 한인 공장 매니저가 아직은 베트남인 숙련공이나 현장 매니저에 비하여 기술과 경험 면에서 우위에 있어 안정적인 생산관리를 위하여 필요하다. 이런 이유로 베트남의 한국 공장은 현장 관리를 할 한인 공장 매니저를 최소한 한 명이라도 고용하려 하고 있다. 그럴 형편이 못 되면 한국어를 잘하고 경력이 오래된 조선족이라도 활용하려 한다.

하지만 한국인 매니저 고용은 현지인에 비하여 비용이 수십 배 더 들어간다. 월 5천 달러의 비용이 드는 한인 매니저를 한 명 줄이면 2백 달러를 받은 현지 노동자를 25명 더 고용할 수 있으며, 현지인 매니저로 대체하면 평균 5백에서 천 달러면 충분하다. 셈법이 이런 상황에서 '세계 생산체계world production system'의 먹이사슬 제일 하단에 위치하여 '인건비 따먹기'가 주요 생존 방법인 노동집약적 공장은 인력 현지화를 통하여 생산비를 낮추라는 지속적 압력을 받는다. 이 같은 여건을 고려할 때 '현채'는 비용도 상대적으로 저렴할 뿐 아니라 생산관리를 믿고 맡길 수 있는 한국인 매니저를 활용하되 필요에 따라 해고할 수 있다는 장점이 있다.

또 다른 이유는 한국에서 섬유, 신발, 가방, 의류업체 등 대다수 노동집약적 산업의 생산 공장이 급격하게 줄어들었기 때문이다. 물론 특수한 고부가가치 제품을 생산하는 공장과 소규모 가내공장은 있지만, 대중적인 유명 브랜드를 대량생산할 수 있는 공장은 이제 한국에서 거의 자취를 감추었다. 따라서 이런 업종에 종사하던 공장노동자와 매니저가 고국에서 일자리를 찾기 힘들어졌다. 이로 인하여 노동집약적 산업의 기술 전수와 기술자 재생산도 제대로 이루어지지 않고 있다.

베트남의 한인 공장에 가면 이런 점을 우려하는 목소리를 쉽게 접할 수 있다. 일할 사람이 없어 한국의 노동집약적 산업이 붕괴하면 가까운 미래에는 베트남의 한국 공장도 핵심적인 기술과 지식을 가지고 현장을 관리해야 하는 한인 매니저가 없어 오래 버티지 못할 것이라고 한탄하는 것이다. 이와 같은 현실 때문에 노동집약적 업종의 한인 공장은 장기적 안목을 가지고 새로 한인 인력을 양성하기보다는 현지에서 유경험자를 구하는 것을 선호한다. 그 결과 베트남 한인 공장에 가면 매니저 중 다수가 오륙십대며 때론 칠십대 매니저를 만날 때도 있다.

이와 같은 베트남 한인 공장 매니저의 삶은 글로벌 생산체계의 재구조화와 이에 따른 한국 노동집약적 산업의 해외 이전 결과이다. 또한, 이들의 삶은 지역화되고 민족에 따라 분화하고 있는 글로벌 노동시장의 영향 아래서 형성되고 있다. 이러한 정치경제적 조건은 베트남 한인 공장 매니저가 현지에서 개인적 친분을 활용하여 구직과 이직을 거듭하면서 불안정한 고용을 감내하게 만드는 근본적 요인이다(McDowell 2008: 21).

이처럼 베트남 한인 공장 매니저는 회사를 따라온 경우와 현지에서 채용된 두 부류로 구분된다. 양자는 급여와 고용 안정성을 비롯한 노동조건 자체가 다르며, 이에 따라 계급 정체성과 회사 안팎에서 보여주는 사회문화적 행위 양상에도 어느 정도 차이가 있다. 주목할 점은 노동집약적 공장에서 '현채'가 점점 대세가 되어가고 있다는 사실이다. 이러한 추이는 향후 한인 사회의 사회경제적 성격과 구성원의 정체성에 영향을 미칠 수 있는 중요한 변수이다.

한인 공장 매니저의 사회경제적 조건은, 이상에서 설명한 고용방식과 더불어, 이들이 일하는 회사의 크기, 세계 생산체계 혹은 생산의 세계 가치 사슬 내의 위치에 따라 상이하다(Blim and Rothstein 1992). 생산의 세계 가치 사슬은 바이어buyer, 원청vendor, 하청subcontractor, 부자재 업체 순으로 위계적으로 배열되어있다. 나이키, 아디다스, 타겟, 월마트를 비롯하여 디자인과 광고를 담당하고 대형매장을 가진 생산주문자인 바이어는 거의 북미, 유럽, 일본 기업이다. 한세, 세아, 한솔, 영원무역, 태광, 창신 등 베트남의 한국계 공장은 이들의 주문을 받아 의류, 신발, 가방 등을 생산해서 납품하는 대형 원청업체이다. 이들은 오더를 받은 제품을 직접 생산하고 부족한 분량은 하청업체에 맡겨 생산하게 한 다음 바이어에게 전달한다. 생산을 위해서는 원청과 하청 외에도 부품, 접착제, 포장재 등만 전문적으로 만들어 하청과 원청에 납품하는 부자재 업체 또한 필요하다.

노동집약적 제품 생산을 위하여 역할을 분담하고 있는 바이어, 원청, 하청, 부자재 업체는 서로 협력하고 있을 뿐 아니라, 위계적으로 연결되어있다. 또한, 각 회사는 세계 생산체계 내에서 차지하는 위치와 권력 위계에 따라 회사 규모와 경영 여건에 영향을 받는다 (채수홍 2013a: 25-26). 따라서 한인 공장 매니저의 고용조건을 비롯한 다양한 삶의 여건도 자신이 다니는 회사가 원청, 하청, 부자재 업체인가에 따라 그리고 대개는 위계가 높을수록 커지는 공장 규모에 따라 차이가 있다.

규모가 큰 신발, 의류, 특수한 기술이 필요한 제품을 생산하는 원청회사의 공장 매니저는 대기업 사원 못지않은 경제적 혜택을 누린다. 특히 본사에서 파견되거나 본사가 이전하면서 따라온 정규직이 그러하다. 이런 회사에 다니면 베트남 공장 매니저의 평균 월급인 3~5천 달러보다 1~2천 달러 높은 월급을 받을 수 있으며, 회사로부터 자녀 학비와 주택의 전부 또는 일부가 제공된다. 또한, 이름뿐인 작은 회사의 이사와 달리 임원으로 승진하면 훨씬 더 높은 급여와 혜택을 받을 수 있어 다수의 공장 매니저보다는 주재원과 유사한 조건의 생활을 향유할 수 있다.

중간규모의 원청회사나 규모가 제법 큰 하청업체 공장 매니저도 평균 4~5천 달러의 임금을 받는다. 이와 함께 회사는, 보통 비행기 티켓을 사주는 정도지만, 1년에 1회나 2회 한국방문 비용도 제공한다. 무엇보다 베트남에서 가족과 함께 생활하면 자녀 학비와 주거비 일부를 받을 수 있다. 자녀 학비 지원은 보통 한인 학교 등록금을 기준으로 삼지만, 계약조건에 따라서는 외국계 국제학교 학비 전부 혹은 일부를 보조받는 경우도 있다. 이들의 경제적 조건이 고급 아파트에 살면서 자녀 모두를 외국계 국제학교에 보내면서 여유롭게 살기는 쉽지 않지만, 중저가 아파트가 많이 공급되어있고 상대적으로 저렴한 국제학교도 늘고 있어 가족과 함께 거주하는 것이 가능하다. 또한, 한인의 베트남 진출 초기와 달리 장기간 현지에 머문 공장 매니저가 많아지고 이에 따라 현지에서 가족이 함께 생활하는 이들이 늘어나면서 회사가 가족을 대상으로 한 지원도 느는 추세다.

이와 비교하여 소규모 하청업체의 공장 매니저는 대부분 기숙사나 회사 밖의 작은 숙소에서 홀로 지내는 경우가 많다. 개인마다 사정이 천차만별이겠지만, 기본적으로 이들이 현지에서 가족과 함께 지내면서 가구를 경제적으로 재생산해내기가 쉽지 않기 때문이다. 따라서 이런 규모의 공장에서 일하는 한인 매니저 다수가 월급을 모두 한국에 보내고 회사에서 제공하는 숙식과 1천 달러 내외의 현지 수당으로 생활한다. 최근에는 상대적으로 젊은 세대를 중심으로 현지에서 가족과 함께 생활하는 공장 매니저가 늘고 있지만, 자녀가 아직 어려 교육비가 적게 들 뿐이고 또 부인이 함께 직장을 다니지 않으면 생활이 버거울 수밖에 없다. 따라서 청년층이 소규모 하청업체에서 근무하는 경우는 사장이 친인척이거나 디자인, 기획, 영업 분야로 특채되어 급여가 높지 않은 이상 흔치 않다.

이 같은 경제 조건에 따른 차이 때문에 공장 매니저의 거주지도 차별적이다. 호찌민의 경우 대기업 주재원의 거주지인 시내 고급 아파트에 월세로 사는 경우는 매우 드물지만, 7군의 신도시 푸미흥의 소위 고급 아파트 밀집촌인 '강남'에 사는 대규모 원청기업의 직급 높은 공장 매니저도 있다. 이런 소수를 제외하면 대부분 월세 1천 5백 달러 미만의 집에서 거주한다. 가장 대중적인 거주지는 푸미흥의 '강북' 지역 아파트로 이곳에 사는 공장 매니저의 절대다수가 가족과 함께 살고 있다. 이와 거의 비슷한 주거비용을 지출하며 살 수 있는 또 다른 곳은 2군의 안푸나 인근 빈탄군에 최근 지어진 신축아파트 단지이다. 공장 매니저가 가족과 함께 지낼 수 있는 월세 7백~1천 5백 달러의 신축아파트가 최근 몇 년간 대규모로 건설되고 있다. 고층 아파트가 거대 단지를 이루고 있는 '빈홈 센트럴 파크'가 대표적이다. 이런 아파트에 거주하는 한인 공장 매니저는 최소한 원청업체나 큰 규모의 하청업체에 다니고, 대개 가족과 함께 살고 있다는 특징이 있다.

이와 비교하여, 호찌민 인근의 소규모 공장 매니저는 대부분 기숙사에서 혼자 살거나 떤빈군의 쇼핑몰인 슈퍼볼 인근의 값싼 주택을 임대해서 살고 있다. 마찬가지로 최대 1천 달러 미만의 주거비를 지출하면서 공장 인근에 베트남인이 사는 소위 '로컬' 아파트에 사는 공장 매니저도 있다. 이들은 경제적으로 그리 여유롭지는 않지만, 공장 기숙사에서 살기 싫거나 베트남인 가족이나 파트너가 있는 경우이다.

푸미흥의 중소규모 원청회사 공장 매니저의 가구 재생산

공장 매니저, 48세, 남성

회사 공장이 인도네시아와 베트남에 있다. 베트남에 온 지 10년이 다 되어 간다. 다른 의류회사에 다녔고, 여러 나라에서 근무하다가 이직했다. 월급은 정확히 말하기는 힘들고 이것저것 합해 월 5천 달러 정도 받는다. '스카이가든'에 방 3개짜리 집에 사는데 월세가 8백 달러이다. 전에는 두 아이의 한국국제학교 비용을 회사가 내주었는데, 지금은 큰아이가 대학에 가서 학비가 좀 더 든다. 작은 아이도 하고 싶어 하는 것이 많아서 학원비가 많이 나가고. 전에는 가정부를 한 달에 백 달러씩 주고 고용했는데 지금은 아내가 직접 살림을 한다. 주말에 외식하는 것을 제외하고 모든 비용을 아끼며 조금씩 돈을 모으고는 있지만 많이 모으지는 못했다. 월세도 아끼고 다른 비용도 거의 안 쓰는데 그렇다. 좋은 아파트에 살면 돈을 전혀 모을 수가 없다. 그래도 한국으로 들어가는 월급에서 조금씩 남으니 다행이다.

부자재 업체 공장 매니저의 가구 재생산

공장 매니저, 55세, 남성

한국에서 사업과 가정 모두 실패하고 전에 공장에서 함께 일하던 친구가 베트남에서 함께 일하자고 불러 내 전공인 프린트를 계속하며 살고 있다. 베트남 여성과 결혼했고 아이도 낳았다. 공장 근처에 3백 달러짜리 월세를 살다가 아이와 처가 식구들이 함께 살고 있어 싼 주택을 하나 샀다. 월 3천 달러 정도 벌지만, 아내가 베트남 사람이라 충분하다. 한국에 있는 나이 든 아버지에게 매달 조금씩 돈도 보내고, 아내가 알뜰하게 살림해서 돈도 모으고 있다. 욕심을 버리니 전과 달리 큰 걱정은 없다. 생활비는 아이를 베트남 학교에 보내고 로컬 물가로 생활하면 1인당 3백 달러면 충분히 살 수 있다. 여기는 시내도 아니고 모든 것이 싸다.

하노이의 경우 2010년 이전만 해도 공장 매니저의 절대다수가 기숙사나 공장 근처 합숙소에서 기거하였다. 호찌민도 이 시기 공장 매니저의 주거 양식이 하노이와 크게 다르지 않았지만 그래도 하노이보다는 외부에 집을 구해 사는 비율이 상대적으로 많았다. 하지만 하노이의 경우에는 공장 매니저가 살만한 저렴한 아파트가 거의 없고 공장도 대부분 시내에서 1시간 반에서 2시간 걸리는 인근 성에 있어 회사가 제공하는 기숙사나 임대주택에서 집단으로 합숙하는 것이 좀 더 보편화 되어있었다.
2010년대 이후에는 하노이로 진입하는 도로가 점차 개선되고 시내에 아파트 공급이 급격하게 늘면서 쭝화나 미딩 등 한인 밀집 거주지에 가족과 함께 사는 공장 매니저가 늘어났다. 특히 삼성과 중소규모 협력업체가 인근 박닌에 대규모 산업단지를 형성하면서 회사 승합차로 공장과 시내를 오가며 출퇴근하는 공장 매니저가 많아졌다. 아직 호찌민만큼 규모가 크진 않지만 하노이 한인 사회가 양적·질적으로 변화하면서 점차 양 도시 한인 사회의 사회경제적 분화와 이에 따른 거주 양상이 수렴하고 있는 것이다.

이처럼 삶의 사회경제적 조건은 다양하지만 공장 매니저는 일터와 삶터(공장 밖 거주지)에서 몇 가지 공통점을 가지고 생활한다. 먼저 일터에서 이들에게 요구하는 역할은 베트남 노동자를 효율적으로 관리하여 생산에 차질이 없도록 하는 것이다. 이를 위해서는 이중의 태도가 필요하다. 한편으로는 경영진의 철학과 방침을 현지 노동자에게 전달하고 강제하는 것이다. 다른 한편으로는 이러한 과제를 수행하기 위해서 현지 노동자의 신뢰를 얻어야 한다. 현지 노동자가 믿고 따를 수 있도록 지도력을 행사해야만 관리가 가능한 것이다. 문제는 경영진과 현지 노동자가 동일한 사안을 보는 시각이나 이해관계가 다를 수밖에 없다는 것이다. 이로 인하여 일종의 '중재자middlemen'(Bailey 1969) 역할을 수행하면서 양자의 상충된 이해관계를 조정해야 하는 곤란한 처지에 처하게 된다.

공장 내에서 한인 매니저가 행하는 이러한 역할은 민족·종족적 정체성과 자신의 계급적 정체성을 어긋나게 한다. 공장 매니저는 경영진과 이해관계가 상충하는 지점이 있을 수밖에 없는 사실상 노동자인 동시에 경영진과 같은 동족으로 언어, 의식, 문화를 공유한다. 이런 이중적 위치에서 경영진의 지시와 이해를 충실하게 따르는 매니저는 자신도 노동자일 뿐이라는 사실을 애써 감추려 한다. 하지만 때때로 노동자계급으로서의 의식을 은폐 혹은 신비화하는 자신을 발견함으로써 이중적 존재에서 기인하는 불편함을 느끼곤 한다.

공장 매니저가 놓인 모순적 위치가 한 가지 더 있다. 공장 매니저가 현지에서 살아남기 위해서는 베트남 노동자와 현지어로 의사소통을 하고 이들에게 기술적 우위를 보여줄 수 있어야 한다. 하지만 현지인에게 자기가 가진 기술과 지식을 온전히 전수하면 자신의 일자리가 불안정해진다. 가능하면 비싼 한인 매니저 대신 현지 매니저를 고용하려는 경영진의 의도에 부응하는 결과를 낳고 마는 것이다. 따라서 현지 노동자에게 기술과 지식을 열심히 가르치면서도 경영진에게는 "쟤들은 아무리 가르쳐도 발전이 없다"라는 말을 입에 달고 살아야 한다. 현지어를 쓰고 현지 문화를 이해하는 현지화가 필요한 동시에 현지화가 진행될수록 자신이 설 자리를 잃게 되는 모순을 안고 살아가는 것이다. 이처럼 베트남의 한인 공장 매니저는 계급과 민족의 어긋남은 물론 현지화의 이중 효과에 의하여 '초국적 일터'에서 불안정한 '정체성의 정치'를 펼치며 생존하고 있다.

한인 공장 매니저에게는 '삶터living space'도 일터와 마찬가지로 다양한 모순을 경험하는 초국적 공간이다. 몸은 베트남에 있지만 마음은 한국과 베트남을 오가거나 양국에 걸쳐있는 초국적 상황은 이들에게 특히 가족과 관련한 여러 모순된 상황과 감정을 경험하게

그림 8 함께 휴식을 취하고 있는 한인 공장 매니저와 현지 노동자

한다. 이들이 가족에 대한 '초국적 애정과 돌봄'(Huang 2010: 11)의 실천 과정에서 다양한 경험을 하게 되고 모순된 감정을 느끼기 때문이다.

한인 주재원이나 자영업자와 달리 부모 형제, 아내와 자녀를 한국에 두고 오는 경우가 많은 공장 매니저는 가족을 경제적으로 돌보아야 한다는 가부장적 의무를 다하기 위하여 초국적 일터에서 여러 어려움을 이겨내고 열심히 일한다. 그러면서도 가족을 근거리에서 돌보지 못한다는 불안감, 섭섭함, 죄책감 등을 가지고 있다. 가족과 기쁨, 슬픔, 고난을 함께 할 수 없을 때마다, "내가 무엇 때문에 이역만리에서 고생을 하고 있는 거지"라는 자책감과 회한을 느끼게 마련이다. 공장 매니저와 가족에 관한 이야기를 나누다 보면 이들이 초국적 삶터에서 남성성masculinity과 가부장적 의무감이 만들어내고 있는 모순을 체험하고 있고, 일상에서 이를 이겨내기 위하여 애쓰고 있다는 것을 절실하게 느낄 수 있다(Walter, Bourgois and Loinaz 2004).

가족과 떨어져 사는 공장 매니저의 섭섭함

공장 매니저, 62세, 남성

1999년에 베트남에 왔으니 벌써 20년이 넘어간다. ○○○○의 공장 관리직으로 와서 지금 공장에서 일하기까지 몇 번 직장을 옮겼다. 다행히 기술이 있어 한국에 자그마한 집도 장만했고 애들도 잘 키웠다. 나보다 좋은 대학 나왔고, 취직도 했다. … 여기에 있으면 아이들도 보고 싶고 그렇지만 애들을 먹여 살려야 하니 내가 성실하게 일할 수밖에 없다. 그게 내 자부심이기도 하고. … 한국에 가서 며칠 지나면 집사람도 아이들도 불편해하는 것 같으면 잔소리도 하고 화도 낸다. 그러면 더 뻘쭘해진다. (그러면) 내가 이러려고 고생을 했나 그런 생각이 든다. 돌아가신 부모님을 못 돌본 것도 (가슴에) 맺혀있는데, 내가 고생한 걸 알아주지 않고 남 보듯 하는 애들을 보면 헛산 것 같다. 후배들에게는 돈 못 모아도 가족 데려와 사는 게 낫다고 얘기한다.

최근 가족을 데리고 와 베트남에서 함께 사는 한인 공장 매니저가 늘고 있는 것도 초국적 상황이 빚어내는 모순에서 조금이나마 벗어나려는 노력의 일환이다. 다행히 과거와 달리 베트남 주요 도시에 저렴한 거주지가 속속 공급되고 있고, 호찌민과 하노이에는 세계에서 첫 번째와 두 번째로 규모가 크고 질 좋은 교육을 제공하는 한인 학교도 생겼다. 게다가 베트남 한인 사회가 급성장하면서 한인 가족이 현지에서 특별한 어려움 없이 생활할 수 있을 정도로 생활환경도 잘 갖추어져 있다.

하지만 한인 공장 매니저가 한국에서 가족을 데리고 와 함께 살게 되면 다른 문제들에 봉착하게 된다. 무엇보다 현지에서 외국인으로 살면서 거주, 교육, 생활을 해결하려면 만만치 않은 비용을 지출해야 한다. 가족의 장래와 자신의 노후를 위하여 목돈을 모으는 것을 포기해야 할 수도 있다. 이런 이유로 대부분이 남성인 한인 공장 매니저는 기혼이고 가족과 동거할 경우 회사와 집을 오가며 일하는 것 외의 여가생활은 상당 부분 포기해야 한다. 또한, 현지에서 직업을 거의 구할 수 없는 아내가 자녀교육은 물론이고 사회생활을 전담하면서 자신은 머슴처럼 가족 부양 역할만 하고 있다는 현실을 깨닫게 될 수도 있다(채수홍 2014: 82).

베트남의 한인 공장 매니저의 초국적인 삶이 일터와 삶터 모두에서 만들어내고 있는 다면적 모순은 이들이 다른 계층과는 구별되는 정치경제적 조건을 가지고 있기 때문으로 보인다(채수홍 2014: 87). 이들은 초국적 공간에 사는 현장 관리직 노동자로서 자신의 다양한 조건을 바탕으로 다른 사회경제적 지위를 가진 집단과는 구별되는 경험 세계와 정체성을 형성하고 있다.

4. '빈곤층'[6]

베트남 한인 사회가 팽창하면서 증가하고 있는 또 하나의 부류가 현지에서 사회경제적으로 뿌리를 내리지 못하고 겉도는 사람이다.

6　필자가 빈곤층이라는 용어에 따옴표를 붙인 이유는 이 용어가 타당한지에 대한 확신이 없기 때문이다. 경제적 조건만 가지고 분류하면 빈곤층도 직업과 관계없이 다양할 수 있을 것이다. 또한, 경제적 여건은 외국인이 생존할 수 있는 최저생활비를 지출하고는 있지만, 자발적으로 의미 있는 일을 하고 있거나 근검절약하고 있는 사람까지 빈곤층으로 뭉뚱그려 묘사할 위험도 있을 것 같다. 따라서 객관적 의미보다는 한인 사회 주류의 눈에 주관적으로 빈곤층으로 보일 수 있는 사람이라는 것을 강조하기 위하여 '빈곤층'이라고 표현하였다.

그들은 생계를 유지할 수 있을 만큼 수입을 올리지 못하거나 아예 직업 없이 살고 있지만 한국으로 돌아갈 수도 없는 처지에 놓인 사람이다. 뿌리를 내리지도 못하고 떠날 수도 없는 사람인 것이다. 베트남 한인 사회에서는 이런 사람을 '문제를 일으킬 소지가 있는' 부류로 간주하고 일상에서 경원시한다.

호찌민에 가면 팜반하이, 까오바쨤, 꽁아, 푸미흥 등 한인 밀집 지역의 저렴한 식당에서 허름한 옷차림으로 식사를 하고 밤이면 어디론가 사라지는 사람들을 목격할 수 있다. 이 같은 한인은 하노이에서도 어렵지 않게 만날 수 있다. 쭝화 등 한인 밀집 지역 외곽에 있는 현지인 소유의 작은 아파트나 주택에 3~5백 달러를 내고 세들어 살면서 '무엇인가를 모색하는' 사람들이다. 한인 기업인, 주재원, 공장 매니저만 만나다 보면 이런 부류의 사람에 관한 이야기는 듣기 힘들다. 이들과 일상에서 사회적 관계를 맺고 문화적으로 교류할 기회가 많지 않기 때문이다. 게다가 가끔 '빈곤층'을 접할 기회가 있는 사람을 만나 자세하게 물어보면 실제와는 달리 이들의 곤란한 생활을 상상력을 동원하여 과장되게 묘사하려 한다는 것을 느낄 수 있다.

분명한 것은 한인 사회 주류의 눈으로 보면 굳이 베트남에 머물 필요가 없다고 판단되는 사람들이 늘고 있다는 사실이다. 사업에 실패하였다거나, 오랫동안 실직을 하였다거나, 사기를 당하여 돌아갈 처지가 못 된다거나 등등 여러 이유로 현지에서 근근이 생계를 이어나가는 사람이 베트남에 상당수 존재하는 것이다. 이들 중에는 더 이상 한국에 도움을 청하는 것도 어려워져 임시방편으로 그리고 수단과 방법을 가리지 않고 돈을 융통해서 생계를 꾸리는 사람도 있다. 이와 더불어 근자에 들어서는 새로운 사업을 구상하고 있다고 말하지만, 노년에 할 일이 없는 상태에서 생활비를 극도로 아끼면서 하는 일 없이 가까스로 생활을 유지해가는 사람이 늘고 있는 것이다.

늘어나는 원로 빈민층

한인 잡지 편집장, 연령 미상, 남성

요즘 나이 들어 베트남으로 이주해오는 사람들이 늘고 있다. 오십대면 젊은이라고 하고 육십대도 원로로 대접받지 못한다. 칠십대는 되어야 한다. 이런 사람들이 늘고 있는 것은 한국이 살기 힘들기 때문이겠지. 여기에서는 매월 천 달러만 있으면 그럭저럭 대접받으며 살 수 있다. … 가끔 한국에서 오는 사람들을 대상으로 일을 돕고 부수입을 만들면서 이런저런 사업을 한다고 돌아다니는 사람이 많다. 이런 사람들은 외국에 살아본 경험도 있고 옛날에 괜찮은 직업을 가졌던 사람도 많다. 대접은 받고 싶은데 돈이 없어 사실상 근근이 살아가는 이런 사람이 참 많아지고 있다. 아무래도 노인이 살기에 날씨도 좋고 외국인이라 대접도 해주니 그런 것 같다. 그래도 천 달러는 여기에서 외국인이 살 수 있는 최소 한 달 생활비다.

이런 '빈곤층'과는 처지와 성격이 확연하게 다른지만, 직업이 확실한 기업인, 주재원, 공장 매니저 등에게는 '빈곤층'으로 뭉뚱그려 보일 수 있는 부류도 있다. 특별한 수입 없이 베트남에서의 생활을 즐기기 위하여 거주하는 사람, 봉사나 NGO 활동을 하는 사람, 유학생 등이 이런 부류에 속한다. 이들은 현지인이 사는 거주 지역에서 살면서 한 달에 천 달러가량으로 생계를 꾸린다는 점에서 현지 한인의 시각에서 '빈곤층'으로 분류될 수 있다. 하지만 이들은 앞에서 묘사한 '빈곤층'과는 분명 성격이 판이하다. 여행객, 봉사자, 유학생 등이 특정한 목적을 가지고 베트남에 한시적으로 머무는 사람이라면, '빈곤층'은 한국으로 돌아갈 수 없고 현지에서도 새로운 기회를 잡을 가능성이 희박하며 임기응변으로 생활을 유지하고 있는 사람이라고 할 수 있다. 그래서 이런 부류의 사람을 '빈곤층'이라는 사회경제적 지위로 묶기보다는 기타로 분류하는 것이 합당할 수도 있다. 다만 이들과 베트남의 '빈곤층'의 사회경제적 조건이 다른가, 그렇다면 어떻게 다른가에 대해서는 보다 진지한 학문적 성찰이 이루어져야 할 것으로 보인다.

빈민층으로 전락하는 한인

하노이 한인회 직원, 연령 미상, 남성

사업하다 망한 사람, 조직에서 도태된 사람, 생계형 식당을 열었다가 망한 사람, 이런 사람들이 하노이에도 생겨나고 있다. 호찌민은 오래전부터 이런 현상이 많았지만, 하노이에서는 인구가 늘면서 새롭게 문제가 발생하고 있는 현상이다. … 한인회에서 회장님 주도로 mentor-mentee 프로그램을 열어 기난한 사람을 돌보고 있다. (하노이 한인) 5만 명 가운데는 다양한 계층이 있다. 사업하다 망해서 가진 돈도 없고, 지갑도 없고, 여권도 없는데 한인회가 도와주라고 해서 (대사관) 영사과와 이야기를 나눈 적도 있다. 재외한인구조단이라고 한인 불법체류자를 구제하는 단체가 있는데, 여기를 통해 (한인) 한 명을 (한국으로) 보내기도 하였다. 이 단체는 12개국 35개 유관기관과 협약을 맺고 있는데 베트남에는 (이 단체가) 없는 것으로 알고 있다.

필자가 현지 연구를 진행하면서 인터뷰하기가 가장 힘들었던 대상이 바로 이런 부류의 '빈곤층'에 속한 사람이다. 이들은 한인 사회가 자신들을 부정적으로 생각한다는 것을 잘 알고 있고, 이에 대한 반감도 가지고 있기 때문이다. 필자가 식당 주인과 주제가 전혀 다른 내용의 인터뷰를 진행하고 있는 동안에도 외부인에 대한 의심과 적대감을 거두지 않는 이런 부류의 사람은 접근 자체가 쉽지 않았다. 또한, 이런 부류의 사람을 어렵게 섭외하더라도 인터뷰를 진행하면서 더 난감한 문제에 부딪히게 된다.

'빈곤층'은 생활 조건이나 존재 양태가 다양할 뿐 아니라 이들은 대부분 자신이 이런 부류에 해당한다는 사실을 철저하게 부정한다. 인터뷰를 주선해준 가게 주인에게 이런 어려움을 호소하였더니 "그래도 (이런 부류의 사람들은) 베트남에 멸치만큼 많은 수산업자

중 한 명일 뿐"이라고 잘라서 대답하였다. 실제로는 아무 사업도 하지 않고 경제적 능력도 없으면서 무역업, 특히 수산물 무역업을 하고 있다고 자신을 소개하는 사람을 흔히 만날 수 있는데, 그도 그런 부류의 사람이 분명하다고 주장하였다. 필자가 실제로 호찌민에서 만난 인물은 베트남의 역사나 문화에 관심이 있어 이를 연구하고 다닌다며 자부심을 표명하였지만, 생활을 유지하는 방식에 대해서는 "매우 힘들다"라는 말만 할 뿐 자세하게 설명하려 하지 않았다. 무엇보다 인터뷰의 대가나 함께 할 수 있는 일이 없는지에 대해서만 관심 있는 것처럼 보였다.

역사 연구에 심취한 노년 '빈곤층'

아마추어 역사연구가, 75세, 남성

베트남의 역사와 문화에 관한 책을 쓰고 있다. 그동안 귀중한 자료를 많이 모았고 베트남 학교에서 강의도 했다. 조그만 직업학교이다. 중부와 북부 여러 곳을 돌아다니며 자료를 모으고 있다. … 사업을 하다가 잘 안 되어 베트남으로 건너왔는데 여기서도 일이 지지부진했다. 있는 돈 다 까먹고 생활이 힘들다. 한 달에 천 달러, 아니 5백 달러라도 누가 도와주면 계속 책을 쓸 수 있을 텐데 그것마저도 쉽지 않다. 처음에는 베트남에 오는 친구들을 안내하기도 하고 소개받은 사람들과 일도 같이 도모했는데 나이가 드니 점점 힘들어진다. … 한국의 가족과는 멀어진 지 오래다. 지금은 아는 사람 사무실에 얹혀 살고 있다. 여기서 남에게 피해 주지 않고 살다가 죽는 것이 소망이다. … 내가 가진 자료가 필요한 사람이 있으면 소개해줬으면 좋겠다. 좋은 자료가 많다.

하지만 적은 자본으로 사업을 도모하려면 어차피 현지에 대한 탐색이 필요할 것이고 이런 과도기적 단계에 있는 사람을 모두 '허울뿐인 수산업자'로 매도할 수는 없을 것이다. 이런 부류의 사람을 접할 기회가 있었던 한 한인은 필자의 이런 의문에 타당성이 있다고 인정하면서도 바로 그런 모호성이 이 부류의 성격을 규정짓고 있으며 이들을 양산하고 있는 원인이 되고 있다는 해석을 내놓았다. 이런 부류의 사람이 원래부터 아무런 계획도 없이 베트남으로 이주한 것은 아니겠지만 결과적으로 그렇게 되어버린 사람이 많아지고 있다는 설명이다.

IMF 사태 직후와 유사하게 2010년 중반을 넘어서면서 한국에서 막연하게 사업거리가 없나 살펴보기 위하여 몇 번 방문하였다가 이후 현지에서 장기간 거주하는 한인이 늘고 있다. 이들은 처음에는 작은 호텔이나 에어비앤비 같은 시설에서 머물면서 현지의 좋은 음식, 골프, 유흥을 즐기다가 비용이 부족해지면 차츰 현지의 싼 아파트에 월세를 얻어 살면서 생활비를 충당하곤 한다. 이 과정에서 한국에서 보내주는 돈으로 사업거리를 찾다가 불미스러운 사건에 휘말리기도 하지만, 현지에서 생존을 모색하려 한다.

베트남 한인의 설명에 의하면 영어에 능통하지 못하고 현지에 확실한 인맥이 없는 사람이 베트남에서 사업을 하려면 최소한 두 명,

즉 현지 상황을 잘 아는 한국인 한 명과 베트남인 한 명은 있어야 무슨 일이든 도모할 수 있다고 한다. 하지만 대개는 이들과 함께 사업을 모색하면서 준비해온 자금을 모두 소진하고 의도치 않게 부랑아로 전락한다는 것이다. 이후 이들이 현지에서 생존하는 방법은 사업가 행세를 하면서 다른 한인이나 베트남 사람에게 돈을 조금씩 빌려 가며 생활하는 것이다. 보다 '확실한' 방법은 자신이 과거에 당하였던 전철을 되풀이하며 베트남에서 사업할 생각이 있는 지인을 한국에서 섭외하여 오는 것이다. 이런 과정이 반복되면서 베트남에 본의 아니게 '사기꾼, 기생충, 브로커' 등으로 전락하는 사람이 늘고 있다. 이런 능력마저 소진해버리면 한인 자영업자의 사업상 약점을 캐내 협박을 하거나, 도박판을 기웃거리거나, 심각한 범죄자로 전락하기도 한다.

사업 실패와 어려운 생활

실업자, 55세, 남성

한국에 있는 아파트 팔고 투자를 받아 일을 시작했을 때는 나도 친구도 많고 대접도 받았다. 그런데 생각보다 돈은 안 벌리고 비용이 많이 들어서 투자자를 자꾸 끌어들이다 보니 신용을 다 잃었다. 친구와 가족들조차도 이제 다 외면하고 사실 시내에 나와 친구를 만나는 것도 부담된다. 돈은 친구가 다 내지만 택시 타는 것도 몇만 동인지 계산하게 된다. 와이프하고 살려면 기본 생활비는 있어야 하는데 부모님이 연로해서 손을 빌릴 때면 죽고 싶을 만큼 죄송하다. 형제들은 이미 두 손 들어버렸고 친구들도 도와줄 만큼 도와줘 더 이상 도와주지 않는다. 생활비를 더 줄이라고 하는데 사실 줄일 만큼 줄인 상태이다. … 그래도 베트남에 인맥도 생기고 경험도 쌓여 가끔 한국에서 사업하러 오는 사람들과 일을 벌이고 있다. 사업을 계획하고 실행하는 동안에는 월급 비슷하게 생활비를 벌 수 있다. 문제는 이런 일이 중간에 지지부진해지면 비용만 들어가고 다시 돈 나올 곳이 없어지는 것이다. 그렇게 되면 다른 사업을 계획하고 있는 사람을 찾을 수밖에 없다. 악순환이다. 여기에서 벗어나야 하는데 베트남이라 그런지 모든 것이 더디게 진행된다. … 언젠가는 잘 될 날이 있을 것이다. 아내와 한국에 있는 새끼들을 위해서라도 반드시 재기해야 한다.

한인들은 이런 부류의 사람이 불운 때문에 일시적으로 절박한 상태에 놓였다는 점을 충분히 이해하면서도 이들이 일으키는 여러 가지 사회 문제에 대하여 혐오감을 드러낸다. 자신에게 직접 피해를 주거나 범죄를 저지르지 않더라도 이들을 '골치 아픈 존재'로 인식한다. 한국에 있는 가족이나 다른 한인에게 손을 벌려 한 달에 몇백 달러 정도의 돈을 마련한 다음, 현지인 거주지에 방만 얻어놓고 다른 한인에게 기생하여 식사를 해결하기 때문이다. 심지어는 가난한 베트남인에게 기생하거나 벌집에 살면서 숙식을 해결하여 한인 사회에 '먹칠을 하는' 사람까지 생겨나고 있다. 이런 '홀몸 빈민층' 못지않게 심각한 것은 경제적으로 가구를 재생산할 능력도 없으면서 가족과 함께 이주해온 경우이다. 아직 소수이기는 하지만 이들은 자녀를 학교에 보내지 못하거나 불법으로 베트남 현지 학교에 보내면서 근근이 생계를 유지하고 있다.

이들의 빈곤은 우연적이고, 일시적이고, 은밀하다. 따라서 이들의 수치조차 짐작하기가 쉽지 않다. 이 때문에 필자도 현재로서는 참여 관찰을 바탕으로 이전에 비하여 이런 부류의 사람이 급증하고 있다고밖에 언급할 수가 없다. 하지만 한인 사회 내부에서 빈곤을 범죄와 동일시하는 편견이 점차 확산하고, 빈곤을 겪고 있는 한인에게 부지불식간에 '문제를 일으키는 사람'이라 낙인찍는 것은 다시 한번 성찰해야 할 필요가 있다. 빈곤한 사람이 노름꾼이나 사기꾼과 같은 범죄자와 동일시되면서 교육 수준과 생활 수준이 높은 주재원과 건실하게 사는 자영업자가 사는 베트남 한인 사회 변방으로 밀려나는 한인 수가 점점 늘고 있다는 점은 안타깝기 그지없는 일이다.

4장

한인 사회의 사회경제적 분화와
정치 과정

이 장에서는 베트남 한인 사회의 사회경제적 분화가 어떤 사건을 통하여 분출되고, 한인이 어떤 정치 과정을 거쳐 갈등을 협상하고 해결하는지 살펴보고자 한다. 이를 위하여 먼저 호찌민을 중심으로 한 남부와 하노이를 중심으로 한 북부 한인공동체가 상당히 다른 정치 과정을 보이는 이유를 설명하였다. 특히 이러한 차이가 한인 사회의 사회경제적 분화와 어떻게 연계되어있는지 분석할 것이다. 이어 향후 한인 사회의 사회경제적 분화를 추동할 요인과 추후 예상되는 양상을 살펴보고자 한다. 끝으로 이러한 변화에 토대를 둔 한인의 '정체성의 정치'가 한인 사회의 미래를 어떻게 변모시킬 것인지 추정해볼 것이다.

1. 호찌민 한인 사회와 비교되는 평화로운 하노이 한인 사회

호찌민 한인회장 자리에 두 명의 회장이 있습니다. … 한 자리에 둘이 있다 보니 보통 시끄러운 게 아닙니다. 쌍방 간에 폭언과 폭행은 말할 것도 없고 사기, 배임, 횡령, 무고, 업무 방해, 공무집행 방해, 주거침입, 퇴거 불응죄 등등 열거하자면 입이 아플 정도입니다. 이들 싸움에 교민들은 물론 재외 주민센터라고 할 수 있는 호찌민 총영사관도 피해를 보고 있습니다. 생업에 바쁜 교민들이 등 돌린 지는 오래됐습니다. "아직도 그러고 있나?"라고 오히려 되묻기도 하고 "이야기하기 싫다", "부끄럽다 꺼내지 말라"고 하는 이들도 있습니다. … 풍요롭던 호찌민 한인 사회가 어떻게 하다 쑥대밭이 됐을까요?

- 『한국일보』, 2017.07.16.

호찌민 한인회장 자격의 합법성과 정당성을 놓고 벌어진 오랜 내홍은 한인 사회의 잊고 싶은 '흑역사'로 아직도 여진이 남아있다. 최소 4년간 전개된 호찌민 한인회 지도부의 정치적 갈등은 한인 사회의 여론을 심각하게 분열시켰고, 한인공동체에 대한 베트남 한인의 무관심을 고착시켰다. 2020년 15대 호찌민 한인회 회장단이 출범함으로써 새로운 전기를 맞이하였지만, 이후 코로나 팬데믹의 여파로 한인 사회 전체가 어려움을 겪는 중이라는 점을 고려하면, 면모를 일신할 수 있을지는 아직 지켜보아야 한다.

최소 4년간 지속된 호찌민 한인회의 내부갈등은 한국 공중파 MBC가 〈시사매거진 2580〉이라는 프로그램에서 사건 내막을 파헤치고, 잇따른 소송이 신문 지상에 오르내리면서 베트남 한인 사회 안팎으로 풍문이 자자하였던 유명한 사건이다. 필자가 베트남에서 연구년을 지내던 2019년에도 호찌민 총영사관이 공관 소유의 땅에 입주하여있던 한인회 회관을 폐쇄하고, 이에 반발한 세력이 단발斷髮하고 천막농성을 이어가고 있었다. 설상가상으로 갈등 주체인 두 전임회장이 따로 한인들을 모아 각각 선거를 실시한 뒤 자신

그림 9 총영사관 별관에 입주해있는 호찌민 한인회

그림 10 총영사관 별관 밖에 천막을 차린 호찌민 한인회

이 새로운 회장으로 선출되었다고 선언하면서 사태가 해결되기는 커녕 오히려 더 악화하고 있는 상태였다. 이로 인하여 2018년 3월에 문재인 대통령이 베트남 국빈 방문을 하였을 때 호찌민 한인회 인사들은 초청명단에서 제외되기까지 하였다. 이에 베트남 한인 대부분은 장기화된 이 '부끄러운' 사태를 사실상 방관하고 외면하고 있었다.

사실 베트남의 경제 수도이자 남부 중심지인 호찌민의 한인 사회에서 총영사관, 코참(한인상공인연합회), 한인회가 얽혀 갈등을 일으켜 온 것은 새삼스러운 일이 아니다. 발단은 2000년대 초반 진출기업들이 중심이 된 코참이 베트남 정부로부터 공식 인가를 받고 호찌민 총영사관이 코참과 긴밀한 관계를 맺으면서부터 시작되었다. 코참이 공식 승인을 받은 것은 일반적으로 베트남 정부가 한 나라에 하나의 단체만을 승인하고 교민회 같은 자치 모임보다는 경제인 단체를 선호하기 때문이었다.

하지만 자영업자와 중소규모 기업인을 중심으로 구성된 호찌민 한인회가 베트남 정부의 이런 결정을 존중하는 외교공관의 시각과 태도가 타당하지 않다며 반발하였다. 한인 사회 대표가 한인회가 아닌 상공인 모임이 될 수 없으며 호찌민 총영사관이 자신들을 소외시키고 있다고 믿었기 때문이다(채수홍 2005). 이후 호찌민 한인 사회의 대표성을 둘러싸고 규모 있는 기업을 운영하는 사업주와 주재원 중심의 코참과 자영업자와 소상공인 중심의 한인회가 갈등하고 서로 '사회문화적 거리감social cultural distance'(Bourdieu 1984, 1987)을 키우게 되었다. 이로 인하여 호찌민 한인 사회 특히 총영사관과 한인회 그리고 한인회 내부 세력 간에 크고 작은 사건이 연달아 발생하였다.

이 사건의 상세한 전개 과정과 호찌민 한인의 다양한 입장을 소개하는 것은 이 절의 목표가 아니다. 이에 관심이 있는 독자는 채수홍(2005)의 「호찌민 한인 사회의 사회경제적 분화와 정체성의 정치학」이라는 논문을 참조하기 바란다. 필자가 이 사건을 다시 주목하게 된 것은 하노이를 중심으로 한 북부 한인을 만나면서 새로운 의문을 품게 되었기 때문이다. 하노이 한인은 북부와 남부의 한인 사회 사이에 형식적 교류는 있지만 '서로 다른 나라'라는 말을 자주 입에 올릴 정도로 역사와 문화가 다르다. 이것이 한인 사회도 차이점이 많다는 사실을 함축하는 것은 아니다. 하노이 한인은 "(하노이는) 교민 수준이 높아 평화롭게 잘 지낸다"라고 믿고 있으며, 갈등이 자주 일어나는 호찌민 한인 사회와 비교하며 상당한 자부심도 가지고 있다.

어느 사회나 그런 것처럼 하노이 한인 사회도 한인회를 비롯한 여러 단체가 내부 파벌을 벌이며 경쟁하고 있다. 하지만 하노이는 한인회가 핵심 조직 역할을 충실히 수행하며 활발한 활동을 벌이고 있고, 교민 사회도 적어도 표면적으로는 평화롭게 유지되고 있다. 주로 호찌민을 중심으로 연구해온 필자에게 이런 현상은 매우 인상적이었으며, 하노이와 호찌민 한인 사회에 왜 이런 차이가 발생하였는지 궁금증을 유발하였다.

이 절에서는 주로 하노이 한인공동체에 초점을 맞추어 이러한 궁금증에 대한 해명을 시도하고자 한다. 왜 하노이 한인 사회는 호찌민 한인 사회와 비교할 때 상대적으로 평화롭고 조화롭게 유지되고 있는 것일까? 혹은 왜 그렇다고 믿고 있는 것일까? 이러한 질문에 답하기 위하여 필자는 호찌민 한인 사회와 비교되는 북부 한인 사회의 특수성을 다음과 같은 몇 가지에 초점에 맞추어 설명해 보고자 한다.

첫째, 하노이 한인 사회의 사회경제적 동질성 형성과 분화 과정을 역사적으로 추적할 것이다. 이를 위하여 동질성이 강하였던 하노이 한인 사회의 초기 역사를 기술하고, 한인 사회가 점차 사회경제적으로 공간이 분화되어 가는 과정을 설명한다. 둘째, 하노이 한인회가 호찌민 한인회와 비교하여 한인 사회의 중심조직으로 기능하는 것이 가능하였던 조건을 살펴본다. 이러한 탐색은 하노이와 호찌민 한인 사회의 차이를 드러낼 뿐 아니라 양자가 어떤 요인에 의하여 서로 닮아가며 수렴하는지를 보여주게 될 것이다.

1) 주재원 중심의 품위 있는 하노이 한인 사회

베트남에 거주하는 한인은 현재 하노이를 중심으로 북부에 약 5만 명, 호찌민을 중심으로 남부에 10만여 명의 한인이 있다고 추정된다.[1] 일부는 호찌민 인근에 14만 명, 하노이 인근에 6~7만 명이 거주한다고 주장하기도 한다. 하지만 외국인이 영주권을 획득하는 것이 거의 불가능하고, 거주 외국인에 대한 신뢰할 만한 통계가 없는 베트남에서는 한인의 범위를 정하는 것부터가 난제다. 더욱이 호찌민과 하노이의 한인 사회 모두 한인의 수를 가능한 한 최대한 부풀려 이야기하는 관행도 정확한 예측을 어렵게 하고 있다.

분명한 것은 2000년대 후반 이전까지 상대적으로 정체되어있던 하노이의 한인 수가 최근 10여 년 동안 급증하였다는 사실이다. 이러한 한인의 수적 증가가 가져온 다양한 변화와는 별개로 하노이 한인에 한인 사회에 대한 고견을 구하면 일관되게 듣게 되는 대답이 있다. 하노이 사회는 "수준이 높고 한인 사이의 관계가 평화롭다"라는 것이다. 이런 언설이 염두에 두는 비교 대상은 물론 호찌민이다. 좀 더 상세하게 파고들기 위하여 이런 주장의 근거를 물으면, 이번에는 하노이가 "주재원 중심의 사회이기 때문"이라는 답이 돌아온다. 그리고 하노이의 한인은 이런 답변 말미에 "그 점이 호찌민과 다르다"라는 말을 덧붙이며 하노이 한인 사회에 대한 자부심을 표현한다.

---

1   필자가 이 저서의 초고를 완성하는 과정에서 한인 수에 큰 변동이 발생하였다. 2020년 초부터 코로나 19 팬데믹이 발생하여 베트남을 방문하는 한국인을 상대하는 업종에 종사하는 한인이 급격하게 줄어들었다. 베트남 정부가 외국인 유입을 엄격하게 통제하면서 유학생, 관광객, 투자자, 출장자 등이 현저히 줄면서 이들을 대상으로 영업하는 한인에게 경제적 타격을 주었기 때문이다. 설상가상으로 2021년 봄부터 베트남에 코로나 관련 양성자와 환자가 급증하고, 7월 이후에는 베트남의 여러 지역에서 봉쇄가 감행되었으며, 이로 인하여 한국으로 귀국을 서두르는 한인 또한 급증하였다. 2021년 8월 현재 베트남 한인 사회 규모와 한인 수가 이전의 절반 정도로 축소되었다는 다양한 추측성 기사를 접할 수 있다.

하노이 한인 사회에 대한 이미지

하노이 한인회 전직 간부, 68세, 남성

하노이 한인 사회는 수준이 있다. 시니어senior가 주재원 출신이고 이들이 자리를 잡고 희생한 것이 남쪽과의 주요한 차이이다. 남쪽[호찌민과 인근]은 원로가 월남전부터 있던 (자영업자 출신) 사람이 많고, 성공하지 못해 제 역할을 못 한다. … 코어core에 있는 사람들의 '밸류value'가 함께 해야 한인 사회가 제대로 된다. 하노이는 주재원이 많고, 이들이 제 역할을 하고 있고, 모든 주요 국제행사가 하노이를 중심으로 이루어져 품위가 있는 것이다.

하노이 한인 사회가 주재원 중심으로 형성되었다는 주장에는 역사적 근거가 있다. 하노이에 한국기업이 처음 진출한 것은 한국-베트남 수교가 이루어지기도 전인 1991년이다. 베트남 북부에서 상징적인 인물로 여겨지는 대우의 김우중 회장이 한인 사회 역사의 이정표가 된 대우호텔을 건립하고, 다양한 제품을 취급하는 종합상사와 생산 공장을 하노이와 그 인근에 진출시켰다. 이후 대우의 하노이 진출과 양국의 국교 수립에 고무되어 삼성, 코오롱, 효성, 현대 등의 대기업이 주로 종합상사 위주로 베트남, 특히 하노이에 지사를 연달아 설립하였다.

1992년 한국-베트남 수교가 이루어지기 전후 시기 하노이에서 활동한 한인은 거의 상사 위주의 대기업 직원이었다. 90년대 중반 이전까지만 해도 하노이의 한인 수는 주재원을 중심으로 백여 명에 불과하였다. 이는 당시에 아리랑, 서울, 코리아나, 이화 등 한인 식당이 손가락으로 꼽을 정도였다는 사실이 이를 뒷받침한다. 따라서 당시는 한인들이 거의 매일 식당에서 만나 인사를 건네는 면대면 사회였고, 주재원이라는 동질감을 바탕으로 공동체 의식도 강하였던 시절이었다. 게다가 식당 주인이나 한인 사회에 생필품을 대는 사업자들도 주재원 출신이 많아 '주재원 사회'라고 명명할 만하였다.

식당 주인이 된 주재원

식당 주인, 58세, 남성

1991년에 D 회사의 지점장으로 하노이에 왔다. 젓가락을 수출해서 돈을 번 회사인데 베트남 사람들이 손이 빠르고, 베트남 여성들 머리카락이 긴 것을 보고 (사장이) 환장하게 혹했다. 1988년 이후 (한국에서) 봉제가 기울어서 외국으로 나가야 할 상황이었는데 (베트남에서의 생산) 단가가 10분의 1밖에 안 되는 것을 보고 베트남 기업과 합자회사를 만들고 기숙사까지 지었다. … 1992년 초중반에 1년도 채 안 되어서 87억 부도가 났다. 은행 돈을 너무 썼기 때문이었다. 이후 1992년부터 1994년까지 K라는 봉제 임가공 업체에서 책임자로 일했다. 하청업체가 40개이고 1만 명이나 종사했으니 제법 큰 회사였다. 회사는 돈을 엄청 벌었는데 나는 고생만 해서 1994년 정리하고 한국으로 들어갔다가 이제까지 고생한 것이 안타까워 다시 와서 식당을 차렸다.

90년대 초 하노이 식당 주인이 본 주재원 사회

식당 주인, 58세, 남성

식당을 하려고 한 것이 아니라 주재원을 하다가 그만두고, 싱글이라 숙식도 해결할 겸 식당을 한 것이다. … 1993년에 서울식당 ○○○ 사장이 북한에서 공부한 베트남 여성에게 식당을 뺏기기도 했고, 두 번째로 마산에서 올라온 ○○○ 사장이 1993년에 '호떠이' 근처에 아리랑 식당을 열었고, 이 밖에도 코리아나와 이화 식당이 있었다. 참! 1996년에는 '장보' 거리에 인삼식당도 있었는데 (베트남인) 수양딸에게 뺏겼다. 한국인이 적었지만 식당이 몇 개 안 돼서 먹고살 만했다. 돈은 1998년에 H 회사의 건설 현장에 세끼 밥을 대면서 벌기 시작했다. … 다른 교민회와 다른 점은 적어도 초기에는 주재원 중심이었기 때문에 사건도 없고 서로 조심하면서 잘 지냈다. 분위기도 좋았다. IMF 지나고 몇 년 후까지도 그랬다.

초기 하노이 한인 사회가 상당 정도의 동질성을 확보할 수 있었던 것은 공관원, 유학생, 그리고 절대다수였던 주재원 등으로 이루어진 인구 구성 때문이기도 하지만, 거주 공간과 소비유형의 다양화를 매개로 한 한인공동체의 사회문화적 분화가 아직 이루어지지 않았기 때문이기도 하다. 하노이의 한인은 일부 유학생 등을 제외하고는 대부분 대우건설이 1996년에 완공한 대우아파트와 그 인근에 살았다. 대우아파트는 당시에도 월세가 2천 달러 정도여서 이를 회사가 감당해주는 대기업 주재원 위주였지만, 나머지 한인도 대부분 인근 주택이나 작은 '로컬'² 아파트에 모여 살았다. 심지어 구도심의 중심지에 자리한 '호안끼엠' 호수 근처에 있던 대사관도 대우 아파트와 붙어있는 대우호텔 건물에 자리를 잡았다. 이처럼 대우호텔 인근은 한인의 거주지이자 생활권이었다.

당시만 해도 '하노이 한인 국제학교'가 아직 설립되지 않아 가족과 함께 온 주재원은 자녀를 영미계 국제학교인 'HIS Hanoi International School'나 UNIS The United International School of Hanoi에 보냈다. 또한, 회사가 비용을 대주어도 자녀의 학년이 맞지 않거나 베트남 교육 수준에 대한 확신이 없어 한국에 가족을 두고 온 주재원도 많았다. 현재처럼 한인 학교, 영미계 국제학교, 기타 국적의 국제학교 등 다양한 선택지가 없어 자녀 사정에 맞게 교육할 수 있는 상황이 아니었던 것이다. 따라서 자녀가 다니는 학교가 부모의 경제력과 지위를 가늠하는 잣대가 될 수 없던 시절이었다.

같은 맥락에서 하노이 한인 사회 구성원이 소비를 통하여 서로 '구별 짓기'(Bourdieu 1984)를 할 수 있는 다양한 활동공간의 분화도 두드러지지 않은 상태였다. 골프를 치는가의 여부가 약간의 차이를 보여줄 뿐, 식당이나 가라오케를 비롯한 유흥시설도 계층에 따라 취향과 선택을 구분할 수 있을 만큼 다채롭지 못하였다. 무엇보다 하노이 한인 사회의 절대다수가 주재원이어서 구성원 사이의 사회

---

2   베트남 한인 사회에서 '로컬'이라는 용어는 현지인과의 연계성을 지칭한다. 예를 들어, 로컬 아파트는 베트남인이 주로 사는 아파트, 로컬 가라오케는 현지인이 주로 가는 가라오케를 뜻한다.

경제적 차이도 크지 않았다.

　이러한 상황은 소위 IMF 사태 이후 몇 년 뒤까지도 크게 변하지 않았다. 적어도 90년대 말 이전부터 하노이에 거주하기 시작한 한인들은 "90년대 후반기까지 한인이 2천여 명으로 늘었다가", "IMF 때는 오히려 썰물처럼 빠져나갔다"라고 기억하고 있다. 이들에 따르면 한인 수가 급증하기 시작한 것은 2003년경부터이다. 이런 진술에 근거하여 추론해보면, 하노이 한인 사회 형성기 또는 초기는 90년대 초부터 2002년 무렵까지이며, 이때까지 이 지역의 한인은 최대 2천여 명을 넘지 않았다. 또한, 여전히 주재원이 다수고, 거주 공간을 비롯한 생활 수준의 분화가 두드러지지 않았다. 이런 점에서 하노이 한인 사회가 2000년대 초까지 주재원 사회였고, 동질적이고 공동체적인 사회관계와 문화를 유지하고 있었다는 주장은 일리가 있다. 하노이 한인 사회가 주재원 중심 사회라는 이미지는 이러한 초기 역사에 근거해서 형성된 것이 분명하다.

　같은 시기, 즉 90년대 초부터 2000년대 초까지의 호찌민 한인 사회의 사회경제적 특성은 하노이 한인 사회가 호찌민 한인 사회와 대비하며 자신을 '품위 있는 주재원 중심의 공동체'로 규정하는 데 일조하고 있다. 앞 장에서 서술한 것처럼 호찌민의 경우 일제강점기에 징용을 왔던 소수(김기태 2002: 314 참조)를 제외하면 한인 사회의 첫 구성원은 베트남전쟁 시기 인연으로 일찍부터 현지에 진출한 '원로' 집단이다. 물론 2019년 현재 50여 명으로 줄어든 노인회 회원 수가 말해주듯 오늘날 호찌민에서 원로의 존재는 미미하다.

주목할 점은 초기 호찌민의 한인 구성이 주재원뿐만 아니라 원로가 활약하던 시절부터 소규모 자영업, 무역업, 컨설팅 등으로 생활 소상공인 위주로 이루어졌다는 점이다. 여기에 노동집약적 산업의 공장 매니저를 더하면 지금과 마찬가지로 호찌민 한인 사회를 구성하는 주요 사회경제적 집단이 구성된다. 이러한 독특한 역사 때문에 호찌민 한인 사회의 소상공인 혹은 자영업자는 일정 기간만 근무하다가 귀국하는 주재원보다 현지에 오래 머무는 사람에게 더 한인 사회의 '정통성'이 있다는 점을 지속해서 강조해왔다. 호찌민에서 번듯한 사업체를 가진 기업주나 대기업 주재원은 초기부터 한인회와 거리를 둬왔고, 이후 2003년 코참이 설립되면서 양자 사이에 갈등이 심화한 것도 이 같은 사회경제적 지위에 토대를 둔 '정체성의 정치'에 기인한 바 크다(채수홍 2005). 하노이 한인 사회에서 호찌민 한인 사회를 주재원 중심의 공동체가 아닌 원로로 상징되는 자영업자와 소상공인 공동체로 인식하며 자신과 구분하는 것이 가능하였던 것도 이런 역사적 맥락 속에서 이해할 수 있다.

호찌민 한인 사회가 출발부터 하노이 한인 사회와 달랐던 또 다른 점은 양쪽 지역에 진출한 한국기업의 규모와 성격에서 찾을 수 있다. 북쪽의 경우 중공업이나 무역업 위주인 대기업이 주로 진출하였고, 남쪽은 호찌민, 동나이, 빈즈엉 순으로 산업화가 진전되면서 의류, 봉제, 섬유, 신발, 전자 등 노동집약적 경공업 분야의 중소기업이 대규모로 진출한 바 있다. 이로 인하여 남쪽에는 초기부터 대기업 주재원뿐만 아니라 현지에서 '공장 매니저'로 분류되는 중소기업의 사무직이나 현장 기술자가 대거 유입되었다.

그 결과 호찌민 한인 사회는 노동집약적 공장 매니저와 한인 사회의 팽창을 염두에 두고 이주한 자영업자가 처음부터 대기업 주재원을 수적으로 압도하였다. 하노이 한인 사회와 달리 호찌민 한인 사회는 초기부터 하나의 사회경제적 집단이 주도하기에는 규모도 크고 구성원도 다양하였다. 달리 말하면 하노이 한인 사회가 주재원 중심으로 형성되어온 2002년까지의 기간에 호찌민 한인 사회는 이미 사회경제적 분화를 경험할 수밖에 없는 인구 규모를 가지고 있었다. 특히 호찌민에 불어 닥친 건설 붐은 거주 공간을 다변화시켰고, 이를 기준으로 여러 부류의 한인이 서로의 사회경제적 차이를 확인할 수 있는 계기를 제공하였다. 예를 들어, 90년대 말부터 1군과 3군을 지칭하는 시내에 외국인을 위한 고급 서비스 아파트가 경쟁적으로 건설되어 대기업 주재원의 주거 공간으로 자리 잡았다.

물론 베트남 정부가 '국토균형발전정책'에 따라 2000년대 중후반부터 하노이의 주거 및 산업 인프라 개선에 착수하면서 하노이 한인 사회도 빠르게 성장하기 시작하여 오늘날 주거와 산업을 위한 공간이 남부의 주요 도시에 버금갈 정도로 변모하였다. 하지만 호찌민에는 2000년대 후반에 이미 호찌민 7군의 푸미흥 신도시가 대규모로 조성되었고 여기에 한인 밀집촌이 형성되었다. 이로 인하여 푸미흥 내에서만 보더라도 '강남'으로 불리는 월세 2천 달러 이상의 고급 아파트에 사는 기업주나 대기업 주재원과 월세 5백에서

1천 달러 수준인 '강북' 지역의 중저가 아파트 지역에 사는 자영업자 및 공장 매니저의 주거 공간이 서로 구분되었다. 이런 조건 때문에 호찌민의 한인공동체는 아무리 짧게 잡아도 2000년대 중·후반까지는 하노이에 비하여 상대적으로 이질적이고 갈등도 빈번할 수밖에 없었다.

호찌민에서는 주거 공간의 분리뿐 아니라 학비가 저렴한 한인학교가 1998년 개교(www.kshcm.net 참조)하면서 사회문화적 분화를 가시적으로 만들었다. 또한, 거의 같은 시기에 SSIS Saigon South International School, CIS The Canadian International School, 그리고 대만계와 일본계 학교 등 여러 개의 국제학교가 푸미흥에 자리 잡음에 따라 자녀가 다니는 학교가 한인의 사회경제적 수준을 평가하는 또 하나의 기준이 되었다. 한인 학교의 등장은 기업이 외국계 국제학교에 학비를 지원해주지 않는 중소기업 매니저와 자영업자가 가족과 함께 생활할 수 있는 여건을 제공해주었지만 동시에 이들에게 자신이 자녀를 외국계 국제학교에 보내는 기업주나 대기업 주재원과는 다른 생활세계에 속하여있다는 것을 확인시켜주는 기제로 작용하게 된 것이다.

이와 더불어 소비문화에 대한 이념적 규제가 많은 하노이에 비하여, '사이공' 시절의 문화적 유산을 이으며 이른 시기부터 상대적으로 빠르게 성장한 호찌민의 소비시장은 호찌민 한인 사회 내에서 '구별 짓기'(Bourdieu 1984)가 가능한 환경을 만들어냈다. 골프장, 운전기사, 현지에서 '메이드 maid'라고 부르는 가사도우미, 음식 가격이 차이가 나는 여러 수준의 식당, 술집, 쇼핑몰 등은 기업주, 주재원, 공장 매니저, 자영업자, '빈곤층'으로 하여금 각자 누릴 수 있는 문화적 레퍼토리가 무엇인지를 자각시켰다. 그 결과 다양한 양태의 소비생활은 이들이 일상에서 서로 사회문화적 거리감을 느끼게 하는 매개체가 되었다.

하노이 한인회의 전 간부는 호찌민 한인 사회의 사회경제적 분화에 따른 이질성을 "주재원 말고도 잡다한 부류의 집합"이라는 말로 축약하였다. 이러한 표현 속에는 호찌민 한인 사회에는 '빈곤층'을 포함한 여러 계층이 있어 하노이 사회가 지닌 '품위와 가치'를 유지하지 못한다는 인식이 숨어있다. 문제는 '품위와 가치'가 무엇이고 왜 지킬만한 가치가 있는 것인가일 것이다. 이 점에 대하여 질문을 던지면 면접대상자 중 다수가 호찌민은 초기부터 '라이따이한'과 연계되어있고, 주재원보다 낮은 사회경제적 조건에서 생활하는 층이 많고, 갈등을 드러내는 사건도 많아 "한국인을 창피하게 만든다"라는 식의 정형화된 답을 내놨다.

이러한 인식에는 한국이 베트남보다 잘 살기 때문에 우월하고, 한국인이 이에 상응하는 존경을 받기 위해서는 현지인보다 높은 생활 수준과 도덕적 규범을 지켜야 한다는 인식이 깔려있다. 스톨러(A. Stoler 1989)는 「제국을 존경스럽게 만들기」라는 논문에서 현재의 인도네시아를 식민화하였던 네덜란드인이 식민지 현지인보다 인종적, 종족적으로 우월하다는 점을 과시하기 위하여 '식민자 colonizer' 내부에 어떤 성적 통제와 규범적 규칙을 강제하였는지에 대하여 흥미로운 분석을 내놓은 바 있다. 그녀는 유럽인이 현지에서 현지인에게 존경받기 위하여 시기에 따라 동족과 동료의 성관계나 연예 등 성 규범을 어떻게 규제하고, 식민지에서 가난한 유럽인을 만들지 않기 위하여 어떤 노력을 하였는지에 대하여 생생한 역사-민족지를 기술해놓았다.

물론 베트남은 한국의 식민지도 아니고 한국인이 베트남인에 대하여 사회문화적 우월감을 가질 수 있는 아무런 근거도 없다. 하지만 베트남에 가면 한국과 베트남의 경제 수준 차이를 바탕으로 부지불식간에 근거 없는 한국인의 우월감을 표현하는 한인을 많이 만날 수 있다. 필자는 하노이 한인이 주장하는 주재원으로서의 품위 있는 삶의 양식에 관한 진술을 청취하면서 이것이 근거 없는 민족적 우월감을 바탕으로 한 '한국(인)을 존경스럽게 만들기'의 일환이 아닐까 하는 생각이 들었다. 다시 말해, 한국인은 베트남인에게 얕보일 정도로 못살면 안 된다는 종족·민족주의에 기초한 차별과 현지 여성과 관계하는 것은 부끄러운 일이라는 성차별과 연계된 인식이 아닐까 하는 의구심이 들었다.

이상에서 살펴본 것처럼 하노이에 오래 거주한 한인은 하노이 한인 사회의 '주재원 중심의 전통'을 강조하며 하노이 한인 사회가 여전히 호찌민 한인 사회에 비하여 상대적인 동질성, 평화로운 정치 과정, 품위 있는 구성원 등으로 구성되어 있다는 자부심을 표출한다. 하지만 필자는 이러한 비교가 합리적 사고에 바탕을 둔 것인지 그리고 긍정적인 효과를 낳을 수 있는 생산적 담론인지 의문이

든다. 무엇보다 지난날 호찌민 사회만큼이나 빠른 사회경제적 분화를 겪고 있는 현재의 하노이 한인 사회를 보면서 지금도 '품위 있는 주재원 중심 사회'라는 이미지와 담론이 유효할까라는 궁금증을 지울 수 없다.

2) 주재원 중심의 하노이 한인 사회의 변화

하노이 한인 사회는 두 가지 계기를 통하여 인구 규모와 구성원의 성격에 큰 변화를 겪게 된다. 하나는 IMF 사태이다. 이 여파로 하노이에 거주하던 대기업 주재원이 대거 귀국하게 되면서 규모가 크지 않았던 하노이 한인 사회는 더 위축되었다. 하지만 IMF 사태의 상처가 어느 정도 아물기 시작한 2001년경부터 한국의 베트남 투자가 다시 늘어나면서 상황은 반전되었다. 특히 2000년대 중반 이후의 투자는 초기부터 꾸준히 성장하던 호찌민 한인 사회보다 하노이 한인 사회에 더 큰 영향을 미쳤다.

하노이의 한인은 한인 사회가 커지고 있다는 사실을 피부로 느끼기 시작한 때가 2003년 이후라고 말한다. 이 무렵 북부 한국기업 수는 급증하지 않아 "회사 조직의 통로를 따라 이주"(Peixoto 2001)한 주재원이나 공장 매니저가 크게 늘지 않았다. 하지만 IMF 사태의 여파로 일거리를 찾아 베트남으로 건너온 한인이 많아지고 이들 중 일부가 하노이로 유입되었다. 하노이에서 오랫동안 잡지를 발행하고 있어 한인 사회 역사에 정통한 인사에 따르면 당시 "대개

사십대가 넘은 나이로 정착해서 무엇인가를 해보려는 사람"이 많았다고 한다.

초기와는 달리 주재원이 아닌 개인사업자나 현지 구직자가 많아지면서 2005년경에 이르면 하노이 한인 사회 규모는 약 2천 명으로 초기보다 두 배 이상 증가한다. 이들이 새로 건설된 중저가의 '쭝화' 아파트 단지를 중심으로 거주하면서 인근에 한인 식당이 많이 생기게 되었다. 기존 하노이 구도심 내의 서쪽 끝에 해당하는 '바딘군'의 대우호텔 인근에 주재원을 중심으로 모여 살던 한인이 2000년 대 중반 이후 소규모 사업자 증가에 힘입어 도심 남서부에 건설된 쭝화 지역까지 퍼져나간 것이다. 주재원보다는 자영업자, 학생, NGO 직원, 관광 가이드, 소규모 무역업자 등 다양한 직업의 한인이 모여 사는 이곳은 이후 하노이의 대표적인 '한인 타운'으로 자리 잡는다.

이러한 변화에 부응하여 학비가 비싼 외국계 국제학교가 아닌 한인 학교 설립 필요성이 대두되었고, 2005년 '사과apple'라는 이름으로 설립되었던 간이학교가 정식인가를 받아 2006년 한인 학교가 개교하기에 이른다. 숙원사업이었던 한인 학교가 설립되면서 자녀가 있는 한인이 하노이 대신 호찌민을 선택할 수밖에 없었던 문제가 해소되었던 것이다. 특히 소상공인이 자녀 때문에 하노이에 투자하는 것을 망설이거나 공장 매니저가 호찌민에서 일자리를 찾아야만 하는 필요성 또한 감소하였다. 유인물 형태로 제작되던 소식지가 '하노이 한인 소식'이라는 하노이 한인회의 공식잡지가 되어 한인 사회의 의사소통 창구로 활용되기 시작한 것도 이 무렵이다. 한인 사회가 이처럼 내실을 갖추고 발전해감에 따라 전에는 볼 수 없었던 사건이나 갈등 또한 목격되기 시작하였다. 성장통이 시작된 것이다.

쭝화 시대의 한인 사회
언론인, 61세, 남성

2005년에 '하하 회사Công ty Ha Ha'가 외식업으로 첫 투자 허가를 받았는데, 실제로는 식당이었다. 내 기억으로는 11번째 식당이었고, 당시 (하노이에) 한인이 2천 명쯤 있었다. 이때부터 식당이 우후죽순으로 생겨났다. 쭝화가 중심지가 되면서부터다. 2003년에 베트남 굴지의 건설회사인 '비나 코멕스Vina Comex'가 중급 아파트 단지를 조성했는데 여기서 만든 것이 쭝화(아파트 단지)이다. 쭝화를 중심으로 한인이 늘어나자 2004년 자영업자 자녀를 위해 선교사가 대안학교로 운영하던 '사과'가 생겨났고, 이후 2006년 56명으로 한인 학교가 만들어졌다. 자영업자 자녀가 다닐 (한국교육부의) 정식 인가학교가 생겨난 것이다. … 쭝화 시대가 열리고 5~6대 회장을 한 대우의 김정인 지사장이 '한인 소식지'라는 정식 잡지도 만들었다. 학교도 생기고, 한인회도 안정되고, 자영업자 혹은 개인사업자가 늘면서 한인 사회가 제대로 뼈대를 갖추기 시작한 것이다. 한인회장은 주로 주재원이 했지만, 이제 주재원만이 아닌 자영업자를 포함한 모두를 위한 한인 사회가 된 것이다.

한인 사회의 성장통

식당 주인, 58세, 남성

IMF 때는 오히려 빠져나가고 3~5년 후에 주재원과 주재원 아닌 사람들이 섞여 들어왔다. 일자리 없는 사람들, 자영업자, 작게 사업을 하고자 하는 사람들이 많이 들어오기 시작했다. 그러면서 ○○○식당의 투자자끼리 싸우다 살인도 나고 그랬다. 12년인가 13년 형을 받았지 아마? 이런 일들이 생기기 시작한 거다. 교민 사회가 '오픈 마인드'를 가지고 있다가 지금은 끼리끼리 놀고 나뉘는 느낌이다. 이때쯤부터 '대니 강' 뭐 이런 식의 외국 이름 쓰고 다니는 사람들은 90퍼센트가 사기꾼이었다. 지금도 베트남의 높은 사람 알고 고위급 소개해주겠다는 사람은 대다수가 사기꾼이다. 다행히 그 당시만 해도 한인 사회가 (오늘날처럼) 아주 크지는 않아 이런 사람이 많지는 않았다.

하노이 한인 사회가 급성장하게 된 또 하나의 그리고 결정적인 계기는 삼성의 등장이다. 2007년부터 삼성이 핸드폰을 생산하는 대규모 공장을 하노이 동쪽에 위치한 박닌성의 엔퐁 공단에 짓기 시작하면서 한인 수가 급격하게 늘었다. 북부에 소위 '삼성 시대'가 열린 것이다. 이때부터 하노이 한인 사회 인구가 만 명 단위로 늘어나기 시작했다. 여기에 더하여 2013년 하노이 북동쪽으로 박닌과 인접한 타이응우웬성의 엔빈 공단에 2차 공장이 대규모로 건설되면서 범하노이 지역의 한인 수가 적게는 2만에서 많게는 5만까지 추정하기에 이르렀다. 실제로 하노이 인근에 삼성 관련 공장이 4백여 개에 이르고 박닌성의 성도(省都)인 박닌시에만 약 3~5천 명의 한인이 살고 있다.

삼성의 등장이 작게는 하노이, 크게는 베트남 북부에 가져온 사회경제적 영향은 엄청난 것이었다.[3] 현재 삼성 베트남 공장에서 수출하는 액수가 전체 베트남 수출의 25퍼센트를 상회하고 있고, 삼성 휴대폰 전체의 60퍼센트 이상을 생산하는 북부의 두 공장에서만 11만 명의 인력을 고용하고 있다(비즈니스워치 2017.06.13.). 또한, 삼성의 엄청난 투자 이후, 베트남 수출에서 외국인 투자기업이 차지하는 비율이 2011년 54퍼센트에서 2016년에는 70퍼센트를 넘어섰다(Asian Development Bank 2016: 163). 이러한 경제적 영향력이 한편으로 베트남의 대외 의존성을 심화시키면서(이한우·채수홍 2017: 181), 다른 한편으로 베트남 북부 전체에 주목할 만한 사회문화적 변동을 일으키고 있다는 것은 미루어 짐작할 만하다(Tran Huu Yen Loan 2017).

'삼성 효과'는 하노이와 북부 한인 사회를 전례 없는 속도로 팽창시키기에 충분하였다. 우선 삼성의 대규모 진출에 고무된 경남건설이 하노이의 72층 랜드마크인 경남빌딩을 2007년에 착공하여 2011년에 완공하였다. 쭝화에서 서북쪽으로 20분 거리에 있는 '미딩'에 2006년에 지어진 아파트 단지가 미분양 상태로 있다가 경남

---

3 남부 호찌민에도 대규모 삼성공단이 있다. 북부는 휴대폰, 남부는 가전제품을 생산하고 있다. 하지만 규모 면에서 남부보다 북부가 더 클 뿐 아니라 지역사회에 미친 영향도 훨씬 더 심대하다.

그림 11 2000년대 이후 하노이의 한인 거주 고층 아파트

그림 12 2000년대 이후 하노이 한인 타운의 주상복합건물

빌딩을 짓기 위하여 한국에서 건너온 대규모 인력이 거주하면서 이 지역이 쭝화에 이어 새로운 한인 거주지로 각광받기도 하였다. 이후 한인을 위한 많은 식당과 편의시설이 미딩에 새로 입주하게 되었고, 2015년 가을부터는 이 지역에서 아파트와 사무실을 구하기 힘들어졌다는 불평이 나올 만큼 하노이 한인 생활의 새 중심지로 부상하게 되었다.

쭝화와 미딩 외에도 하노이 정도定都 1천 년을 기념하여 2010년에 참빛 그룹이 '그랜드 플라자 호텔'을 완공하여 관광객과 한인 기업 사무실을 유치하고 있으며, 롯데건설이 하노이에서 두 번째로 높은 65층 주상복합건물인 '하노이 롯데 센터'를 2010년에 착공하여 2014년에 완공하였다. 이 밖에도 미딩에서 10킬로미터 떨어진 하노이 서부지역에 포스코건설이 '스플렌도라'라는 여의도 크기의 자립형 신도시를 건설하고 있다. 이 사업은 2013년에 1단계 계획을 완료하고 아파트, 빌라, 연립주택, 국제학교 등을 성공적으로 분양한 바 있다(『매일경제』, 2016.03.22.). 이처럼 삼성의 베트남 북부 진출을 전후하여 대규모 거주지와 사무실 빌딩이 건설되었고, 한인과 한국기업을 유치하고 있다. 그 결과 필자가 면접한 한국계 은행 지점장 말처럼 '주거의 파편화'도 급속하게 진행되고 있다.

이처럼 '삼성 시대'의 전개는 북부 한인 사회를 도약하게 만드는 결정적 계기가 되었다. 여기에 더하여 베트남 정부의 '지역균형발전정책'이 남부에 비하여 상대적으로 낙후된 북부에 집중되고, 이에 부응하여 한인 기업의 북부 투자가 늘면서 하노이 한인 사회는 급속하게 팽창해 현재의 모습을 갖추게 되었다. 요즈음 하노이 한인으로부터 "이제 하노이가 경제적으로도 호찌민 못지않다"라거나 "한인 상주 기업이 하노이에 더 많다"라는 주장을 쉽게 들을 수 있는 이유다. 이러한 자신감은 하노이를 중심으로 한 베트남 북부의 속도감 있는 변화를 반영한 것이다.

하노이 한인 사회의 성장과 자부심
공장주, 59세, 남성

10년 전만 해도 호찌민 한인들이 하노이는 촌村이라고 했다. 실제로 내가 처음에는 하노이에서 3년을 살다가 호찌민에 10년을 산 뒤 다시 하노이로 거주지를 옮겼다. 공장이 호찌민과 하노이에 다 있는데 아무래도 호찌민이 경제도 발전했고 공장도 더 커서 호찌민에 있는 것이 여러모로 도움이 되었다. 하지만 호찌민에 살면서도 나는 하노이 사람이라고 말하고 다녔다. 정치나 문화의 중심지이고 베트남은 북부의 역사가 아니겠는가. 사람도 하노이가 낫다. 베트남 사람들도 (하노이 사람이) 예의 바르고 생각도 깊다. 한인도 정감이 있고 돈 좀 있다고 으스대지(우쭐거리지) 않는다. … 지금은 하노이가 호찌민보다 더 빨리 크고 있고 소비생활에도 거의 차이가 없다. 실제로 큰 투자나 산업은 호찌민이 아니라 하노이이다. 삼성과 LG가 북부에 있고 알짜배기 산업은 다 북부로 오고 있다. … 한국인이 돋보이는 곳도 하노이다. 큰 한국기업이 여기에 다 있으니 베트남 사람들이 알아봐 주는 곳도 하노이다. 지금은 한국인 입장에서 보면, 실제로 제대로 된 것을 중심으로 보면 하노이가 호찌민보다 더 크다. 내가 하노이를 좋아해서 그런지 하노이의 성장에 뿌듯하다. 한국인이 일조한 것 같아 자부심도 있고.

이러한 한인 사회의 발전을 잘 보여주는 지표가 한인 학교의 성장과 외국계 국제학교에서 증가하고 있는 한인 학생의 수치이다. 학교 관계자에 따르면 하노이 한인 학교는 "세계 33개 한인 학교 중에서 (호찌민 한인 학교에 이어) 두 번째로 규모가 크고 학생 수의 증가 속도도 가장 빠르다." 하노이 한인 학교는 쭝화, 미딩, 스플랜도라, 로열시티 등 한인의 주요 거주지에서 최대 40분 이내에 등하교가 가능하도록 '꺼우저이' 지역에 위치하여있다. 2017년 현재 매일 차량 50대를 운영하고 있으며, 학생 수가 최대 수용인원에 가까운 1,400명을 이미 넘어섰다.[4] 하노이에는 HISS, UNIS, SISS, Saint Paul 등 주재원이 회사의 재정적 지원을 받아 보내는 국제학교도 많다. 국제학교를 운영하는 미국인 이사장에 따르면 "입학을 하려 해도 캐파capacity(수용 능력)가 차서 웨이팅waiting list에 이름을 올리고 오래 기다려야" 하며 "이 때문에 청탁도 많이 들어온다"고 한다. 국

---

4   하노이 한인 학교 홈페이지(www.hanoischool.net)에는 2017년 10월 현재 초등학생 797명, 중등학생 328명, 고등학생 308명으로 총 1,433명이 재학 중이며 교직원이 (외국인 42명 포함) 119명이라고 나와 있다. 하지만 필자가 2010년 1월에 교장과 교감 선생님을 면접하였을 때 총 1,470명이 재학 중이고 교직원이 120(용역포함 150)명이라는 정보를 얻었다. 시기에 따라 학생 수의 변동이 있기 때문에 이러한 차이가 나는 것으로 보인다. 수치의 편차와 관계없이 분명한 것은 학생 수가 계속해서 늘고 있어 건물을 신축해야 하는 상황이라는 점이다.

그림 13 하노이 한인 학교

제학교의 다른 관계자에 따르면 하노이의 주요 국제학교 40퍼센트 이상이 한인의 자녀로 채워지고 있다.

하노이 한인 사회가 인구의 급증, 사회경제적 분화, 주거 공간과 소비생활의 다양화를 경험하고 있다는 사실이 함축하고 있는 바는 명확하다. 하노이 한인 사회가 더 이상 동질성과 품위를 지닌 주재원 중심의 공동체로 규정할 수 없게 되었다는 사실이다. 이런 상황에 대한 견해를 구하자 2000년대 초부터 다니던 회사를 그만두고 최근 새로운 사업을 시작한 한 한인은 "하노이가 이전에는 주재원 중심이었지만 지금은 오히려 그런 역사 때문에 (호찌민보다) 더 양극화가 심하다"라면서 "좋은 외국학교에 자녀를 보내고 '꼰대스럽게' 사는 인간과 '잡놈'으로 나누어지고 있다"라며 자극적으로 표현하기도 하였다. 다음의 두 면담 사례를 살펴보면 하노이가 품위를 유지하며 살고 있다고 생각하는 부류와 그렇지 못한 부류로 점점 더 양극화되고 있다는 그의 분석이 근거 없는 주장이 아니라는 점을 알 수 있다.

하노이 한인 사회의 심화하는 양극화

컨설팅 업체 사장, 47세, 남성

글쎄? 정확하진 않지만 20년 가까이 살다 보니 한인의 부류가 대략 보인다. 100명 가운데 50~60명은 근근득생僅僅得生, 즉 근근이 살고 있다. … ○○ 기업의 공장 매니저나 기술자로 다니거나, 그러다가 잘리고 식당 하거나, 사업 말아먹고 와서 브로커 하는 사람이 대다수이다. 5퍼센트는 중견(기업) 이상 의 사업자로 공장을 운영하며 50~200만 달러 이상의 매출을 올린다. 5퍼센 트는 ○○○ 변호사나 ○○○ 지사장처럼 대기업과 상사 주재원이다. 나머지 는 중소기업에서 기술자로 일하거나, 나처럼 컨설팅한다고 다니거나, 식당 같 은 걸 운영하는 자영업자다. 문제는 베트남도 사업 리스크가 커서 롱런하는 사람이 많지 않다는 것이다. 6개월에서 2년 사이에 망하는 사람이 많아 안정 된 삶을 사는 사람이 생각보다 많지 않다.

하노이 한인의 사회경제적 분화와 생활비

중소공장 무역사무소 소장, 55세, 남성

이제는 쭝화가 메리트가 없다. 한인을 위한 식당, 가라오케, 슈퍼, 이발소가 미 딩으로 옮겨오고 있다. 미딩은 한국학교도 가깝다. 미딩의 아파트가 거의 차 고 방값도 올라 (한인들이) 베트남 로컬 아파트, 작은 아파트로 분산되기 시작 했다. 주거가 여러 지역으로 확산하고 있는 것이다. 돈이 없는 사람들이 주재 원이나 큰 기업주가 사는 고급 서비스 아파트에 살 수는 없다. 경남, 미딩의 마 노, 로열 시티 등은 월세가 4천 달러이다. … 생활비까지 최소 4천 달러는 있 어야 하노이에서 살 수 있다. 골든 팰리스나 쭝화에 살아도 3천 달러는 필요 하다. 극빈층도 1~2천 달러는 있어야 한다. ○○○ 박사처럼 로컬에 살펴봐야 한다면서 5백 달러짜리 골목 주택에 살아도 최소 서울의 1.5배인 2천 달러는 있어야 한다. 2000년대 초만 해도 베트남 주택에 방 얻어 살면 백만 동으로도 가능했는데 지금은 어림도 없다. 갈수록 겨우겨우 먹고, 살기 힘든 사람이 점점 많아지고 있다.

하노이 한인의 사회경제적 지위에 관한 자료가 없어 정확히는 알수 없지만, 위의 두 사례가 축약하여 설명하고 있듯이 하노이 한인 사회가 양적으로 성장하는 만큼 질적으로도 분화하고 있으며, 특히 사업에 어려움을 겪거나 실직하여 생계를 겨우 유지하거나 이마저도 힘든 계층이 많아지고 있는 것은 사실인 것 같다. 이제 하노이 한인의 상당수가 이전처럼 품위 있게 살다가 한국으로 돌아갈 기약이 있는 주재원이 아닌 것이다. 하노이 한인 중 누구도 이러한 주장을 강하게 반박하거나 부인하지 않는다.

베트남에서는 아이러니하게도 주재원처럼 "한국에 가까울수록, 좀 더 정확히 말하자면 한국에 돌아갈 가능성이 크고 현지에 정착할 가능성이 적을수록 높은 사회경제적 지위를 누릴 확률이 높다."(채수홍 2004: 29) 반면, 사회경제적 지위가 낮은 사람일수록 한국과 상대적으로 동떨어져 생활하고, 귀국할 가능성이 적다. 이런 연유로 베트남에서 사업에 실패하고, 직장을 잃거나 인적, 물적 자산이 많지 않은 한인일수록 현지에 머무르며 생활 방도를 찾으려고 노력하기 마련이다. 오늘날 하노이 한인의 상당수도 타지역 한인과 마찬가지로 '일시 체류 외국인sojourner'으로서 한국에 돌아갈 처지가 못 되거나 돌아가서 제대로 된 역할을 할 기회가 없기 때문에 불안정한 지위를 유지하면서까지 현지에 장기간 머물며 삶을 모색하고 있다. 더 이상 하노이 한인공동체를 주재원 사회라고 부를 수 있는 토대가 사라진 지 시간이 제법 지났다.

현지에서 소규모로 할 수 있는 자영업이 많아진 만큼 경쟁이 날로 치열해지는 것도 열악한 상황에서 장기간 체류하는 부류가 늘고 있는 것과 상관관계가 있다. 베트남 진출 초기와 달리 자영업으로 돈을 벌기가 쉽지 않은 현실이 현지에서 생계를 유지하는 정도에 만족하는 사람의 수를 증가시키고 있는 것이다. 같은 맥락에서 현지에서 사업에 실패하거나 직장을 잃은 사람이 소규모 무역, 컨설팅, (현지에서는 불법인) 여행 가이드 등 일종의 중개업brokerage에 종사하는 것도 흔히 볼 수 있다. 하지만 이러한 일도 경쟁이 만만치 않아 '빈곤층'으로 전락하여 한인 사회에 근심을 안겨주는 한인이 조금씩 늘고 있다.

과거만 해도 하노이 한인이 현지에서 저지르는 주요한 사회 문제는 주로 회사나 주거지에서 그리고 특히 피고용인인 현지인과의 갈등 과정 중에 발생하였다. 일부 무례하거나 폭력적인 한인이 현지인을 상대로 문제를 일으키고 이를 수습하는 과정에서 사회적 파장을 일으켰던 것이다. 하지만 이제는 베트남의 경제발전으로 부유한 현지인이 늘면서 한인이 베트남인을 무시하고 함부로 대하는 문제가 점차 줄어들고 있다. 반면 한인이 경제적으로 어려움을 겪으면서 일으키는 사건 사고가 심심치 않게 벌어지고 있다. 이 모든 것이 하노이 한인 사회가 팽창하면서 내부의 사회경제적 분화가 심화하고 있음을 보여주는 것이며, 이제 더 이상 주재원 중심의 품위 있는 공동체로 호찌민 한인 사회와 비견되는 하노이 한인 사회를 표상하기 힘들어졌다는 사실을 함축하고 있다.

이러한 변화에도 불구하고 호찌민 한인 사회와 비교하면 하노이 한인 사회는 여전히 정치적 갈등이 상대적으로 적고, 한인회를 중심으로 한인 사이의 협력이 잘 이루어지고 있다. 하노이 한인이 호찌민 한인회에서 일어나고 있는 일련의 사건을 보고 혀를 차며, 하노이 한인 사회의 상대적 평화로움과 품위 있음에 안도하고 있는 나름의 이유가 있는 것이다. 그렇다면 하노이와 호찌민 한인 사회의 이런 차이를 낳은 요인은 무엇일까?

2. 한인 사회의 정치 과정

호찌민에서는 한인 사회의 주축이 되어야 할 한인회 활동이 매우 통상적이고 한정적인 범위 내에서 이루어져 왔으며, 얼마 전까지는 이마저도 거의 와해된 상태였다. 이와 비교하여, 하노이 한인회 조직은 안정되어있고 한인 사회 구성원의 참여와 지지를 바탕으로 대외적인 활동도 매우 활발하게 이루어지고 있다. 이러한 차이를 만들어낸 요인을 이해하기 위해서는 한인 사회 내부의 정치 과정을 들여다볼 필요가 있다.

호찌민과 하노이의 한인회 모두 베트남 정부가 공식적으로 승인하지 않은 임의단체이다. 베트남에서는 한 국가에서 국민을 대표하는 하나의 단체만 정식으로 등록할 수 있으며 한인 사회의 경우 코참만이 합법성을 가진 대표단체이다. 이런 상황이기 때문에 하노이 한인회는 '주베트남 한국대사관', 호찌민 한인회는 '호찌민 총영사관'의 보호 아래 반합법적으로 운영되고 있다. 이로 인하여 감독기관인 외교공관과 한인회가 의견충돌과 마찰을 빚을 잠재력을 늘 가지고 있다. 공관은 감독권을, 한인회는 교민의 대표성과 공관이 이를 보호할 의무를 내세우며 충돌할 수 있는 것이다. '대사관과 총영사관은 교민을 위하여 존재하는 것'이라는 한인회와 '우리의 보장 아래 활동하는 만큼 관리가 필요하다'라고 생각하는 외교공관의 시각 차이가 주요 사안을 결정하는 과정에서 드러날 수 있다.

호찌민 한인 사회의 오랜 내홍은 이런 시각 차이가 적나라하게 노출된 전형적인 사례이다. 이와 대조적으로 하노이 한인 사회는 전통적으로 대사관과 한인회가 이런 문제점을 성찰하면서 협력관계를 잘 유지하고 있어 아직은 한인 사회를 동요하게 할 만한 큰 사건에 직면하지 않았다.

이와 더불어 하노이 한인회에는 중견기업의 '주인'이나 진출기업을 대표할 만한 대기업 주재원이 한인회 활동에 참여하고 있으며, 이들이 한인회에 대하여 부정적인 태도를 보이거나 무시하는 현상은 찾아보기 힘들다. 한인회에서 활동하는 주재원과 자영업자가 서로 보이지 않는 벽을 쌓고 공식회의나 일상에서 부딪히는 장면도 흔치 않다. 호찌민 한인회에 비하여 이런 갈등을 표면화하는 정형화된 담론이나 상징적인 사건도 훨씬 적다.

그렇다고 하노이 한인회 내부에 어느 조직이나 있기 마련인 파벌이나 알력이 전혀 없다는 건 아니다. 또한, 타국에 이주하여 살면서도 고국의 정치와 사회에 관심을 기울이는 '장거리 민족주의 long distance nationalism'(Schiller and Fouron 2001)를 실천하는 과정에서 한국 정부의 이념적 정체성과 세부 정책에 따라 한인회 내부에서 갈등이 불거지고 반목이 일어나는 현상도 예견할 수 있다. 실제로 한인회와 연계된 단체를 주도하고 있는 한 한인은 하노이 한인회에도 학연, 지연, 세대, 정치적 이념에 따라 서로를 비난하고 적대감을 표현하는 일이 발생한다고 고백하면서, 그래서 더욱 한인회 내부에서 "차이가 차별과 갈등으로 번지지 않도록 지도자들이 주의를 기울인다"라고 부언했다.

한인회 내부의 편 가르기
공장주, 76세, 남성

한국인은 모이면 편 가르고 싸우지 않는가. 사람마다 다르다고 하지만 뭔가 있는 것 같다. 확실히 OO도 사람은 다르다. 내가 경험한 사람은 거의 다 그렇다. 물론 다는 아니지만, 뒤통수를 자주 친다. … 빨강 물이 든 [진보성향의] 사람들도 싸가지(싹수)가 없다. 윗사람에 대한 예의를 모르고 자기가 옳다고만 주장한다. 이런 데 오면 모두 애국자가 된다고 하는데, 이런 사람들은 국가의식이 없는 것 같다. 여기에 와서 한국을 위해 우리가 얼마나 애쓰는지 그런 것에 대한 생각이 없다. 그러니까 우리가 열심히 베트남을 도와주고 이만큼 발전을 시켰는데도 한국을 고맙게 생각하지 않는 베트남 사람들이 있는 것이다. 다 우리끼리 뭉치지 못하고 국가의식도 없기 때문이다. 나이 든 사람으로서 이런 점이 너무 안타깝다.

한인회 내부의 알력과 타협

전직 한인회 간부, 61세, 남성

한인회장 선거를 할 때면 지역색이 자연스럽게 드러난다. 전라도 '깽깽이'라는 것을 따지는 사람이 있다. 특히 '6학년(육십대) 모임'에서 이런 것을 많이 따진다. 해병전우회나 특정 지역 향우회처럼 보수적인 단체도 있다. 물론 이 가운데 진보적인 사람도 있겠지만. 한국의 정치에 대해 이야기를 하다 보면 이념에 따라 자연스럽게 서로 얼굴을 붉힌다. 한국 정부의 색채에 따라 한인 대표가 다른 제스처를 취하기도 하고, 평통(민주평화통일자문회의), 한상韓商, 재외한인과 관련한 각종 모임에 누가 대표로 참여하는가를 놓고 신경전이 벌어지기도 한다. … 그래서 나는 나름 삼불일례三不一禮를 지키려고 노력한다. 삼불은 정치, 종교, 나라 욕을 안 하겠다는 것이고, 일례는 나이에 따라 깍듯이 대우한다는 것이다. 하노이에도 다양한 색깔이 있어, 한인회장이 밥 사느라 돈이 많이 든다.

실제로 필자는 하노이 한인 사회에서 차기 회장을 놓고 설왕설래
하던 와중에 지역, 세대, 이념이 모두 달라 사이가 벌어졌던 한인회
전·현직 지도부 중 일부가 만나 서로 간의 오해를 불식시켰다는 이
야기를 전하여 들은 적이 있다. 하지만 이러한 '평화로운' 타협의 정
치가 하노인 한인회의 전통이고 이것이 한인회를 한인공동체의 중
심에 서 있게 만드는 것이라는 일부 지도층의 주장을 액면 그대로
수용하기는 힘들 것 같다.

그럼에도 불구하고 호찌민과는 비교되게 한인회가 중심이 되어
왕성하게 활동하며 하노이 한인 사회를 (적어도 공식적으로는!) 평화
롭게 이끌어가는 비결은 무엇일까? 필자는 이에 대한 해답을 전통
적인 하노이 한인 사회의 사회적 구성과 문화만이 아니라 하노이
한인회의 조직과 활동 방식 그리고 수도 하노이에서 현지인과 '관
계 맺기'라는 특수한 방식에서 찾아야 한다고 생각한다.[5]

하노이 한인회 내부로 눈을 돌려보면, 하노이 한인 사회의 다른
조직과도 유연하게 연계되어있고 이를 바탕으로 다양하고 왕성한
활동을 하는 것이 눈에 띈다. 하노이 한인회는 코참이나 중소기업
연합회와 같은 기업연합단체나 대사관의 민원, 비자 담당 부서와
행사나 봉사활동을 매개로 조직적으로 협력하고 있다. 이를 위하

---

5 호찌민 한인 사회 내부의 구성, 분화, 갈등 양상은 베트남 한인의 사회경제적 분화를 설명한 장에서 상
당 부분 기술하였다. 이 절에서는 하노이 한인 사회를 중심으로 논의를 전개하면서 호찌민의 사례를 통
한 유사점과 차이점을 드러내고자 한다. 호찌민 한인 사회의 정치 과정에 관심이 있는 독자는 채수홍
(2005)을 참조하기 바란다.

여 여러 단체나 기관에서 활동하는 인물을 중심으로 지도부를 구성하고 있다. 이는 주재원 중심 사회의 전통을 이어받아 한인회 회장을 현직인 11대까지 단 한 번을 제외하고는 모두 기업주나 대기업 주재원이 맡았기 때문에 가능하였던 것으로 보인다(하노이 한인회 홈페이지 http://hanoi.korean.net 참조).

이들 한인회 회장 가운데는 한인 사회 단체의 다른 한 축인 코참 회장을 역임한 인물도 있고, 물론 내부에서는 이에 관한 논란도 있을 수 있지만, 한인회-코참-중소기업연합회 등에서 이중, 삼중으로 보직을 겸하고 있는 사람도 있다. 하노이 한인회는 동시에 여러 조직에 속한 구성원을 활용하여 여러 조직과 긴밀하게 연계함으로써 다른 단체가 한인회를 경쟁 상대로만 보지 않게 하고 있다. 또한, 한인회가 한인 사회의 여러 단체를 아우르는 대표조직으로 인정받을 수 있는 기반을 다지고 있다. 이런 점에서 총영사관 그리고 코참과 경직된 관계를 형성하고 있는 호찌민 한인회와 비교된다.

호찌민 한인회는 2000년대 초부터 코참과는 활동 성격과 내용이 다른 별개의 조직으로 운영되고 있다. 또한, 사실상 코참이 호찌민 한인공동체 차원의 베트남 내 공식 활동에 있어서도 더 높은 위상을 점하고 있다. 이는 호찌민 한인회가 2003년경부터 총영사관과 대립각을 세우고 내부갈등을 외부로 노출시킴으로써 신뢰를 많이 상실하였기 때문이다. 하지만 호찌민 한인회가 그 이전 시기에도 주로 자영업이나 개인 무역업에 종사하는 원로가 지도부를 맡으면서 한인 지상사나 투자기업으로부터 적극적인 협조를 얻지 못한 바 있다는 사실을 기억할 필요가 있다. 이로 인하여 사전에 내부에서 후보 조정이 이루어지는 하노이 한인회와 달리, 한인회장 선거철이 다가오면 친한 사람을 유권자로 등록시키거나 상대를 비난하는 편법을 동원하고, 이런 행태를 못마땅하게 여기는 다수의 한인으로부터 외면받곤 한다.

실제로 필자가 90년대 말에 참여 관찰한 한인회장 선거에서는 1만 명이 넘는 한인 가운데 후보와 직간접적으로 친분이 있는 수백 명만 투표에 참여하기도 하였다. 한인 사회 주요 공관과 기업의 지지와 지원을 받지 못한 채 한인회 관계자들이 친밀한 사람을 동원하는 일에만 열중함에 따라 다수 호찌민 한인의 무관심을 초래한 것이다. 물론 일상생활로 바쁘고 베트남 한인 사회에 정체성이 강하지 않은 한인이 한인회 선거와 활동에 관심이 없는 것은 새삼스러운 일이 아닐 수도 있다. 하지만 호찌민과 인근 남부 지역 기업에 다니는 한인이 한인회 선거에 참여하는가 혹은 참여하도록 독려하는가는 한인회 선거의 흥행과 정통성에 큰 영향을 줄 수밖에 없다. 그럼에도 불구하고 호찌민 한인회는 이러한 문제를 성찰하고 극복하지 못함으로써 최근까지 지도부 구성을 두고 심한 갈등을 경험하였으며, 결국 호찌민 한인 사회의 주요 구성원이 외면하는 조직이라는 불명예스러운 평가를 아직 완전히 극복하지 못하였다.[6]

이처럼 안타까운 상태인 호찌민 한인회와는 다르게 하노이 한인회는 조직의 유연성을 바탕으로 왕성한 활동을 전개해오고 있다. 특히 이주한 지 오래되지 않은 한인, 한인공동체로부터 소외되기

쉬운 학생, 주부, 노년층, 그리고 현지 베트남인을 위하여 개설한 다양한 프로그램은 매우 인상적이다. 필자는 거의 매일 하노이 한인회로부터 여러 정보와 소식을 전하는 이메일을 받아보면서 이 조직의 왕성한 활동에 놀라곤 한다. 이메일과 SNS를 활용한 취업 소개, 초청강좌, 취미교실, 행사 알림, 편의시설 정보 등은 물론이고, 베트남 한인 소식지를 통하여 한인회 활동을 적극적으로 공유하고 있다. 하노이 한인회 사무실을 방문하면 이런 활동이 여러 공간에서 매일같이 이루어지고 있는 광경을 목격할 수 있다. 하노이 한인회가 실행하고 있는 주요한 활동 내용 제목만 나열해보아도 필자의 이런 목격담이 과장된 것이 아님을 알 수 있다.

하노이 한인회의 주요 활동

하노이 한인회 직원, 연령 미상, 남성

하노이 한인회가 하는 일은 너무 많아 일일이 설명하기 힘들다. ppt 자료를 보내주겠다. 간단히 주요 활동만 말씀드리면 첫째, 한인이 아플 때 병원에 데려다주고 통역을 해주는 '119 긴급 콜센터'를 운영한다. 둘째, 대사관 영사과

---

6 2019년 12월 말 새로 구성된 호찌민 한인회 집행부가 과거의 유산을 얼마나 극복할 수 있을지 앞으로 지켜볼 필요가 있다. 이후 코로나 팬데믹이 발생하여 필자도 호찌민 한인회의 최근 1년 반 동안의 활동에 대해서는 자세히 알지 못한다. 다만 회장 선거에 큰 물의가 일어나지 않은 것은 고무적이지만, 향후 호찌민 한인 사회 내에서 한인회의 위상을 높이기 위해서는 난제가 산적하여 있을 것으로 짐작할 뿐이다.

領事科 업무를 보조하는 한인 봉사자가 노란 조끼를 입고 상주하면서 취업, 비자, 베트남 결혼 여성 상담을 진행한다. 셋째, 베트남어 교실, 유화, 통기타, 주산, 글쓰기 등 40여 개의 문화강좌를 거의 정기적으로 연다. 일일이 참여할 수 없을 만큼 강좌가 많이 열린다. 넷째, 한인이 희망하는 도서를 구매하여 도서관을 운영하고 있다. 다섯째, 축구, 배구, 배드민턴 등 14개 종목의 동호회를 지원하고 한인회장배 대회를 개최한다. 여섯째, '한인 소식'이라는 월간 소식지를 발간하고 있다. 이 밖에도 베트남 사람을 위한 활동도 많은데 정기적으로 장학금을 전달하고, 한 달에 두 번 한인 학생을 조직하여 고아원을 방문한다. 무엇보다 현지인과 우호적 관계를 위해 매년 11월에 3일 동안 미딩 축구경기장에서 15만 명이 방문하는 '한-베 음식문화 축제'를 개최하여 현지인과의 친목을 다지고 있다.[7]

하노이 한인회가 왕성한 활동을 벌일 수 있는 가장 큰 비결은 안정된 재정이다. 4대와 5대 회장을 지낸 김정인 회장이 유인물 형태로 발간되던 '한인 소식지'를 '하노이 한인 소식'이라는 잡지로 만들어 수익모델로 만든 것이 한인회에 전담 직원을 두고 여러 활동을 해낼 수 있는 기반이 되었다. 이 잡지에 하노이의 많은 한인 기업인, 자영업자, 단체가 '후원'을 명분으로 광고를 게재하여 2019년 현재 월 5만 달러 이상의 순수익을 내 여러 공익사업에 사용하고

---

7 하노이 한인회는 위의 사례에서 보다시피 왕성한 활동으로 2015년 '세계 한인회장단'으로부터 최우수 한인회상을 받았다.

그림 14 하노이 한인회의 최우수 한인회상

그림 15 하노이 한인회

있다.[8] 그 덕택에 하노이 한인회는 재정 문제로 한인에게 부담을 지우지 않으면서 유익한 여러 프로그램과 정보를 제공할 수 있게 되었다. 한인들이 가벼운 마음으로 찾아가는 공간으로서 자리 잡은 것이다.

이와 비교하여 2019년 말 현재까지, 총영사관 별관에 사무실을 차린 호찌민 한인회는 한국에서 찾아오는 손님에게 정보를 제공하고 적당한 사업 파트너가 될 만한 한인을 소개하는 일을 주로 하고 있었다. 물론 호찌민 한인회도 부녀회 등 연결 조직을 통하여 불의의 사고를 당하거나 빈곤한 한인을 돕고 베트남인에게 필요한 물품을 제공하는 봉사활동을 하고 있다. 하지만 오랜 내분으로 호찌민 한인에게 필요한 여가 활동, 교양강좌, 취업 소개까지 할 여력은 없다. 필자가 2010년대 초반에 호찌민 한인회에서 서예 교실을 하고 있는 것을 본 적이 있지만, 당시만 해도 참여자가 적고 홍보도 조직적으로 이루어지지 않아 안타까웠던 기억이 있다.

최근 몇 년 전까지만 해도 호찌민 한인은 비상사태가 발생하면 총영사관 영사에게 연락하거나 뜻있는 동호회에서 중지를 모아 해결하였지 한인회를 먼저 떠올리지 않았다. 한인회가 재정적 여력도 없고 도움을 요청할 신뢰 있는 기관으로 자리 잡지 못하였기 때문이다. 그 결과 호찌민 한인회장이 되면 대외적으로 '교민 대표'로

---

8 현재 베트남에는 하노이에 3개, 호찌민에 5개의 잡지가 발행되고 있다. 이 가운데 '하노이 한인 소식'은 광고 후원이 많고, 공익성이 짙고, 콘텐츠도 풍부하여 여느 잡지 못지않게 많은 수익을 내고 있다.

서 상징적인 지위를 가질 수는 있지만, 한인회의 재정 부족을 자비로 메꾸어야 하고 여러 종류의 정치적 비난도 감수해야 한다. 이로 인하여 호찌민 한인 사회에서 큰 기업을 운영하며 부유하고 신망이 두터운 사업가라면 한인회보다 코참의 수장 역할을 하길 선호한다.

이상에서 살펴본 것처럼 하노이 한인회가 호찌민 한인회와 달리 한인 사회에서 중심 역할을 할 수 있었던 것은 유연한 조직과 재정적 기반 덕분이다. 하노이 한인회는 확보된 인적, 물적 자산을 활용하여 한인 사회에서 요구하는 활동을 전개하고, 공동체 내부는 물론 베트남인과의 소통도 촉진하고 있었다. 그럼으로써 한인 대표기관으로서 신뢰를 확보하고, 최소한 공적公的으로라도 여러 부류의 집단과 단체 간 반목을 줄이고 평화로운 정치 과정을 유지하는 데 일조하고 있다.

하노이 한인 사회와 호찌민 한인 사회의 정치 과정에 영향을 미치고 있는 또 하나의 요인은 양 도시의 정치적 위상이다. 호찌민이 경제적으로는 더 발전하였지만, 권력은 수도인 하노이에 집중되어 있다. 베트남에서 주요한 의사결정을 내리는 권력 기관과 권력자는 대부분 하노이에 모여있다고 해도 과언이 아니다. 이에 따라 한인이 현지인과 관계를 맺는 양상에도 차이가 있을 수밖에 없다.

이런 차이와 관련하여 하노이 한인에게 질문을 던지려면 베트남 남부와 북부의 문화 차이 그리고 양 지역인의 다른 인성personality에 대한 장황한 설명을 들을 각오가 되어있어야 한다. 북부는 남부와 달리 유구한 역사를 자랑하며, 유교문화가 뿌리내리고 있어 하노이 사람을 보면 이러저러한 성격과 태도를 접할 수 있다는 식의 해석이 정형화된 사례와 함께 제시되는 것이다. 또한, 이런 설명과 해석을 듣고 있노라면 북부나 남부에 살면 한인도 비슷한 문화를 가지고 행동하게 된다는 이야기인가 하는 의문도 든다. 무엇보다 북부 베트남인의 남부 베트남인에 대한 문화적 우위와 북부 한인의 남부 한인에 대한 도덕적 우월성이 논리적으로 어떻게 연결되는지 신기하게 느껴질 정도이다.

하노이 사람과 호찌민 사람

자영업, 57세, 여성

하노이 사람은 처음 사귀면 마음을 주지 않는다. 예의는 바르지만 좀 퉁명스럽고 때론 공격적으로 느껴진다. 반면 호찌민 사람은 처음부터 간을 빼줄 것처럼 친절하게 군다. 모든 것을 다 해줄 수 있다고 말한다. 하노이와 호찌민에서 택시를 타거나 식당에 가면 그 차이를 알 수 있다. … 하지만 오랜 시간 사귀어보면 하노이 사람은 우정을 나눈 사람에게 끝까지 신뢰를 보내지만, 호찌민 사람은 최대한 (지인인 한인을) 이용한다. 난 그래서 하노이가 좋다. 호찌민은 장사꾼들이 모인 곳이다. 하노이는 유구한 역사와 문화를 자랑하는 곳이다. 서로 생각하는 것이 다른 것이다. 한인도 하노이에서 훨씬 깊게 사귈 수 있고 신뢰가 간다. 호찌민은 너무 사람을 비즈니스로 대한다. 그래서 성격에 따라 하노이를 좋아하는 사람과 호찌민을 좋아하는 사람이 나뉘는 것 같다.

다르지 않은 호찌민과 하노이 사람

NGO 운영, 62세, 여성

호찌민과 하노이는 문화도 다르고 사람도 다른 것 같다. 하지만 어느 지역 사람이 더 좋고 나쁘다고 말하긴 힘든 것 같다. 남편을 따라와 오래 살아보니 처음에는 호찌민이 좋다가 싫어졌고, 나중에는 하노이가 좋다가 싫어졌다. 호찌민에서 짜증이 나면 하노이가 좋다고 말하게 되고, 하노이에서 살다가 좋지 않은 일을 겪으면 역시 호찌민이 좋다고 하게 된다. 하노이(의) 베트남 사람들이 예의가 바르고 호찌민(의) 베트남 사람들이 격의 없는 것은 분명한 것 같다. 그렇다고 누가 정직하고 믿을 만하다고 말하긴 힘든 것 같다. 하노이 사람도 결국 돈을 원하고, 호찌민 사람 역시 우정도 원하고 돈도 벌고 싶어 한다. 한국 사람도 누굴 만나느냐가 중요하지 어디에 산다고 달라지겠나. 분명히 문화는 다른 것 같은데 그렇다고 어디가 더 좋다고 말할 수는 없는 것 같다. 남부니, 북부니 하는 소리를 지겹도록 오래 듣고 살면서 내가 내린 결론이다.

남부를 대표하는 호찌민과 북부를 대표하는 하노이의 베트남인도 양쪽 지역 문화가 상당히 다르다고 믿고 있으며, '지방색local culture'과 관련한 정형화stereotyped된 생각을 가지고 있다. 예를 들어, 정형화된 지역성 담론에 따르면, 호찌민 사람은 "개방적인데 계산적이라 신뢰할 수 없고", 하노이 사람은 "경직되고 자존심이 강해 관료적인데 한번 마음을 주면 (변치 않고) 잘 대해준다." 정반대로 호찌민 사람은 "솔직하여 속내를 감추지 않고" 하노이 사람은 "예의 바르게 뒤통수를 친다"라는 해석도 있다. 과학적 근거가 명확하지 않은 이런 식의 정형화된 담론이 별 의심 없이 일상에서 회자하고 있다.

문제는 북부 베트남인과 남부 베트남인에 대한 정형화된 담론을 한인들도 자주 입에 올리고 있으며, 이를 남부 한인 혹은 북부 한인으로서 자신의 자긍심을 합리화하는 기제로 활용하고 있다는 사실이다. 필자는 설령 지방색 혹은 지역문화와 이에 조응하는 '집단인성collective personality'의 차이가 존재한다고 해도 이것이 베트남의 특정 지역에 사는 한인의 행동양식에 영향을 미칠 것이라고 믿지 않는다. 설령 영향이 있다 해도 양자 관계를 과학적으로 추론하고 체계적으로 설득하는 것은 필자의 능력 밖의 일이다.

일상에서 한인과 베트남인의 행동양식 그리고 양자 간의 접촉을 통하여 나타나는 사회문화적 특성을 보아도 이들의 가치관이나 인성과 관련하여 두드러진 차이를 발견하긴 쉽지 않다. 이는 양쪽 지역의 문화적 차이가 없다거나 지역민의 행동에 문화적 영향이 없다고 말하는 것이 아니다. 이런 차이가 한인이 일상적 담론에서 사례로 드는 윤리적 행위나 도덕적 품성과는 무관하다는 것을 강조하고 싶을 뿐이다. 설령 지역문화가 지역민의 인성에 일정 정도 영향을 줄 수는 있다 해도 개인마다 변이가 너무 커서 누군가의 행위를 판단할 때 이를 고려하는 것은 유용하지 않을 뿐 아니라 위험하다는 것을 말하고자 함이다.

한인이 회사나 공장에서 일하는 노동자나 가사도우미와 관계를 맺고 상호작용하는 과정에서 지방에 따라 관습이나 규범적 차이가 일부 영향을 미칠 수는 있겠지만, 이로 인하여 양쪽 지역의 한인이 현지인을 대하는 방식에 유의미한 차이점이 발생한다고 보긴 힘들다. 오히려 한인이 현지인을 대하는 인식과 태도 그리고 양자의 상호작용 방식이 바뀌고 있는 것은 오래 정착하는 한인이 늘어나면서 현지 문화와 현지인에 대한 이해가 늘고 있고 이로 인하여 불필요한 편견이 줄어들고 있기 때문이 아닌가 싶다. 실제로 현지에 오래 거주하면서 베트남 문화와 베트남인을 많이 접한 한인일수록 베트남 지역문화와 지역민에 대한 정형화된 이해에 더 비판적임을 알 수 있다.

정형화된 지역성 관련 담론을 배제하고 현실을 직시하여 보면, 하노이 한인 사회가 가지고 있는 독특성은 남북통일의 역사가 남긴 하노이 중심의 베트남 정치와 연관 있다. 북부 주도의 통일이 완성된 이래로 하노이는 베트남의 정치와 권력의 심장 역할을 하고 있다. 중앙정부 부처, 공산당 주요 기구, 국회는 물론이고 정치이념 교육과 관련된 기관의 절대다수가 하노이에 본부를 두고 있다. 중앙정부 정책 결정의 영향을 직접 받는 사업을 진행하는 한국기업과 단체가 본부를 가능하면 하노이에 위치시키는 이유가 여기에 있다. 실제로 생산과 영업은 주로 호찌민에서 하면서도 본부는 하노이에 두고 있는 한인 기업이 많다. 예를 들어, 한국계 은행은 하노이에 있는 베트남 중앙은행의 정책 결정에 많은 영향을 받기 때문에 고위급 경영진이 하노이에 머물면서 중앙은행 간부와 우호적인 관계를 유지하기 위하여 최선을 다할 수밖에 없다. 한인 기업인은 최종적이고 핵심적인 결정은 하노이에서 이루어진다는 사실을 경험적으로 잘 알고 있다.

정책 결정의 중심지 하노이
전 은행원, 64세, 남성

내가 법인장으로 있을 때 호찌민에 있는 본부를 하노이로 옮기고 싶어 했다. 처음에는 호찌민에 한국기업이 많아 본부를 여기에 설립하는 것을 당연하게 여겼는데 매주 중앙은행 등 주요 기관의 베트남 인사를 만나러 하노이에 가면서 생각이 달라졌다. 영업은 호찌민에서 많이 해도 하노이로 가야 제대로 은행을 키울 수 있다는 확신이 생겼다. 하노이는 분위기부터가 다르다. 하노이의 베트남인은 급이 다르다. 모든 중요 결정을 내릴 수 있는 인사들이 하노이에 다 모여있다. 다른 기업도 생산이나 영업만 하는 것이 아니라 중앙의 결정이 자주 필요하다면 하노이에 본부를 두는 것이 맞는 것 같다. 호찌민은 영업의 중심지이지 중요한 법적 해석이나 정치적 결단을 얻을 수 있는 곳이 아니다. 안타깝게도 본부를 이전하는 것이 간단한 문제가 아니고 반대의견도 있어 실현하지는 못했다. 하지만 지금도 내 생각이 옳다고 확신한다.

하노이가 정책 결정의 중심지라는 사실은 하노이 한인 사회 내부의 정치문화와 정치 과정에 여러 측면으로 영향을 줄 수밖에 없다. 우선 주駐베트남 한국대사관을 비롯한 주요 공관과 한인 사회기 원만하고 친밀한 관계를 유지할 필요가 있다. 하노이에 있는 한국의 정부기관, 공공기업, 그리고 사영기업은 본국 정부는 물론이고 베트남 중앙정부와 함께 다양한 정치, 외교, 문화 행사를 개최하고 있고, 이를 위하여 한인회를 비롯한 주요 한인 단체의 협력이 필요한 경우가 자주 있다. 이런 행사에 협력하는 과정 중에 하노이 한인 사회 지도부는 한국과 베트남의 주요 정책 결정자를 만나 친분을 다질 기회도 가진다.

하노이의 한국 정부기관과 한인 단체의 이러한 공생관계는 하노이 한인 사회의 지도부에 평화롭고 원만한 정치 과정을 유지할 동기와 필요성을 부여한다. 물론 호찌민 한인 단체도 지방자치가 잘 이루어지고 있는 베트남에서 호찌민 인민위원회Ủy Ban Nhân Dân, 인근 성 정부, 각 기관의 지방사무소와 긴밀한 관계를 유지할 필요가 있다. 또한, 지역 단위의 정책과 행사에 참여하여 우호를 다지는 것이 기업 활동과 생활상 편의를 위해서도 긴요하다. 하지만 한인 기업과 단체가 제기하는 중대한 민원을 해결하기 위해서는 중앙정부의 최종 결정을 기다려야 하는 경우가 많아 호찌민에서 참가하는 행사나 이곳에서 만나는 인물의 권력과 중요도가 하노이와 비교할 때 떨어질 수밖에 없다.

이러한 차이 때문에 하노이 한인 사회를 대표하는 주요 단체 간부는 한인 사회 대표로 행사에 참여할 기회를 가질 수 있다는 사실에 더 자부심과 의무감을 느낄 수밖에 없다.[9] 이들 사무실에 가면 한국과 베트남의 주요 정관계 인사와 다양한 행사에서 찍은 사진이 가장 눈에 잘 띄는 곳에 놓여있다. 이 같은 인맥 과시는 자긍심의 표현일 뿐 아니라 이들 사업에 실질적으로 도움을 주기도 한다. 특히 하노이에는 베트남에서 실행하는 각종 사업이 현지에 뿌리내리고 안착하도록 돕는 컨설팅 업체가 많은데, 이를 운영하는 인물이 주요 한인 단체 간부로 활동하고 있는 것을 쉽게 볼 수 있다. 이들에게는 베트남인은 물론이고 한인 사회 주요 인사와 원만하고 친밀한 관계를 유지하는 것이 사업상 대단히 중요하다. 이러한 필요성이 하노이 한인 사회가 호찌민 한인 사회에 비하여 '품위 있고 유연한' 정치 과정을 만드는 데 일조하고 있다. 하노이는 호찌민 한인회처럼 심한 내분에 휩싸여 대표성을 행사할 수 없는 사태가 벌어져서는 매우 곤란한 민간외교의 중심 무대라는 점을 한인회 지도부도 잘 인식하고 있는 것이다.

---

9 물론 호찌민 한인회나 코참의 회장단도 베트남 정부의 주요 행사에 참여하기도 한다. 하지만 수많은 종류의 행사에 호찌민 한인 지도부가 수도에 거주하는 하노이 한인 지도부처럼 자주 참가하는 것은 현실적으로 매우 어렵다. 이런 현실에 대한 불만을 줄이기 위하여 기업의 이해관계를 수렴해서 전달해야 하는 코참의 경우 하노이와 호찌민 회장이 번갈아 가며 베트남 코참 대표직을 맡고 있다.

베트남인 인맥이 필요한 한인 사회

선교사, 68세, 남성

90년대 초에 와서 벌써 25년이나 되었다. 처음에 선교사로 와서 학교를 세우려는데 사립학교를 설립할 방법이 없었다. 안과의사이자 베트남 적십자 대표로 있던 ○○○을 만났다. 한국적십자의 ○○○ 총재도 만나고, 베트남 사절단 여섯 명을 데리고 한국에 가서 힐튼 호텔에서 리셉션도 하고 친목을 쌓았다. 그런데 ○○○이 우리로 하면 보사부 장관이 떡하니 되었다. 따라서 1년 만에 MPI(베트남 계획투자부)의 라이선스를 받아 직업학교를 만들 수 있었다. 여기서는 인맥이 제일 중요하다. 한국인이건 베트남인이건 인맥이 없으면 고생만 하고 일을 제대로 할 수 없다. … 인맥을 쌓는 데는 하노이가 중심이다. 중앙정부가 있으니 애로사항 해결이 잘 된다.

하노이 인맥은 허가, 호찌민 인맥은 영업

부품 납품업자, 59세, 남성

베트남에서 일한 지 벌써 20년이 다 되어간다. 사업하느라 고생을 많이 했다. 돈도 벌었지만 까먹기도 많이 까먹었다. 남은 것은 인맥이다. … 하노이에 자주 간다. 가서 몇 주씩 있다 오기도 한다. 관련 부서 장관이나 차관과는 집에도 초대받고 그런다. 우정이 많이 쌓였다. 사업을 하러 오는 사람들이 허가가 필요하고 합법적이면 내가 도와줄 수 있을 만큼은 (인맥이 형성) 되었다. … 영업은 하노이와 호찌민 모두에서 하지만 역시 호찌민에 납품할 곳이 많다. 하노이에 좋은 납품처가 없다는 것은 아니다. 내 사업의 속성 때문에 영업하는 곳이 호찌민이라는 것일 뿐. … 호찌민의 인맥은 영업에 큰 도움을 준다. 하노이 출신을 만나면 중요한 허가를 받거나 큰 기관을 소개받는 데 도움이 된다. 인맥이 없으면 여기서는 사업을 할 수가 없다.

하노이 한인 사회가 한국기업의 투자급증으로 인한 팽창과 사회경제적 분화를 겪고 있음에도 불구하고 호찌민과 비교해볼 때 아직은 공동체 내부의 갈등을 크게 드러내지 않고 평화로운 정치 과정을 유지하는 나름의 비결이 있다.[10] 한인공동체의 지도부인 한인회의 안정적 재정, 유연하고 개방적인 조직 운영, 한인 및 현지인과의 소통을 위한 다양하고 활발한 활동이 그것이다. 이와 함께 수도 하노이에서 한인은 물론이고 현지인과 긴밀한 관계를 맺을 필요성과 이에 대한 자부심도 '품위 있고 유연한' 정치 과정을 유지하는 데 기여하고 있다. 하지만 필자는 하노이 한인 사회가 현재의 정치 과정을 앞으로도 계속 유지할 수 있을까 하는 의문이 든다. 베트남 한인 사회의 변화를 추동할 수 있는 여러 변수가 있기 때문이다.

---

10 이 밖에도 필자는 하노이 한인이 호찌민 한인에 비하여 상대적으로 공동체 의식을 더 가질 수 있게 된 것은 한인 생활 밀집 지역이 넓게 퍼져있지 않은 공간적 특성과도 관련 있지 않겠냐는 추정을 해보게 된다. 호찌민의 경우 한인 거주 지역이 시내 중심, 2군(안푸 지역), 7군(푸미흥 지역), 빈즈엉성, 동나이성 등으로 산개하여있는 반면, 하노이의 한인 거주지는, 물론 박닌이나 하이퐁 등지에도 한인이 살고 있지만, 주로 미딩, 쭝화, 로열시티, 롯데 등 구도심 서쪽에 밀집하여있다. 이런 점이 한인공동체를 공간적으로 덜 분화시키고 있지 않나 짐작해본다.

3. 한인 사회 정치 과정의 변화를 추동하는 요인들

일찍이 변화를 겪기 시작한 호찌민 한인 사회는 물론이고 하노이 한인 사회도 최근 10년 동안 괄목할 만한 성장과 변화를 겪고 있다. 특히 북부 한인 사회 지도층은 "(2018년 현재) 6천여 개의 한국기업 중 3,200여 개, 한국의 베트남 투자총액의 60퍼센트가 북쪽에 있다"라는 수치를 제시하며 하노이 한인 사회 성장에 한껏 고무되어 있다. 이러한 추세는 코로나 팬데믹으로 잠시 주춤하고 있지만, 한국 자본의 지속적인 유입, 탈중국을 감행하는 한국기업의 베트남 선호 현상, 베트남 정부의 '국토 균형 발전정책'에 힘입어 가속화될 전망이다.

하지만 호찌민 한인 사회가 경험한 것처럼 하노이 한인 사회의 빠른 변화는 과거에 목격할 수 없었던 여러 부정적인 현상도 낳고 있다. 특히 '빈곤층'의 등장, 사회경제적 집단의 거리감 확대, 한인의 갈등과 반목이 점점 부각되고 있다. 하노이 한인회 간부는 이런 현상을 지적하며 "하노이(한인 사회)도 호찌민처럼 6~7만이 넘어가면 한인이 다양화되고, 여러 단체에도 검증된 사람들이 필요하게 될 것"이라고 예견하였다.

필자는 이러한 일반적인 진술을 넘어서서 하노이, 더 나아가 베트남 한인 사회의 미래를 전망하기 위해서는 사회경제적 분화와 정치적 갈등의 심화 양상을 면밀하게 검토할 수 있는 질문이 필요하리라 생각한다. 어떤 부류의 사람이 장기적으로 현지에 남아 한인 사회를 이끌 것인가? 체류 기간이 점점 더 길어지고 있는 한인은 향후 자신과 자녀의 초국적 삶을 어떻게 해석하게 될 것인가? 한국에 귀환할 가능성이나 의사가 적은 한인은 자신과 가족(특히 자녀)의 민족·종족 정체성을 어떻게 인식하게 될까? 필자는 한인 사회의 미래를 그려보기 위해서는 먼저 이러한 질문에 답해볼 필요가 있다고 생각한다.

베트남 한인 사회를 장기적으로 이끌어갈 한인은 현지에서 할 일이 있고, 동시에 현지에서 살 수밖에 없는 사람이다. 즉, 일과 삶이 현지에 묶여 초국적 삶을 벗어날 수 없는 사람이다. 묶임의 강도와 형태는 계층마다 다르겠지만, 사회경제적 지위가 높을수록 묶임을 풀고 나갈 수 있는 '전략적 기동성'(Wolf 1969)이 많을 것이다. 이런 점을 고려하면 베트남 한인 가운데 가장 초국적 공간에서 자유롭고 유연하게 자신의 거주 공간과 정체성을 조정할 수 있는 집단은 자본, 지식, 기술이 있는 '초국적 엘리트transnational elite'(Ong 1998)일 것이다. 베트남에서 중견기업을 경영하는 자본가는 필요에 따라 베트남과 한국 혹은 제3국을 자유롭게 오가며 생활한다. 이런 부류 중에도 한인 사회의 활동에 관심을 보이고 경제력을 동원하여 한인 사회에 공헌하는 사람이 있다. 하지만 이들을 베트남 한인 사회와 미래를 함께 할 구성원이라고 보긴 힘들다. 이들은 가족이 대부분 한국이나 다른 나라에 거주하고 있을 뿐 아니라 언제든지 베트남을 떠날 수 있기 때문이다.

이러한 소수를 제외하면 베트남에 있는 대다수의 기업인은 투자한 자본 때문에 현지에 묶여있는 사람이다. '세계 공장global factory'(Blim and Rothstein 1994)의 일원으로 바이어에게 납품하는 원청업체나 이들을 따라온 하청업체 경영자가 이런 부류에 속한다. 이들은 더 값싼 노동력을 찾아 다른 국가로 이동하지 않는 이상 현지에 계속 묶여있을 수밖에 없으며, 그 결과 가까운 미래에도 베트남 한인 사회의 구성원으로 살아갈 수밖에 없다. 하지만 이들 다수는 목표한 만큼 돈을 벌면 베트남 공장을 정리하거나 전문경영인에게 맡기고 귀국하겠다는 의사를 가지고 있다. 이들의 경제력을 고려하면 이런 청사진이 실현될 가능성은 충분하다. 이런 점을 고려하면 이들이 지금은 한인 사회에서 나름 핵심적인 역할을 하고 있지만 장기적으로 현지에 남을 가능성은 희박하여 보인다. 이들이 투자한 자본은 현재도 미래에도 한인 사회를 지탱하는 중요한 경제적 토대지만, 이들이 스스로 한인 사회 구성원으로서 정체성을 가지고 현지에서 여생을 보낼 것으로 보이진 않는다.

자본이 현지에 묶여있는 기업가의 초국적 삶과 미래

원청업체 사장, 59세, 남성

베트남에 처음 진출했을 때 바이어에게 오더를 받아 베트남에 공장이 있는 것처럼 해서 납품을 했다. 우여곡절도 많았지만 20여 년이 지난 지금은 제3공장도 짓고 있고 회사가 돈도 벌었다. 전체적으로 비즈니스가 슬로우하고 큰 기업만 살아남는 것이 걱정이지만, 유럽과 미국으로 자주 출장 다니면서 열심히 살고 있다. … 아이들을 여기 국제학교에 보내고 다 큰 후에는 한국과 미국으로 보냈다. 그랬더니 여름이나 겨울에는 아내도 한국이나 미국으로 가고 혼자 있을 때가 많다. 사업하는 사람들이 다 그렇게 (일시적으로) 홀아비로 산다. 나이도 들어가고 언제까지 베트남에 있을지 모르지만, 공장은 여기에 있더라도 언젠가는 한국으로 돌아가서 살 생각이다. 한국에 (돌아갈) 준비는 다 해놓았다.

미래는 한국에서

부자재 업체 사장, 59세, 남성

나는 앞으로 5년만 더 여기에서 살 계획을 세웠다. 돈도 먹고 살 만큼 벌었고, 딸은 시집갔고 아들도 어디든지 곧 취업하지 않겠나. 처음부터 이런 계획을 세웠는데 자꾸 미루어지는 것이 문제다. 사업체를 확장하지 않으려고 하다가도 그러면 경쟁에서 밀리니 자꾸 투자를 하게 된다. 그러면 신규투자가 안정될 때까지 시간이 걸리고 그러다 보니 조금씩 귀국이 늦어진다. 여기는 가까운 친척에게 맡기고 나는 한국에 들어가고 싶다. 한국에 가면 이제 아는 사람들도 줄어들어 낯설겠지만 누나, 형제들과 함께 시골에서 살고 싶다. 봉사하는 삶을 살고 싶다. … 베트남에도 아파트가 있고 서울에도 집이 있으니 걱정 없다. 어쨌든 한국인은 한국에서 살고 여생을 마쳐야 하지 않을까. 한국에서 맛있는 것도 먹고 아이들과 함께 지내며 그렇게 살 것이다. 여기에서 너무 열심히 살았다.

위의 두 사례처럼 어느 정도 규모가 있는 사업체를 경영하면서 돈을 번 한인은 그래도 결심이 서고 상황이 정리되면 언제든지 한국으로 돌아갈 수 있다. 이와 비교하여 대부분의 한인 사업가와 노동자는 현지의 경험, 기술, 인맥을 활용하여 계속 현지에서 생계를 유지할 수밖에 없다. 베트남에서 가장 쉽게 접할 수 있는 한인은 대기업 주재원이나 중소기업 경영진으로 일하다 은퇴 후에도 현지에 남아 개인 사업을 하는 사람이다. 이들 중에는 오랫동안 구상해 온 새로운 사업에 도전하는 사람도 있지만, 전에 다니던 회사의 인맥과 경험을 살려 관련 사업을 하거나 컨설팅하는 사람이 대다수이다. 전자업체에 다니다가 현지에서 '깬틴canteen'이라고 불리는 공장 구내식당에 음식을 공급하는 '케이터링catering' 업체를 설립한 사람도 있지만, 봉제공장 지사장으로 있다가 봉제 관련 무역업을 하거나 부자재 업체를 하는 사람이 더 많다.

은퇴 후 새롭게 사업을 시작할 자본이 부족한 경우에는 대부분 베트남 사정에 '정통'하다는 것을 십분 활용하여 한국인 투자자를 유치하거나 이들을 현지인과 연결해주는 일을 한다. 지역에 해박한 엘리트로서 낯선 외지인을 위한 '중개업brokerage'에 종사하는 것이다 (Schneider, Schneider and Hanson 1974). 이런 부류는 사회적 연결망을 넓히기 위해서 한인공동체 활동에 열심히 참여하며, 앞으로도 개인사업자로서 현지에서 유사한 방식으로 삶을 재생산할 가능성이 크다. 다만 이들이 베트남 한인 사회를 구성하고 지탱하는 중요한 축으로 남더라도 향후 한인 사회에 새로운 변화를 일으키는 촉매

역할을 할 수 있을지는 미지수이다.

현지에 묶인 회사 은퇴자의 꿈
무역업, 58세, 남성

공장을 도맡아 경영하다가 회사 지시로 시내 사무실에서 오더 받는 일을
했다. 그러다 회사 눈치가 보여 그만두고 의류 관련 오더를 받아 베트남인이
운영하는 공장과 연결해주는 일을 하고 있다. 막상 해보니 오더는 있는데 마
진이 박해 쉽지는 않다. … 아이들은 여기서 다 키워 한국대학에 보냈는데 재
산이라고는 한국에 있는 작은 아파트와 퇴직금밖에 없다. 지금이라도 돈만
있으면 시골에서 살더라도 한국으로 가고 싶은데 애들도 아직 독립을 못 했
고, 말이 그렇지 돈을 좀 모아야지 한국에서 노년을 보낼 수 있지 않겠나. 베
트남에서 젊음을 다 바쳤는데 당분간은 떠나고 싶어도 여기에 있을 수밖에
없다. 한국에 가서 새로운 일을 할 수도 없고, 하노이를 좋아해 아직은 있을 만
하다. 노년은 꼭 한국에서 자식들하고 보낼 것이다.

이상에서 설명한 중견 사업가나 회사를 은퇴하고 새로 일을 시
작한 개인사업자와 달리 베트남 한인 사회 구성에 새로운 변화를
일으킬 가능성이 가장 큰 부류 중 하나가 '현채'이다. 한인 사회의
변화와 관련하여 이들을 주목해야 할 필요가 있는 것은 한국기업
이 베트남에 뿌리를 내린 시간이 길수록 점차 이들 숫자가 늘고 있

기 때문이다. 또한, 노동시장에서 현채에 대한 수요가 불안정하고, 임금을 비롯한 이들의 노동조건이 상대적으로 열악하여, 이들이 현지에 장기간 묶일 가능성이 크기 때문이다.

특히 '현채'가 많은 젊은 세대 한인의 경우 이전 세대와 달리 돈을 모으지 못하더라도 가족과 함께 현지에서 생활하는 것을 중요시하는 경우가 많아 한인 사회에서 새로운 사회경제적 성격을 지닌 집단으로 자리매김할 것으로 보인다. 자신의 계급, 젠더, 민족·종족에 바탕을 두고 이들이 현지에서 펼치는 정체성의 정치에 따라 베트남 한인 사회의 초국적 정치 과정에도 변화가 생길 여지가 있다.

현지 채용으로 일하는 중년 한인의 삶과 미래

사무직 노동자, 45세, 남성

한국에서 직장을 그만두고 공무원으로 취직을 하려다 나이만 들어 취업이 쉽지 않았다. 선배의 조언으로 현채로 ○○ 기업 사무실에서 일하게 되었는데, 본사에서 온 직원보다 월급도 적고 얕보는 것 같아 그만두고 한국으로 돌아갔다. 그런데 한국에서도 베트남만큼 월급을 주는 데가 많지 않아 다시 이전 회사에 부탁해서 (베트남으로) 돌아왔다. 그 사이 (한국에서) 결혼한 아내도 현채로 다른 사무실에서 일하게 되었다. 둘이 월급을 타니 생활에는 문제가 없는데 아이를 낳으면 생활이 넉넉지 않을 것 같다. 그래도 현지에서 승진도

하고 뿌리를 내리려고 한다. 한국에 돌아가도 비전이 없고, 현지에서 가족과 함께 무난히 살아가면 되지 않을까 한다. 이제 베트남도 발전해서 생활에 불편함도 없고 아이가 태어나도 한인 학교에 보내면 되고. 회사에 불만이 없는 것은 아니지만 지금으로서는 계속 여기서 살 것 같다.

현지 채용을 선택한 젊은이의 삶과 미래
사무직 직원, 29세, 여성

대학에서 경영학을 전공했다. 지방대학을 나와 한국에서 가뜩이나 어려운 취업이 아득해 보였다. 중소기업은 미래가 없을 것 같고 대기업은 뽑아주지 않을 것 같았는데 ○○(대기업 현지법인)에서 사람을 뽑는다는 것을 알게 되었다. 연수 기간이 길었지만 다행히 취업이 되어 낯선 베트남에 왔다. 동기로 온 '현채'들은 베트남이 좋아서 오거나 산 경험이 있다고 하지만 나는 다낭에 잠시 여행 갔던 것을 제외하곤 베트남을 잘 몰랐다. 그래도 여기에서는 미래가 있을 것으로 생각한다. 회사도 크고 있고 앞으로 현채나 베트남 직원이 중심이 되어 현지화를 할 것이라니 소모품으로 쓰다가 버려지는 않을 것 같다. … 배우는 것이 많아 좋다. 하지만 혼자 낯선 곳에서 생활하고 살림하는 것이 힘들다. … 여기서 배우자를 만날 수 있을지, 결혼하게 될지, 아직은 잘 모르겠다. 하지만 여기에서 일하다가 나이가 들면 점점 한국으로 돌아가기 힘들어질 것이라는 생각은 든다. 지금은 일만 생각하고 미래는 나중에 생각하려고 한다.

현재 한인보다 더 현지에 강하게 묶여있고 베트남 한인 사회에 큰 변화를 일으킬 촉매제가 될 수 있는 집단은 한국인 남성과 베트남인 여성이 결혼하여 가정을 꾸리는 소위 '한-베 가족'이다. 2014년 현재 호찌민에는 약 3천 가구의 한-베 가족이 있었던 것으로 보인다(채수홍 2014: 77). 하노이에 있는 한-베 가족의 수를 정확하게 알 수는 없지만, 2019년 말 현재 하노이 한국학교 초등부에 120명(15퍼센트), 중등부에 25명(10퍼센트)이 있고, 이 비율이 저학년으로 갈수록 높고 외국계 국제학교에 다니는 한-베 가족 자녀도 제법 있다는 점을 고려하면 한-베 가족 규모가 생각보다 크고 빠르게 증가하고 있는 것만은 분명하다. 한인 사회 규모가 하노이의 두배 이상인 호찌민의 한-베 가족 비중은 더 크다. 한인 학교 저학년은 절반 이상이 한-베 가정 자녀이다. 이제 한-베 가정은 특이한 현상이 아니라 현지에 장기적으로 살고 있는 한인에게 생각해볼 만한 선택지가 되고 있다.

한국 자본이 베트남에 투자하던 초기만 해도 베트남, 특히 하노이에서는 한국인 남성과 베트남인 여성이 결혼하거나 동거하는 사례가 드물었다. 여러 부류의 한인이 섞여 살며 규모도 상대적으로 컸던 호찌민과 달리, 하노이는 소수의 주재원으로 이루어진 소규모 공동체라서 베트남 여성과 사귀는 것에 대한 문화적 편견이 더 강하였을 것이다. 특히 2000년 이전에는 호찌민 한인 남성 가운데 본국에 가족을 두고 혼자 이주해서 베트남 여성을 '성 파트너'로 사귀는 경우가 제법 있었고, 이에 대하여 가족과 함께 사는 하노이 한인(특히 주재원 아내)의 비판이 많았다. 부유한 나라에서 가난한 나라로 건너간 인종·종족이, 특히 여성이 중심이 되어 중산층 가족의 성 규범을 강조하며 현지 여성과의 성적 관계를 차별적으로 바라보는 인식이 베트남 한인 사회에도 강하였다(Stoler 1989, 1991 참조).

한인의 이러한 인식과 편견은 '정상적(?)'이고 성공적으로 잘 사는 한-베 가족 사례가 늘어나면서 호찌민은 물론이고 하노이에서도 점차 줄어들고 있다. 한국인 남성이 베트남인 여성과 결혼하여 현지에서 가정을 꾸리면 여러 사회적 연결망과 다양한 문화적 자원을 활용할 여지가 커지고 재산 형성에도 유리하다는 담론이 공감을 얻고 있다. 이런 인식 전환에 따라 현지에서 한국인 남성과 베트남인 여성이 이루는 가정 수와 비율이 점증할 것으로 예견된다.

한-베 가족 사회경제적 지위의 다양성

전 한인 학교 교사, 연령 미상, 여성

다문화 가족(한-베 가족)도 여러 층이 있다. 아버지가 좋은 회사에 다니고 경제력이 있는가도 중요하지만, 베트남 여성이 '배운 여자'이고 윤택한 가정에서 자랐는지, 아니면 남성이 운영하는 사무실이나 가게에서 만나서 결혼했는지에 따라 차이가 난다. … 베트남 여성이 자존심이 강하고 그래서 하노이 '한-베 가족 모임'에서도 갈등이 있다고 들었다. 학교에서도 한-베 가정에서 가끔 과민반응을 할 때가 있다. (덩치가) 큰 한국 아이들이 한-베 가족 아이를 건드

려서 아버지가 격하게 항의한 적이 있다. 아버지는 재혼했는데 공장을 운영하고 좋은 차를 타고 다니며 아이를 굉장히 귀하게 생각하는 것 같았다.

한-베 가족의 자녀 교육과 정체성에 대한 고민

요식업자, 60세, 남성

1996년에 결혼했다. 식당을 차렸을 때 통역을 해주던 여성이었다. 부모가 하노이 사범대를 나온 교육공무원이었다. … 아내 덕분에 돈을 제법 모을 수 있었다. 지금도 수입은 모두 아내에게 맡기고 나는 필요한 만큼 용돈을 받아 쓴다. … 외동딸이 (외국계 국제학교인) UNIS에서 1등으로 졸업했다. 서울대 정치외교학부에 합격했는데 유펜The University of Pennsylvania에 가고 싶어 한다. 유펜, 존스 홉킨스, 버클리 중 한 곳을 선택해서 국제관계학을 공부시켜 로스쿨에 보낼 생각이다. 1학년 때 예일 대학 여름 캠프에 갔는데 이때 목표가 분명해진 듯하다. 세 살 때 한국어를 가르치려고 한국유치원에 보냈는데, 가지 않으려고 잠도 자지 않았다. 2주 지나고 적응을 해서 지금은 한국말과 베트남어 다 잘한다. 국적은 한국과 베트남 모두 가지고 있고, 자신이 해프-해프half-half라고 분명히 이야기한다. 한국말은 잘하지만 한국에 가서 살 생각은 없다고 한다. 외국이나 베트남에서 법률가가 되기를 원한다. 나는 아이의 뜻을 존중할 생각이다.

한-베 가족의 증가는 베트남, 특히 하노이 한인 사회의 구성과 정체성의 정치를 변화시키는 촉매가 될 것으로 기대된다. 이미 호찌민에서는 한-베 가족인 한인이 한인 학교 이사장이나 한인 사회의 주요 단체장을 역임하는 등 한-베 가족 구성원이 한인 사회에서 중요한 역할을 담당하고 있다. 하노이에서도 기존의 차별적 편견이 줄어들면서 한-베 가족인 것을 당당하게 생각하고 한인 사회에서 적극적으로 활동하는 남성이 늘고 있다. 베트남인 여성의 한인사회 내 역할과 활동은 아직 제한적이지만, 한-베 가족 자녀가 성장하여 장차 베트남 한인 사회의 주요 구성원으로 자리 잡을 가능성이 높다.

위의 사례에서 말해주듯이 한-베 가정이 가지고 있는 사회경제적 조건이 차별적이며, 이에 따라 부모나 자녀가 한인 사회와 관계를 맺는 양상도 다양할 것이다. 부유한 한-베 가정의 경우 자녀를 외국계 국제학교에서 교육하고 서구에서 직업을 갖도록 할 수 있다. 자녀를 한인 학교와 한국에 있는 대학에 진학시켜 한국에서 자리잡도록 할 수도 있을 것이다. 아니면 자녀가 베트남 학교에서 교육받고 베트남에서 살아가도록 유도할 수도 있을 것이다.

이처럼 한-베 가족 자녀의 다양한 선택은 향후 이들이 종족·민족 정체성을 어떻게 형성하고 한인 사회와 어떤 관계를 맺는가를 결정하는 중요한 변수가 될 것이다. 이런 점을 고려하면, 아버지인 한국인 남성과 어머니인 베트남 여성이 종족·민족, 젠더, 계급 정체성을 자녀와 어떻게 협상하고, 자녀가 이를 어떻게 수용하는지가 한인 사회의 미래와 연결되어있다고 할 수 있다. 아직은 불확실성이 많이 남아있지만, 베트남 한인 사회 내 한-베 가족의 증가, 이들에 대한 다른 부류 한인의 인식, 그리고 한-베 가정 자녀의 정체성과 선택이 향후 베트남 한인공동체의 구성과 정치 과정을 변모시키는 변수가 될 것으로 보인다.

미래의 한인 사회 구성원으로서 한-베 가정의 자녀

공무원, 45세, 베트남 여성

베트남의 한국기업에 근무하는 남편과 결혼해서 아이를 셋 낳았다. 남편이 베트남을 좋아하고 베트남어도 잘한다. 내가 공부하고 싶다고 해서 한국에 가서 학위를 마칠 때까지 살기도 했다. 아이들은 한국어, 베트남어, 영어 다 잘한다. 엄마가 베트남인이고 아빠가 한국인이고 아이들은 외국계 국제학교에 다니기 때문이다. 남편과 나이 차이가 나서 그런지 너무 잘해준다. … 내 부모도 대학을 나와 학생을 가르쳤던 엘리트이다. 남편이 좋아서, 한국이 좋아서 결혼을 망설이지 않았다. … 아이들이 한국과 베트남 아니면 다른 나라를 선택해서 살지는 알 수 없다. 그래서 아이들을 모두 국제학교에 보내느라 돈이 많이 든다. 남편이 벌어놓은 돈이 있지만 계속 벌어야 애들을 다 키울 수 있다. 하지만 돈보다 아이들이 어디서 어떤 사람으로 살게 될지가 더 궁금하고 염려가 된다. 지금은 남편도 일하고 나도 일해서 열심히 키우는 수밖에 없지만 말이다.

베트남 한인 사회는 한국 자본의 투자를 토대로 형성되고 유지되어온 공동체이다. 한인 사회의 유지와 성장이 투자기업에 달려있다고 해도 과언이 아니다. 따라서 기업에 속한 한인이 한인 사회에서 가지는 위상과 영향력이 점점 커지는 것은 자연스러운 현상이다. 하지만 투자기업 가운데 대기업이나 자본을 어느 정도 축적한 중소기업 경영주는 한인 사회에서 제한적 역할을 하며 초국적 삶을 살고 있고 미래의 청사진을 현지에 두고 있지 않다. 반면 자본, 기술, 지식, 가족을 포함한 사회적 연결망이 현지에 묶인 정도가 높은 한인은 사실상 현지에 정착할 수밖에 없고, 장기적으로 한인 사회의 정체성과 정치 과정에 관여할 가능성이 상대적으로 높다.

베트남 한인 사회의 미래는 이처럼 현지에 강하게 묶여있는 사람의 정체성과 실천과 밀접하게 연계되어있다. 이런 점을 고려할 때 최근 늘고 있는 현지 채용인력과 한-베 가족의 양적 질적 변화가 베트남 한인 사회의 미래를 현재와 다른 형태로 변모시킬 다양한 촉매제가 될 수 있지 않을까 조심스럽게 전망해본다.

5장

베트남 한인의
현지인과의 관계와 정체성

코로나19 팬데믹 직전에 베트남을 방문하였을 때, 필자가 목도한 가장 인상적인 장면은 연일 길거리를 가득 메운 인파가 오토바이 경적을 울리며 베트남 국기를 흔들어대던 순간이었다. 베트남 축구팀이 23세 이하 아시아 축구대회에서 사상 처음으로 4강에 합류하고 이어 결승까지 올라가자 온 나라가 축제에 휩싸였다. 인파와 함성으로 장관을 이룬 길거리를 어렵게 헤쳐나가면서 필자는 여러 상념에 휩싸였다.

필자의 생각을 복잡하게 만든 것은 무엇보다 베트남 국가대표팀의 박항서 감독이 한국인이라는 이유만으로 어딜 가나 베트남인이 한국인에게 호의를 표하는 현상이었다. 한국 팀이 준결승에서 떨어진 것을 조롱하는 베트남인은 거의 없었고, 택시를 타거나 식사를 할 때면 필자가 한국인인지 물은 다음 엄지손가락을 치켜세웠다. 또한, "한국인 최고, 박항서 감독 최고"라는 말을 일상적으로 들을 수 있었다. 베트남 한인과 현지인 사이에 있는 일상적 거리감과 갈등을 잘 알고 있는 필자로서는 이런 친밀감의 표시가 한편으로는 반가우면서 다른 한편으로는 일시적 현상에 그치고 말 것이라는 우려와 안타까움을 느꼈다. 필자가 베트남 한인과 베트남인이 삶터와 일터에서 서로 어떻게 상호작용하고 서로의 이해와 갈등을 어떻게 증폭해가는지 잘 알고 있기 때문이었다.

베트남 한인과 현지 베트남인의 사회문화적 관계와 여기에서 발생하는 갈등 양상을 서술하기 위해서는 두 가지 수준의 논의를 구분할 필요가 있다. 첫째, 베트남 한인 사회 내부의 사회적 분화와는 독립적인 수준에서 한인과 베트남인이 현지에서 맺고 있는 사회적 관계 양상과 '정체성의 정치학politics of identity'을 논할 필요가 있다. 이 절에서는 이런 방향 탐색을 위하여 먼저 베트남 한인이 한국인으로서 베트남 현지인과 어떤 식으로 관계를 맺어야 한다고 믿고 있고, 일상에서 이런 믿음을 어떻게 실천하고 있는지 살펴볼 것이다. 이어 한인의 이런 정체성과 행동을 베트남 사람은 어떻게 인식하고 대응하는지 분석해볼 것이다. 끝으로, 이와 같은 양자의 인식 차이가 어떤 갈등을 야기하는지 살펴볼 것이다.

베트남 한인과 베트남인의 사회문화적 관계 양상과 특징을 서술하는 또 하나의 수준은 이를 한인 사회 내부의 세대별 분화 및 사회경제적 분화와 연결하여 논의해볼 것이다. 이를 위해서 이 장의 2절에서는 주재원, 자영업자, 공장 매니저, '빈곤층'이 각각 현지인과 맺는 사회문화적 관계, 양쪽 종족·민족의 상호인식 그리고 양자가 함께 벌이는 '정체성의 정치'를 분석할 것이다. 다시 말해, 한인과 현지인의 관계 맺기 양상과 서로에 대한 인식 및 정체성의 표출을 한인의 정착 시기, 정착 동기, 사회경제적 조건과 연계하여 탐색해볼 것이다.

1. 한인과 베트남인의 상호인식과 갈등

1) 민족적 위계에 대한 상이한 인식

베트남 한인이 베트남 사람과 현지에서 맺는 관계 양상은 위계적이라는 말로 축약할 수 있다. 자신이 한인 사회 내부에서 어떤 계층, 성, 세대에 속하는가에 따라 정도 차이가 있을 뿐 한인이 베트남인에 비하여 우위에 있다는 인식이 지배적이다. 이런 인식의 현실적, 논리적 근거가 무엇인지는 명확하게 설명하기 힘들다. 하지만 베트남 한인의 일상적 행위와 담화를 면밀하게 살펴보면서 몇 가지 추정은 가능하다.

베트남에 거주하는 한인은 개인적으로 못마땅한 현지인의 행위를 접할 때 흔히 이를 "가난한 나라 사람들의 어쩔 수 없는 한계"로 해석하며, "우리(한국) 과거와 유사하다"라는 말을 덧붙이곤 한다. 한국의 경제 성장 경험과 경제 규모 우위를 한인의 종족·민족적 우위와 등치 하면서 이를 자신이 베트남인을 평가하고 훈계할 자격이 있다고 합리화하는 데 활용하는 것이다. 이런 논리는 분명 19세기 이래 제국주의 헤게모니의 이론적 토대가 되었던 '진화evolution'라는 개념을 품고 있다(Asad 1973). 인간은 계몽되고 합리적으로 될수록 발전한다는 진화 개념은 흔히 근대화이론이나 발전이론 development theory의 통속적 버전을 통하여 대중 담론에 굳건하게 자리 잡고 있다(Billet 1993: 3). 대다수 국민국가의 대중은 더 빨리 경제가 발전하고 근대화가 성취된 국가의 구성원이 사회문화적으로 더 우월하고 진화한 것이라는 강건한 믿음을 가지고 있다. 베트남 한인도 이런 사고에서 완전히 자유롭지 못한 것 같다.

진출 초기 한인은 베트남인의 경제 수준과 생활양식에 대하여 "내 어린 시절을 보는 것 같다"라고 비유하고, "베트남이 한국의 몇 년도쯤 될까"라는 질문을 자주 던지며 이런 확신을 드러내곤 하였다. 공장에 가면 농촌에서 이주하여 근대 산업 사회의 시간에 익숙하지 않은 현지 노동자의 의식이나 행위를 보면서 아직 덜 성숙한 인간을 대하듯 반응하는 한인을 쉽게 만날 수 있었다. 일상에서도 한인의 이런 시각과 행동은 조심하고 감추려 해도 은연중에 드러나곤 하였다. 이로 인하여 일터와 삶터에서 첨예한 대립이 없어도 한국인 매니저와 베트남인 노동자 사이에 오해와 적대감이 쌓이는 경우가 많았다.

베트남의 도시화, 산업화, 경제적 성장, 그리고 전지구화가 빠르게 진척되면서 한인의 이러한 편견은 많이 시정되고 있다. 하지만 아직도 많은 한인이 베트남이 한국보다 경제적으로 빈곤하고 근대화가 덜 진전되었다는 점에 천착해서 자신이 베트남인보다 우월한 경험과 삶의 조건을 향유하고 있다는 생각을 떨치지 못하고 있다. 이러한 인식을 바탕으로 베트남에서 현지인에게 배울 점보다 이방인인 한국인이 가르칠 것이 더 많다고 믿는다.

이런 논리가 한인 사회 내부에서 비판적 성찰이나 자성 없이 일상적으로 관철될 수 있는 것은 한인 대부분이 일터와 삶터에서 베트남인을 관리하고, 지도하고, 명령할 수 있는 사회적 위치에 있기 때문이기도 하다. '빈민층'을 제외하고는 거의 대다수 한인이 고용자나 고객 위치에서 베트남인과 관계를 맺는다. 최근 들어 점차 변화하고는 있지만, 한인이 일과 여가활동 속에서 피고용인이나 면대면 판매자 위치에 서는 사례는 여전히 드물다. 생산된 상품을 베트남인에게 파는 한인 기업도 거래는 현지인 중개상의 손을 빌리는 경우가 대부분이다. 한국산 가전제품이나 휴대전화를 파는 대리점도 현지인에게 판매를 맡기거나, 한인 매니저의 감독을 받는 현지인 점원이 매장에서 베트남인 고객을 대상으로 영업을 한다. 베트남인이 많이 찾는 한국식당조차도 베트남인 직원이 아닌 한국인 주인이 직접 손님을 상대하는 일은 그리 많지 않다.[1]

한국기업의 생산 현장에서 민족적 구분과 위계적 관계는 더 확고하다(채수홍 2003: 170). 뒤에서 상세하게 부연할 기회가 있겠지만, 이런 현상이 가능한 것은 한인과 베트남인이 일터에서 사실상 서로 다른 사회적 관계망 속에서 살고 있기 때문이다. 한-베 가정이나 로컬에 주거하고 있는 '빈곤층'처럼 특수한 경우가 아니라면, 한인은 현장에서 함께 일할 뿐이지 베트남인과 일상에서 긴밀한 사

---

1   요즈음 베트남에 있는 한국식당은 "베트남 고객 없이 장사가 되지 않는다"라고 말할 정도로 주 고객층이 바뀌고 있다. 이는 베트남에 부유층이나 중산층이 늘고 있기 때문이기도 하고, 한인 식당이 너무 많아지면서 한국인 고객만으로는 수지가 맞지 않는 곳이 많아졌기 때문이기도 하다. 이런 식당의 경우에는 주인이 직접 베트남 고객에게 인사를 하고 음식에 대하여 설명을 하기도 한다. 하지만 실제 서빙은 베트남인 종업원이 담당할 뿐 아니라 한인 식당 주인과 베트남인 고객이 친밀한 단골 관계를 맺는 사례는 그리 많지 않다.

회적 관계를 맺거나 문화적 친밀성을 유지하기 힘들다. 물론 베트남 직원의 가족 행사, 의례. 회합에 꼬박꼬박 참석하고, 이들과 진정성을 가지고 사회적 관계를 맺는 한인 상사나 매니저가 없는 것은 아니다. 하지만 이런 일시적이고 간헐적인 상호관계를 제외하면 한인은 한인끼리 중요한 대화를 공유하고, 함께 식사하고, 유흥을 즐기고 있는 것으로 보인다. 서로 표면적으로만 어울릴 뿐 상대방의 사회적 관계망에 실질적으로 포함되어 인식과 감정을 공유하는 경우는 매우 드문 것이다.

신참 한인 매니저의 한인과 베트남인 관계에 대한 소회
사무직 직원, 45세, 남성

베트남에 온 지 이제 6개월이 넘었다. 내가 책임지고 있는 부서에는 한국인 중간 간부가 두 명, 현채가 한 명 있고, 베트남인은 중간 간부가 두 명 그리고 일반 직원이 열 명쯤 된다. 내 입장에서는 문화를 잘 모르는 베트남 직원을 대하는 데 신경을 많이 쓰고 있다. 이들이 실질적으로 내 업무를 가능하게 만들어주기 때문이다. 특히 간부급 직원은 혹시 다른 곳으로 갈까 평소에 살갑게 대하려고 노력하고 있다. 내 부서에 있는 한국인, 베트남인 가리지 않고 전 직원이 매달 생일파티를 하고 단합을 위해 회사 행사에도 같이 참여한다. … 지내다 보니 자연스럽게 식사는 한국 직원끼리 하게 되고 중요한 일도 우리끼리 따로 상의하게 된다. 힘든 일이 있으면 우리끼리 술자리를 갖는다. … 베트남 직원을 소외시키려는 것은 절대 아닌데 처음 마음먹었던 것과는 달리 결국 따로 놀고 있다는 것을 깨달았다. 함께 일을 해도 해외에서 일하고, 한국어를 쓰고, 한국 문화를 즐길 수밖에 없는 것을 알았다. 베트남 직원들끼리도 따로 만난다는 이야기를 들었다. 서로 일을 할 때 문제는 없는데 딴 세상에 속해있는 것은 어쩔 수 없는 것 같다. … 베트남의 여성 중간 간부가 한인 직원 책상을 닦는 것을 보고 깜짝 놀랐다. 물론 강요해서 그런 건 아니고 00(베트남인 여성간부 이름)의 성격 때문인 건 알지만 한국회사에서 한국 직원이 [직급과 관계없이] 더 높게 대접받아야 한다는 생각이 퍼져있는 것 같아 혼란스러웠다.

이와 같은 한계에도 불구하고 외국인으로서 한인이 현지에서 일과 일상생활을 원활히 유지하기 위해서는 베트남인의 조력이 필요하다. 현지어로 의사소통을 능숙하게 할 수 있는 한인은 소수인데다가 외국인으로서 뛰어넘어야 할 법적, 사회적, 문화적 장벽도 만만치 않기 때문이다. 다른 선진국이나 강대국에서 일하는 한인보다 어쩌면 베트남 한인이 이런 점에서 문화적 적응을 훨씬 더디게 하는 것은 아닌지 의심이 갈 정도이다. 미국, 중국, 일본, 프랑스에 사는 한인도 이렇게 현지어와 현지 문화를 모르고 살 수 있을까 하는 의문이 드는 것이다.

베트남에 장기간 거주한 대다수 한인의 베트남어 수준은 일반적 기대에 훨씬 못 미친다. 언어의 세계적 위계에 대한 인식 때문에 베트남 한인이 굳이 영어가 아닌 베트남어를 배우지 않아도 된다고 생각하고, 배울 필요도 크게 느끼지 못하기 때문일 것이다. 이로 인하여 거의 모든 한인은 현지에서 발생하는 사건의 맥락을 설명해주고, 일을 처리해줄 부하직원이 필요하다. 일부는 심지어 시장을 봐주거나 길을 안내해줄 가정부나 운전기사까지 있어야 한다. 이런 상황에서 외국인으로서 한인은 반드시 현지인의 도움을 받을 필요가 있고, 인건비가 저렴한 것이 그나마 위안거리이긴 하지만 만만치 않은 비용을 지출해야 한다.

흥미로운 점은 현지인 고용이 실용적 필요성 외에도 민족적 위계나 품위를 지키기 위한 수단이 되기도 한다는 사실이다. 특히 초기 베트남 한인 사회에서는 "값싼 가정부도 두지 못하고 살아야 한다는 것은 창피한 일"이고 "기사를 고용하고 살아야" 한국인의 자존심이 선다고 믿는 한인이 많았다. 지금도 여전히 민족적 자존심과 우월한 지위를 지키기 위해서 이런 지출이 불가피하다고 생각하는 한인이 있다. 물론 한국에서 누릴 수 없는 것을 현지에서는 당연시하는 풍조를 사치스럽다고 비판하는 한인도 있다. 하지만 한국기업의 직원과 가족은 대부분 가정부와 기사를 고용하는 것에 쉽게 익숙해진다.

최근에는 현지 인건비가 오르고 생활이 전에 비하여 팍팍해지면서 이러한 한인 사회의 관행도 서서히 변화하고 있다. 특히 나날이 경쟁이 치열해지며 수입이 줄고 있는 자영업자나 실질임금이 제자리걸음하고 있는 공장 매니저는 이런 생활을 유지하는 것이 벅차다는 자조의 목소리를 내고 있다. 따라서 소유한 차를 직접 몰거나 가정부나 파출부 도움 없이 살림을 꾸려가는 한인 가정이 점점 많아지고 있는 추세다. 하지만 한인이 베트남인에 대하여 위계상 우위와 품위를 지키려는 욕구는, 현지의 싼 인건비가 뒷받침해주기 때문이긴 하지만, 여전히 이런 풍조를 지속시키는 요인이 되고 있다.

한인과 베트남인의 일상에서의 접촉이 불가피함에 따라 양측의 불만과 갈등도 자연스럽게 발생할 수밖에 없다. 베트남 한인이 이 과정에서 특별히 관심을 기울이는 사항은 자신이 비용을 지출해가면서까지 지키고자 하는 민족적 위신과 자존심에 손상이 일어났는가이다. 실제로 베트남 한인 사회에서는 한인의 위계를 손상케 하여 자존심을 긁은 현지인 피고용자를 어떻게 대응하고 응징하였는가에 대한 무용담을 어렵지 않게 들을 수 있다. 또한, 공장에서 한인 매니저에게 불손하게 대들거나 가정부가 고의로 한인 집주인 지시를 거역하면 반드시 응징하여 '버릇을 고쳐놓는 것이 필요하다'라는 생각이 지배하고 있다. 이에 따라 '현명하게 베트남 사람을 다루는 방법'을 공유하는 한인도 많다.

한인 주부의 베트남인 가정부 다루기
가정주부, 43세, 여성

가정부 다루는 것도 스트레스다. 처음에는 값이 싸고 아이도 있어 가정부를 두었는데 지금은 가끔 필요할 때만 부른다. 전에 비해 인건비가 많이 오르기도 했지만, 비용이 큰 문제는 아니다. 요리하지 않으면 시간당 5~7만 동 [2,500~3,500원]이니 하루 한나절씩 주 3~4일을 써도 2백 달러도 되지 않는다. 문제는 일을 마음에 들게 하지 않고 나무라도 말을 듣지 않고 변명하는 가정부가 많다는 것이다. 베트남인 가정부는 일을 저지르고도 절대로 잘못했다고 말하지 않는다. … 잘할 때는 잘해주어야 하지만 일 시키는 사람으로서 자존심은 지켜야 문제가 생기지 않는다. 혼낼 필요가 있을 때는 확실하게 혼을 내지 않으면 우습게 본다. 말이 통하지 않으면 그만 일하라고 하는 게 현명하다. (베트남 가정부의 나쁜 습관은) 절대 고쳐지지 않는다. … 평소에 친하게 지내는 (가정주부인 한인) 친구들도 같은 이야기를 한다. 한국 사람을 우습게 보기 시작하면 (도둑질을 예로 들며) 이상한 일이 자꾸 생긴다.

한인이 베트남인에게 도덕적으로 비난받아 마땅한 일을 저지른 경우에도 마찬가지의 논리가 적용된다. 한국인의 품위와 자존심을 스스로 훼손함으로써 현지인이 '얕보도록 빌미를 제공하는' 한인은 '철없고 어리석은 자'다. 물론 베트남 한인이 이렇게 해석한다고 해서 이들이 도덕적 자성 없이 품위만 걱정한다는 것은 절대 아니다. 오히려 한인이 다른 한인의 행위를 비판할 때 적용하는 중요한 기준의 하나가 '위계적으로 낮은' 현지인에게 '창피한' 일을 저질러서는 안 된다는 점을 고려하면, 한인 사회 구성원이 서로에게 엄격한 도덕적 요구를 한다고 해석할 수도 있다. 일없이 떠돌며 '문제를 일으키는 빈민층' 한인에게 강한 비난이 쏟아지고 도덕적 자성을 요구하는 행위의 기저에도 이들이 베트남인에게 한국인을 '망

그림 16 축구 국가대항전에 열광하는 호찌민 사람들

그림 17 호찌민의 유명인사 박항서 감독과 필자

'신'시켜서는 안 된다는 우려가 깔려있다.

한인 사회 내부에는 사회경제적 조건에 따른 다양한 부류와 집단이 있고 이들의 초국적 정체성도 다르지만, 한인이 현지인에 대응하는 순간에는 '한국인'이라는 종족·민족 정체성이 의미 있는 실체로 구성된다. 인류학자 에번스-프리처드(Evans-Pritchard 1940)가 고전적 민족지 『누어Nuer』에서 주장한 것처럼 한인의 종족·민족 정체성은 '(한국인) 자신을 위해서(for)'가 아니라 '무엇에(베트남인에) 대항해서(against)' 형성되고 표출되는 것이다.

국가대항 스포츠 경기처럼 민족주의를 감정적으로 고무시키는 특별한 행사나 사건이 아니라면 한인끼리 서로 종족·민족으로서 동질감을 확인할 계기는 그리 많지 않다. 베트남 한인의 진출 초기와 달리 요즘은 "한국인끼리 잘해야 하는 것 아냐"라며 소위 '우리가 남이가' 담론을 일상에서 입에 담는 한인은 많지 않다. 그런데 이와 대조적으로 베트남인의 행동을 평가하고 논의할 때는 한국인으로서 정체감을 드러내는 것이다. 특히 양자 사이에 갈등이 발생하면, 한인이 한국인으로서의 정체성을 강하게 표출하고 행동에 반영하는 것을 목격할 수 있다.

당연하게 들릴 수 있지만 베트남 한인이 믿고 있는 민족적 우위에 대한 확신과 이를 유지하기 위한 물질적, 정신적 노력을 베트남인은 전혀 다른 시각을 가지고 해석하고 대응한다. 한인에게 고용되어있어도, 혹시 어색한 상황을 모면하기 위하여 잠시 그런 척할수는 있겠지만, 외국인인 한인이 우월한 민족적 지위를 누릴 자격이 있다고는 전혀 생각하지 않는다. 오히려 이런 위계를 일상에서 확인하려는 한인에게서 '무례하고 강압적인 한국인의 국민성'을 읽어내곤 한다.

베트남 가정부가 본 한국인의 무례와 강압

베트남인 가정부, 50세, 여성

한국인이 베트남인을 쉽게 생각하고 업신여기는 것을 여러 번 경험했다. 내가 이혼하고 외국인 가정부를 한 지가 10년이 넘었다. (일을 다닌 가정 중에) 한국인 가정이 많았다. 덕택에 아이 둘을 키웠고 이제 큰아들이 대학에 다닌다. 다른 외국인, 특히 서양인이나 일본인 가정에 가면 특별히 돈을 더 주지는 않지만, 마담(부인)이 말을 함부로 하거나 말이 안 통한다고 소리를 지르지는 않는다. 한국인 가정은 맘에 안 들면 바로 언성이 높아진다. 잘해 줄 때는 정말 친구처럼 대해주다가도. … 명절에 선물을 챙겨주는 가정도 많다. … 이해가 가지 않는 일로 화를 내면서 무시할 때는 정말 이상하다. 차라리 (한인) 남자끼리 사는 아파트는 맘이 편하고 상관도 많이 하지 않는데, 부인이 매일 집에 있는 곳에 가면 자존심이 자주 상한다. 나는 일을 하고 있을 뿐인데 베트남 사람이라고 무시하는 것이 느껴진다. 한국에서 한국인 가정부에게도 그렇게 하는지 궁금하다. 한국인이 베트남에 살면서 베트남인에게 무례하고 명령하는 것을 이해할 수 없다. 베트남인은 돈이 많다고 그렇게 하지 않는다. 베트남인을 왜 그렇게 대하는 것일까.

한인이 일상사에서 베트남인과 갈등을 일으키면서 이들에게 "정직하지 못해 신뢰할 수 없다"라고 비난하는 이면에는 베트남인이 속으로는 한인의 민족적 우위를 인정하지 않으면서도 외양상으로만 그런 척한다는 의심과 불만이 깔려있다. 하지만 베트남인에게 한인의 이런 의심과 우월감이 이해되지 않는 것은 자연스러운 일이다. 양자의 이처럼 전혀 다른 시각은 서로의 문화에 대한 '낙인찍기stigmatization'(Hall 1991)로 이어지면서 갈등을 증폭시키고 있다.

2) 일터와 삶터에서의 갈등과 공존

한인과 베트남인의 민족적 위계에 대한 상당한 인식 차이에도 불구하고 양자가 일상에서 사회적 이슈가 될 정도로 큰 갈등을 일으키는 경우는 매우 드물다. 사실 어느 사회나 종족·민족 차이에 토대를 둔 차별과 반목은 존재하기 마련이다. 종족·민족 내부에서 이러한 갈등을 증폭시키는 과장되고 왜곡된 담론을 구사하며 타자에 대한 편견을 강화하는 것도 베트남 한인만의 고유한 문화적 특성은 아닐 것이다.

한인 사회에서도 베트남인에게 피해를 당하였다는 주장을 일상적으로 들을 수 있다. 한인이 일상적으로 접촉하는 택시 기사나 가정부에게 당했다는 이야기는 너무 정형화되어있어 식상할 정도다. 택시 기사가 일부러 다른 길을 선택해서 택시비를 과다하게 청구하고, 방심하면 가정부가 도둑질하니 조심하라는 이야기가 가장 흔한 에피소드다. 실제로 베트남어를 상당히 알아듣는 필자가 택시에 동승해보면 한인이 베트남어 성조나 발음을 제대로 구사하지 못하여 목적지를 오해하게 하거나, 길이 막혀서 다른 길로 간다고 동의를 구하지만 한인 승객이 이해하지 못하는 경우가 다반사이다. 개방 초기와 달리 요즘은 택시회사가 승객의 신뢰를 중요시하여 기사가 승객을 속이는 대담함을 보이는 경우가 흔치 않다. 하지만 현지어에 능통하지 못한 외국인으로서 한인에게는 항상 현지인에게 속을 수 있다는 염려 혹은 기우가 있는 것 같다. 일상 속 경험에 토대를 두고 형성되는 편견은 한인과 베트남인이 서로를 불신하게 만드는 기제로 작동하고 있다.

필자가 처음 연구년을 지냈던 2011년 호찌민 한인 사회에서 일어났던 사건은 이방인으로서 한인의 삶이 경제적인 것과는 별도로 사회문화적으로 얼마나 불안정하고 그 결과 현지인에 대한 불신이 어느 정도인지 잘 보여주었다. 당시 한인 사회에는 주재원 부인한 명이 한인 거주지인 푸미흥에서 새벽에 택시 기사에게 성폭행을 당하였다는 소문이 돌았다. 필자가 아는 주재원은 구체적으로 어느 아파트에서 모 회사에 다니는 주재원 부인이 피해자이며, 그녀가 이미 귀국하였다는 구체적인 상황까지 입에 올리며 공포감을 표현하였다. 하지만 이 소문의 실체는 모두 "내 친구의 친구가 그 집과 잘 안다"라거나 "내 가정부의 친구가 그 집 가정부"라는 식의 풍문으로만 확인되었다. 그럼에도 불구하고 호찌민 한인은 이 사건이 루머가 아닐까 의심하는 필자를 오히려 이상하게 여기곤 하였다.

결국 호찌민 총영사관에서 나서서 베트남 공안과 함께 대대적으로 조사하였고 한인 잡지에 이 사건이 실체 없는 뜬소문일 뿐이라고 여러 차례 알릴 수밖에 없었다. 하지만 호찌민 한인 중에는 여전히 의심의 눈초리를 거두지 않는 사람이 많다.

현지인에 대한 이러한 의심은 극단적이고 예외적 사례라기보다 인종적, 민족적 우월성에 대한 관념과 남성중심주의에 익숙한 집단이 권력을 유지하는 문화적 방식으로 잘 알려져 있다(Stoler 1989, 1991). 파농도 차별적 권력을 지닌 인간 집단에서 발생하는 이와 같은 문화 기저에 깔린 '실존 심리적' 구조의 보편성을 지적한 바 있다(파농 2013).[2] 필자는 무의식을 결정적인 요인으로 보는 파농의 이론에는 동의하지 않지만 적어도 스스로 문화적으로 우월하다고 믿는 집단이 열등하다고 간주하는 집단에 대하여 무의식적으로 갖는 두려움과 이로 인한 과잉 대응은 자주 목격할 수 있는 현상이라고 믿는다.

이런 현상을 해석할 때 유의할 점은 베트남과 한인의 권력 관계 우열이 한인의 상상력에 근거한 것이지 현실을 총체적으로 반영한 것이 아니라는 사실이다. 베트남에서 한인과 현지인의 권력 관계는 일방적일 수 없고 맥락에 따라 달라진다. 한인 기업이나 한인 가

---

2 파농(2013)은 그의 저서 『검은 피부, 하얀 가면』에서 한인 사회에 돌았던 루머와 비슷한 사례를 들면서 이를 '프로스페로스 콤플렉스(Prosperos Complex)'라고 분석한 바 있다. 실존-심리적으로 우월한 위치에 있다고 믿는 백인이 부인이나 딸이 흑인에게 강간당할 수 있다는 의심과 강박관념을 무의식적으로 가지고 있다는 것이다.

정과 같이 양자가 고용자와 피고용자 관계로 만나거나, 한인이 고객인 공간에서는 한인이 권력적으로 우위를 느낄 수 있을 것이다. 하지만 그 밖의 사회적 장에서는 사회문화적 자원이 풍부한 현지인이 권력을 발휘하고 활용할 잠재력을 더 많이 가지고 있다. 따라서 한인이 '무례하고 강압적'인 행동을 보일 수 있는 공간은 미시적이고 한정적일 뿐이다. 가장 위계가 잘 드러나는 일터에서도 기껏해야 '기업 헤게모니corporative hegemony'(Nash 1989)를 활용하여 한정된 공간과 시간 내에서 현지 노동자를 관리하고 통제할 수 있을 뿐이다.

베트남 한인도 이런 사실을 인식하지 못할 리가 없다. 그럼에도 불구하고 왜 많은 베트남인이 한인을 '과도하게 당당하고 큰 소리를 내는 존재'로 느끼는 것일까? 한인의 이와 같은 자신감과 우월한 지위에 대한 믿음은 어디서 오는 것일까? 실제적 측면과 관념적 측면을 모두 고려해야 이에 대한 설득력 있는 대답이 가능할 것이다. 한편으로, 베트남 한인이 현지인에게 권력의 우위를 느낄 수 있는 것은 대부분 한인이 일상에서 우월한 정치경제적 조건 속에서 베트남인을 상대하기 때문일 것이다. 다른 한편으로, 한인이 강한 민족 정체성을 바탕으로 다른 민족에 대한 배타성과 우월성을 상상하고 내면화하고 있기 때문일 것이다. 하지만 이러한 양 측면이 결합하여 행동으로 표출되는 것은 베트남 한인이 외국인으로서 낯선 나라에서 일상을 살아가면서 느끼는 어려움과 좌절감에 대응하고 이를 극복하려는 방식의 하나로 이해할 수 있을 것 같다. 일상에서 겪는 문제의 원인을 베트남인의 문화와 행동양식 탓으로 돌리면서 내면에 쌓이는 불만을 해소하는 것으로 보인다.

예를 들어, 한인은 호찌민과 하노이의 악명 높은 교통체증에 짜증이 나면 베트남인의 운전 습관, 주요 교통수단인 오토바이의 범람, 후진적 교통문화를 한탄하며 상황을 이해하려 한다. 공장에서 일이 어긋나면 베트남 노동자의 몰이해나 무책임함에서 원인을 찾는다. 식당에서 마음에 들지 않는 서비스를 받거나 직원이 실수를 저지르면 자신이 일터에서 겪은 일까지 거론하며 베트남인과 베트남 문화에 대한 자신의 해석이 옳았다는 것을 확인하려 든다. 베트남 한인에게 이와 같은 해석에 과학적 인과성이나 논리적 타당성이 있는지는 사실 별로 중요하지 않다. 이들에게 중요한 것은 낯선 땅에서 벌어지는 이질적이고, 복잡하고, 예측 불가능한 현실을 자신의 방식대로 이해하고 이를 한인 집단 내에서 공유하고 확인받는 것이다.

베트남 한인의 현지 생활에 대한 이러한 이해 방식은 때때로 한인과 베트남인의 감정적 대립으로 귀결된다. 하지만 일상에서 한인과 베트남인이 크게 부딪히는 사건은 매우 드물다. 한인도 현지인과 싸우는 것을 두려워하고, 현지인도 외국인이 연루된 사건으로 공안公安에 불려가는 일을 극도로 삼가기 때문이다. 아주 가끔 한인이 택시 기사와 요금 문제로 다투거나 핸드폰을 분실하여 신고한 사건이 신문에 보도될 정도로 한인과 베트남인은 표면적으로 평화로운 관계를 유지하고 있다. 소수의 한인이 불법적인 행위로 공안

그림 18 베트남 봉제공장 노동자

그림 19 노사분규 중인 베트남 노동자

에 잡혀갔다는 소식이 간간이 들리기는 하지만, 한인과 베트남인의 갈등이 공동체의 시선을 사로잡는 사례는 거의 없다.

그럼에도 불구하고 빈번하게 언론에 보도되면서 대중을 끄는 베트남 한인과 현지인과의 갈등이 있다. 한인 기업과 베트남 노동자의 노사갈등이 그것이다. 한인과 베트남인의 다른 갈등과는 달리 노사분규가 표면화될 수 있는 것은 두 가지 점에 기인한다. 하나는 베트남의 노동집약적 공장에서 일어나는 노사분규가 노동조합을 통하지 않는 '살쾡이 파업' 형태를 띠고 있다는 사실과 연계되어 있다(채수홍 2013a). 살쾡이 파업은 주동자가 나서지 않고 은밀하게 조직되기 때문에 개별 노동자가 한인 매니저와 직접적이고 물리적인 갈등을 피할 수 있다.

또한 살쾡이 파업은 노사분규가 정권과 체제에 대한 도전이 되는 것을 경계하여 강하게 통제하는 공안의 눈을 피할 수 있다. 공산당 하위조직은 물론이고 '사회여론 세포조직tố dư luận xã hội'이나 거주지의 '노동자 세포조직tố công nhân tự quản'의 감시망에 포착되지 않고, 노동자가 의사를 관철하기 위한 최적의 방법이다(채수홍 2016a: 574). 여기에 외국기업보다는 자국 노동자에게 우호적인 언론의 도움을 받아 노동자의 요구를 관철할 수 있는 효율적인 수단이기도 하다. 그 결과 살쾡이 파업은 베트남 노동자에게 정부의 탄압을 유발할 수 있는 폭력시위를 지양하면서도 소기의 목적을 달성할 수 있는 효율적인 수단으로 간주되고 있다.

다른 하나는, 베트남 노동자의 가구 재생산을 위한 생계 조건이

표 10 공장노동자 평균 월수입 및 생활비

(단위: 1백만 동, 환율 1 USD=23,211 VND)

년도	2000	2007	2009	2011	2014	2018
평균임금	1	1.5~2.5	2~2.5	3.5~4.5	4.5~5	7~8
4인 가구 생활비	1.5~2.5	4~5	5~6	9~12	12~14	24~31

* 필자의 인터뷰 자료에 근거한 통계임
** 평균임금은 잔업 포함

나날이 어려워지고 있어 노동쟁의가 불가피하다는 점이다. 베트남 '살쾡이 파업'의 원인은 강압적 노동 과정, 열악한 노동환경, 경영진과의 원활하지 못한 의사소통, 악화하는 빈부격차 등 여러 차원이 있다. 하지만 가장 근본적인 요인은 베트남 공장노동자가 고된 노동에도 불구하고 경제적으로 점점 힘들어진다는 데 있다. 개혁개방 정책이 시행된 초기만 해도 베트남 공장노동자가 배우자와 함께 공장에서 일하면 4인 가족이 생활을 유지할 수 있었다. 하지만 현재는 자녀 수를 줄이거나 고수입의 관리직으로 일하지 않을 경우 가구 재생산이 힘든 상태이다(〈표 10〉 참조). 이는 명목임금의 상승에도 불구하고 교육비, 의료비, 그리고 핸드폰, 냉장고, 오토바이, 냉방기 등 생활필수품의 증가로 실질소득이 감소하였기 때문이다.

이처럼 양 민족의 갈등이 가시화된 계기로서 '살쾡이 파업'은 베트남 한인에게 중요한 교훈을 주고 있다. 우선, 한인은 현지에서 갈등을 줄이기 위해서는 자신이 고용하거나 관리하는 베트남 노동자의 경제적 조건에 대하여 보다 관심을 가질 필요가 있다. 베트남인의 여러 행위를 '빈곤의 문화culture of poverty'(Lewis 1966)의 산물로 간주하고 깔볼 것이 아니라 한인 기업이 이들의 빈곤 원인과 과정을 이해할 필요가 있다. 더 나아가 베트남 노동자가 경제적 이해를 내세우는 이면에는 노동 과정에서 쌓아온 문화적 갈등이 잠재하여 있다는 것을 깨달아야 할 것이다.

이러한 교훈은 노동집약적 공장에만 해당되는 것이 아니다. 대기업부터 소규모 자영업, 그리고 가정에 이르기까지 다수의 한인이 베트남에서는 고용주나 관리인 위치에 있기 때문이다. 이들이 베트남인과 갈등을 줄이고 평화로운 상생관계를 유지하기 위해서는 베트남인의 경제적 어려움을 살피고, 분규가 표면화할 때 기존에 축적해온 불만을 반추해볼 필요가 있다는 것이다. 한인이 베트남에서 현지인에게 적대감을 사는 일을 피하기 위해서는 자신의 문화적 편견을 성찰하는 것과 함께 피고용자의 경제적 사정에 민감하게 반응해야 한다.

끝으로 이 절에서 한인과 베트남인의 갈등 양상을 다루다 보니 양자가 항상 긴장과 대립 속에 있는 것처럼 오해할 수 있을 것 같다. 한인 사회의 역사가 길어지면서 문제도 많아지고 있지만, 베트남과 현지인에 애정을 가지고 고마움을 표하는 한인이 점점 늘고 있는 것도 사실이다. 특히 장기 거주를 하면서 베트남에서 생계를 꾸리고 있거나 부를 축적한 한인은 베트남인을 존중하면서 공존의 필요성을 자주 이야기한다. 하지만 필자는 이런 한인들마저도 민족 정체성을 확인하는 과정에서 자신도 모르게 베트남인을 타자화시키는 문화적 편견에서 벗어나지 못하는 것을 자주 목격하였다. 그로 인하여 이들이 일상에서 자신이 경험하는 문제를 베트남인의 문화적 관념과 행동양식 탓으로 돌리는 행태를 부지불식간에 드러내는 것이 안타깝다.

2. 한인과 베트남인의 관계 및 상호인식의 변화

1) 한인의 사회경제적 분화, 베트남인과 관계 맺기 양상, 그리고 편견

베트남 사람에게 한인과의 관계와 한인의 이미지에 대하여 질문하면 반드시 등장하는 두 가지 이야기가 있다. 베트남전쟁으로 맺은 한국인과의 인연과 개방 초기 노동집약적 공장에서 빈번하게 발생하였던 노사분규가 그것이다. 이 두 이미지는 양국의 핵심적인 역사적 관계를 함축하고 있을 뿐 아니라 한인과 베트남인이 현지에서 맺고 있는 관계의 두 가지 다른 양상을 연상시킨다.

먼저 베트남전쟁은 양국의 애증관계를 상징하는 한인 원로세대를 떠올리게 한다. 이들은 라이따이한과 직간접적으로 연결되어있을 뿐 아니라, 재정착 이후에도 현지인과 가장 밀접하게 살면서 신뢰와 갈등을 동시에 만들어낸 사람이다. '한국인 거리'와 밀집촌의 씨앗을 뿌렸을 뿐 아니라, 현재도 현지인과 가장 가깝게 지내면서 일상적 갈등을 자주 만들어내고 있는 사람이다. 이에 비해, 한국계 공장의 노사분규는 개방 초기에 일상에서 베트남인과 사회적으로, 문화적으로 겉돌면서 큰 충돌을 일으킨 한인 공장 매니저를 떠올리게 한다(전경수 1999: 57-76).

베트남에 거주하는 한인도 자신이 속한 한인 사회의 성장을 전망하고 한계를 논할 때 이런 두 부류의 사람을 나누어 언급한다. 귀화나 영주권 획득이 사실상 불가능한 베트남에서 형식적으로는 한인 모두가 일시적 정주 상태이다. 하지만 실제로는 떠날 사람과 뿌리내릴 사람으로 구분되어있으며 양자의 점이지대에 경제적인 이유로 떠나고 싶어도 못 떠나는 사람이 존재한다. 떠날 사람과 뿌리내릴 사람은 현지인과 맺는 관계 양상과 현지화 정도에서 상당한 차이를 보인다.

가장 현지인과 갈등을 적게 만들어내면서 동시에 가장 현지화 정도가 약한 사람은 베트남 한인 사회의 상층부인 주재원이다. 이들이 현지인과 긴밀한 접촉을 하며 인간적으로 관계를 맺는 장소는 직장과 가정 외에는 거의 없다. 이들은 '브로커' 역할을 하는 심복을 통해서 현지에서 발생하는 일을 해결할 뿐, 일상에서 현지인과 밀접하게 접촉하는 일이 거의 없다. 높은 교육 수준을 자랑하지만, 직장에서 현지인과 대화할 때 주로 영어를 사용하기 때문에 베트남어에 매우 서툴다. 따라서 베트남 기층 민중의 삶을 경험적으로 접할 기회도 거의 없다. 주재원은 베트남인 운전기사, 직장동료, 서비스 업종 직원을 통하여, 주재원의 부인은 가정부를 통하여 초보적인 베트남어를 익히고 베트남인의 삶을 간접적으로 그리고 피상적으로 접하는 것이 고작이다.

주재원이 베트남어를 사용하지 않는 이유

증권회사 간부, 45세, 남성

다들 처음 베트남에 오면 몇 개월 대학 어학당에 가서 배우다가 시간이 없어 개인 교사를 고용한다. 하지만 6개월을 넘기지 못한다. 대략 3개월 정도 하다가 그만둔다. 베트남어 발음이 어려운 탓도 있지만, 기본적인 말만 알면 되지 일하는 데 지장이 없다는 것을 금세 깨닫기 때문이다. … 직장에서는 영어로 이야기하면 된다. 처음 베트남어를 배우면 사용하려고 할 때 상당한 좌절감을 맛본다. 베트남어로 대화를 하면 못 알아들을 뿐 아니라, 어린애가 된 기분이다. 그래서는 직장에서 베트남 부하직원을 제대로 통제할 수가 없다. 우습게 볼 수 있다. … 베트남에 먼저 온 동료들이 베트남어를 배울 시간에 영어, 일본어, 중국어 같은 말을 배우는 게 나중에 도움이 된다고 말한다. 실제로 해당 관청의 높은 사람을 만나거나 (베트남인) 고객을 만날 때는 영어를 사용하면 된다. 그쪽에서 영어를 못하면 직장에서 한국어 통역을 데리고 나가면 된다. 아무래도 통역이 의사전달을 잘못해서 보디랭귀지를 많이 하게 되지만.

이에 비하여 투자기업의 매니저 특히 노동집약적 공장의 매니저는 개방 초기와 달리 현지인 특히 공장노동자와 일상적 접촉을 통하여 사회적 관계를 돈독하게 하려고 노력하는 경우가 많다. 현장 매니저의 소통 부족과 폭력적 관리가 원인이 되어 발생하였던 노사분쟁이 점차 줄고 있는 현상은 현장에서 양자가 소통하는 방식에 변화가 생기고 상호 간 이해가 증진되고 있음을 증명한다. 물론 발음이나 문법이 정확하지 않고 사용하는 단어가 매우 제한되어 있지만, 적어도 현장에서는 능숙하게 베트남어로 의사소통하는 매니저가 점차 늘고 있다. 이들은 영어를 잘하지 못할 뿐만 아니라 사용할 기회도 많지 않다. 반면, 베트남 노동자와 얼굴을 맞대고 직접 지시할 일이 많아 상사 주재원보다 현지어에 능통하다. 3~5년 정도 체류하고 한국으로 돌아가는 주재원보다는 현지에 남아있을 확률도 높아 현지 생활환경 적응에도 상대적으로 더 적극적이다.

하지만 공장 매니저도 직장 때문에 현지에 장기간 체류하고 있을 뿐이지 언제든지 귀국할 준비가 되어있는 사람이라는 점에서 근본적으로는 주재원과 차이가 없다. 생존 차원에서 현지화를 해가는 부류와는 베트남 사람과 맺는 사회적 관계나 문화적인 적응 양태가 다른 것이다. 이런 점을 두고 볼 때 한인 공장 매니저는 현지에 정착하려는 생각이 없지만 현지화할 필요가 있다. 또한, 한국인이지만 베트남 노동자와 같은 계급적 위치에 있으며 동시에 같은 피고용인이지만 관리자 위치에 있는 미묘한 존재이다. 여기에 대부분 남성인 한인 공장 매니저가 여성이 다수인 베트남 노동자를 관리한다는 특수성도 더해져야 할 것이다.

이처럼 베트남의 한인 공장 매니저가 초국적 일터에서 종족·민족, 계급, 젠더와 연계하여 드러내는 다원적 정체성은 복잡한 함수로 얽혀있다. 이를 계급이라는 변수를 중심으로만 보면 한인 공장 매니저는 현지 노동자와 비교하여 노동조건이 상대적으로 나을 뿐, 자본이 허락한 범위 내에서 삶을 사회경제적으로 가까스로 재생산하고 있는 노동자일 뿐이다. 이런 점을 놓고 볼 때 이들이 자신의 정치경제적 조건을 개선하고자 시도하는 과정에서 자본과 상충하는 이해관계를 경험하고 계급의식을 획득하는 것이 자연스러운 현상일 것이다.

하지만 베트남의 한인 공장 매니저는 현지에서 노동조합을 결성하려 하지 않고, 심지어 일방적으로 해고를 당해도 크게 저항하지 않고 이에 순응하는 것이 일반적이다. 왜 이들은 이처럼 자본의 논리에 순응하며 살고 있을까? 이에 대하여 여러 대답이 있을 수 있다.

베트남 정부가 자국민의 노동조합결성과 노동쟁의에 대해서는 법과 제도를 정비하여 지원하고 있지만, 외국인 노동자에 대해서는 무관심하기 때문이라고 말할 수도 있다. 현장 기술직이나 관리직의 글로벌 노동시장 상황이 좋지 않은 현실에서 한인 공장 매니저가 일자리가 있다는 사실과 현재 받는 처우에 어느 정도 만족하고 있기 때문일 수도 있다. 현지인 노동자를 관리하는 외국인 매니저라는 위치에서 생겨나는 이중적 계급의식 때문이라는 분석도 가능할 것이다. 이러한 해석들이 모두 설득력 있게 들리는 것은 신자유주의 이념이 확산하고 글로벌 노동시장이 유연해지고 있는 현실에서 어느 국가나 지역 노동 현장에서 목격할 수 있는 현상이기 때문이다.

이상의 해석에 동의하면서도 필자는 호찌민의 한국계 공장과 같은 (여러 문화적 차이가 뒤섞이고 부딪히며 만들어내는 사회적 장으로서) 초국적 일터에서 발견되는 추가적 현상에 주목할 필요가 있다고 본다. 여기서 추가적 현상이란 초국적 일터에서 종족·민족적 분화와 갈등을 통하여 계급의식이 은폐되고, 혼란스러워지고, 신비화되는 과정을 말한다. 초국적 일터에서 특별히 이러한 현상이 두드러지게 나타나는 것은 같은 민족끼리 일하는 일터와 비교되게 이곳에서는 외국인(한인) 공장 매니저와 현지인(베트남인) 노동자 사이에 극복하기 힘든 사회적 거리감과 문화적 차이가 존재하기 때문이다. 또한, 외국인 매니저와 현지 노동자의 이러한 사회문화적 차이가 이들의 계급적 동질감이나 현장에서의 위치(관리자와 통제 대상자) 때문에 발생하는 이질감보다 이들의 정체성에 훨씬 더 크게 영향을 미치기 때문일 것이다.

한인 공장 매니저와 베트남인 노동자의 피상적 관계 맺기

섬유 공장 매니저, 52세, 남성

몇 달에 한 번 정도 반장들과 맥주를 마시고 가라오케도 간다. 조장 이상 경조사에는 한국 사람들(한인 매니저)이 참석한다. … 라인 반장이 초대해서 집에 간 적도 있다. … 말도 잘 안 통하고 예의상 서로 어울리는 거지 밥도 따로 먹고 밖에서 만날 일도 없는데 서로 알아봐야 얼마나 알겠나. 우리끼리는 누가 친한지 알고 무슨 생각하는지 대략 짐작하지만, 자기들끼리 어떤 생각을 하는지 우리에 대해 무슨 얘기를 하는지 알 수가 있나. 직장이야 말썽 없이 일 잘하면 다 아니겠는가. 불량 내고 거짓말 안 하면 되는 거고, 친한 척하다가 옆 공장에서 파업한다고 뒤통수나 안 때리면 고맙지 뭐. … 아! (베트남에서) 15년을 살았지만 회사 행사 빼고는 조, 반장급 아닌 베트남 근로자와 밖에서 만난 기억이 거의 없다.

어느 공장에 가나 베트남인 노동자는 작업반, 출신지, 친인척, 그리고 '냐쪼'라고 불리는 월세 쪽방 거주지 등을 중심으로 서로 긴밀한 사회적 연결망을 구축하고 있다. 이들은 이러한 연결망을 활용하여 다른 기업의 근로조건에 대한 정보를 획득하고 공동육아와 같은 생활상의 도움도 주고받는다. 또한, 이런 사회적 관계를 유지하기 위하여 적은 급여에도 불구하고 매달 상당한 경조사비를 지출한다. 냐쪼에서 맺는 이러한 사회적 관계와 문화적 공유는 노동자가 한인 경영진에 대항할 때 유대감을 형성하는 토대가 된다(채수홍 2016a: 570-572).

하지만 한국 공장 매니저는 일터 내에서조차 베트남 노동자의 사회적 연결망에 제대로 접근하지 못할 뿐 아니라 관심조차 두지 않는 것이 일반적이다. 한인 공장 매니저는 일터 내에서 업무와 관련하여 대화를 나누어야 할 필요성이 있을 때를 제외하고는 베트남 노동자와 거의 어울리지 않는다. 업무를 수행하거나, 식사하거나, 휴식을 취할 때도 사무실이나 기숙사에 마련된 방에 모여 한인 매니저끼리 따로 어울린다. 지나가면서 베트남 근로자와 장난도 치고 대화를 나누기도 하지만, 이런 행동은 우연히 이루어질 뿐이다. 일터에서의 상황이 이러할진대 일터 밖에서는 말할 나위도 없다. 한인 매니저끼리만 여가생활을 즐기고 고충을 나누며 친밀한 관계를 유지한다.

이처럼 일터에서 수직적으로 연결된 현장의 생산조직과 생산 과정 내에서가 아니라면 한인 매니저와 베트남 노동자는 서로 다른 사회문화적 세계에 살고 있다. 이로 인하여 생기는 거리감은 자연스럽게 오해와 불신으로 이어진다. 이를 가장 잘 보여주는 것이 양자가 서로에 대하여 전개하는 '민족성national character' 담론이다. 한인 공장 매니저는 현장에서 문제가 생기면 베트남인이 "청결하지 못하고", "거짓말을 잘하고", "책임감이 없다"라고 비난하며 이를 이들의 '민족성' 때문이라고 해석한다.

마찬가지로 베트남 근로자도 불만이 생길 때면 한인 매니저가 "급하고", "폭력적이고", "의심이 많다"라는 부정적 '스테레오타이핑 stereotyping'을 자주 활용한다. 물론 이런 민족성 담론을 상대 앞에서 직접 전개하는 경우는 극히 드물다. 하지만 이런 부정적 담론이 서로에 대한 사회적 거리감을 확대할 것이라는 점은 미루어 짐작할 수 있다. 이러한 사회적 거리감과 불신은 파업과 같은 공장 내의 정치적 갈등을 매개로 증폭된다.

노동집약적 공장과 같은 초국적 일터에서 노동자와 경영진이 갈등을 일으키는 것은 대부분 임금과 노동조건에 대한 양자의 이해관계가 갈리기 때문이다. 실제로 최근 베트남에서 일어난 파업은 거의 예외 없이 이러한 경제적 이해관계의 대립에 기인한 것이다 (Do Quynh Chi et al. 2011). 그럼에도 불구하고 노사갈등이 일어나면 양자가 모두 원인 분석과 해결 과정에서 계급이 아닌 종족·민족과 관련된 언어와 담론을 주로 활용한다. 노동과 자본의 정치경제적 이해보다는 양자 모두가 한국인과 베트남인의 과도한 경제적 욕구나 바람직하지 못한 정치문화의 귀결로서 해석한다. 노동정치 내에서 문화정치가 전개되는 것이다.

이 과정에서 계급 문제는 민족 간 갈등 문제로 은폐되고 신비화된다. 호찌민의 한인 공장 매니저가 베트남인 노동자의 요구에 대하여 같은 노동계급으로서 공감 대신 적대감을 노골적으로 표현하는 것은 이와 같은 신비화 과정의 결과이다. 베트남인 노동자가 한인 공장 매니저의 이중적인 처지를 이해하기보다 한국인의 노동문화에 대한 비판에 집중하는 것도 같은 맥락에서 해석할 수 있다.

베트남의 일부 한인 공장에서 발생하는 조선족 공장 매니저에 대한 베트남인 노동자의 부당한 차별도 민족 갈등을 통한 계급 문제의 신비화 과정을 극명하게 보여주는 사례이다(채수홍 2016b: 304-311). 조선족 공장 매니저는 한인 공장 매니저에 비하여 임금을 적게 받지만[3] 기술과 관리능력이 뛰어나다. 하지만 한인과 베트남인 시각에서는 한국인 경영진의 이해관계와 편의 때문에 고용한 중국인일 뿐이다. 베트남 노동자는 이들이 한국어를 구사할 줄 알 뿐이지 한국 국적을 갖고 있지 않다는 점을 잘 알고 있다. 따라서 매니저이지만 한인과 다른 부류로 인식하면서 부당한 텃세를 부리곤 한다. 아예 한인 매니저라면 회사의 위계적 권력 체계 때문에 노골적인 저항을 보여줄 수 없겠지만, 조선족 매니저는 국적이 한국도 아니면서 한인 행세를 하는 애매한 위치에 있다는 점을 알고 쉽게 '마녀사냥witch hunting'의 제물로 삼는다. 실제로 호찌민 한인 공장의 노사협상 과정에서 베트남인 노동자가 한인 공장 매니저의 태도를 문제 삼기보다 조선족 공장 매니저에 대한 불만을 해결해달라고 요구하는 사례가 많다.

조선족 매니저에 대한 텃세와 차별

조선족 공장 매니저, 55세, 남성

처음 오면 기술이 있는지 석 달 정도 (베트남 노동자가) 테스트를 한다. 뭔지 모르지만 삐딱하게 나간다. 많이 싸웠다. 말을 듣지 않으면 통역을 시켜 "너와

---

3   조선족 공장 매니저의 월 평균임금은 경력에 따라 1,500~2,500달러이다. 최대로 많이 받는 사람도 3,000달러를 넘지 않는다. 대략 한인 공장 매니저의 절반 정도의 급여를 받는다고 생각하면 된다.

나 중 하나가 나가자"라고 소리를 지른다. 텃세가 있다. 헌 기계로 미싱 경합을 해 이기면서 나아지긴 했지만 보이지 않는 어려움이 많다. … 사이판에서는 한국기업이었지만 중국인(노동자)과 함께 일해서 여기 같은 문제가 없었다. 여기는 중국 동포 매니저에 대해 (베트남 노동자가) 불만을 표시하는 공장이 있어 말썽이 일어나는 경우가 많다. … 우리는 한국인에 대해서도 불만이 있다. 베트남 근로자 앞에서 꾸중하거나 내가 결정한 일을 상의 없이 뒤집을 때가 있다. 이런 문제가 생기면 중국인(조선족)끼리 모여 불만을 말한다.

조선족 공장 매니저의 차별로 표출되고 있는 한인 공장 매니저에 대한 베트남 노동자의 민족적 불신과 적대감은 '정치경제적 이해에 바탕을 둔 정치'가 민족을 둘러싼 '정체성의 정치'에 의하여 신비화되고 있는 과정의 산물이다(Lee 1988: 21 참조). 이처럼 초국적 일터인 호찌민 한인 노동집약적 공장에서는 한인 공장 매니저도 베트남 노동자도 노동계급으로서의 의식을 형성하고 표출하기보다는 종족·민족 정체성에 토대를 둔 의식을 기반으로 세상을 해석하고 실천하고 있다. 이로 인하여 공장에서 목격되는 한인과 베트남인과의 갈등은 궁극적으로 계급적인 성격을 갖지만, 일상에서는 민족적인 것을 통하여 표출된다.

이상에서 논의한 주재원이나 공장 매니저와 비교해볼 때, 영구적으로 정착할 수밖에 없는 사람은 자신을 일시적으로 머무는 사람과 구분하며 현지인과 관계를 맺어간다. 이들은 곧 떠날 부류가 한인 사회에서 사회경제적인 지위를 기반으로 정치를 이끌고 있지만,

본질적으로는 직장에 매인 일시적 체류자일 뿐이라고 말한다. 이들은 주재원이나 공장 매니저가 현지에서 생활 기반을 닦고 뿌리내릴 사람이 아니라는 점에서 '진짜 현지 한인'인 자신과 구별된다고 말한다. 남부 호찌민의 경우에 국한된 것이긴 하지만, 소위 코참 사람으로부터는 '한인회에나 속해야 하는 사람'으로 비하되지만 스스로는 '진짜' 한인임을 강조하는 자영업자가 이런 부류의 대표적 한인이다.

자영업자를 필두로 머물러야 하는 혹은 그럴 수밖에 없는 사람이 현지화를 위하여 노력해야 하는 이유는 많다. 이들은 한인이 주요 고객이지만 현지 거리에서 가게를 하고 있고, 현지인 직원의 도움으로 영업을 하고, 현지 돈으로 물품을 거래한다. 현지 돈으로 저축을 하고 현지에서 재산을 축적하기 위하여 믿을 수 있는 현지인과 사귀어야 해야 한다. 현지인의 명의를 빌려 가게를 임대하여 사업을 하는 대다수 자영업자의 경우 더욱 그러하다. 이들 가운데 주재원이나 공장 매니저보다 베트남어를 잘하는 사람이 상대적으로 많은 이유도 이처럼 베트남인과 일상적으로 접촉하면서 신뢰를 쌓아야 할 현실적인 필요가 있기 때문이다.

이런 점을 종합해볼 때, 베트남 한인 사회에서는 일반적으로 사회경제적 계층이 낮을수록 현지화의 필요성을 더 절실하게 느끼고, 현지인과 더 밀접한 사회적 관계를 형성한다고 말할 수 있다. 특히 '빈곤층' 한인은 이런 가설에 잘 부합한다. 현지인과 '사회적 거리social distance'를 유지하면서 일터와 주거지에서 생활하는 주재원과 달리 돈이 없는 한인 '빈곤층'은 현지인이 사는 주거지역에 집을 구해야 하고, 비용을 아끼기 위하여 베트남의 노점 음식도 마다하지 않는다. 무엇보다 이들에게는 체류비자부터 사소한 생필품까지 베트남인의 안내와 도움을 받아 해결해야 하는 경우가 자주 발생할 수밖에 없다.

필자가 만난 베트남 한인 가운데 현지화의 필요성을 가장 강조한 사람들은 월 5백~1천 달러의 수입으로 사는 '빈곤층'이었다. 이들은 한인이 현지인에 대하여 위계적 우위를 점하려는 행동을 도덕적으로 비난하면서 자신이 현지인과 어울려 현지인의 생활을 이해하며 살고 있다는 점을 인정받고 싶어 하였다. 하지만 이들의 현지화는 자발적인 선택이 아니라 강요된 선택에 불과하다. 이들 가운데 베트남인과 일상적인 갈등을 경험하고 문제를 일으키고 있는 사람이 유독 많다는 것이 그 증좌證左이다. 베트남 한인 사회는 사회경제적 조건이 좋은 집단일수록 현지인과 피상적인 관계를 맺거나 현지에 일시적인 정체감을 느끼고, 사회경제적 조건이 열악할수록 현지인과 현지에 깊숙하게 파고드는 현상을 목격할 수 있는 곳이다.

2) 한인과 베트남인의 관계 맺기와 상호인식 변화

사회경제적 집단별로 상이하게 전개되는 현지인의 관계 맺기 양상은 베트남 한인 사회의 역사가 길어지면서 서서히 변화해가고 있다. 정착 초기인 90년대까지만 해도 '볼썽사나운 한국인ugly Korean' 에 대한 비판과 성찰이 한인 사회의 주요 담론이었을 만큼 한인의 현지인에 대한 태도에 문제가 많았다. 하지만 시간이 지나면서 한 인이 베트남 현지인과 관계 맺는 양상과 현지인에 대한 이해 방식 이 조금씩 바람직한 방향으로 선회하고 있다. 이제는 베트남인에게 소리를 지르거나 베트남 음식을 보고 얼굴을 찌푸리는 한인을 거 의 만나볼 수 없을 정도로 한인의 현지와 현지인에 대한 시각과 태 도가 달라졌다.

베트남 한인도 '시공간의 압축time and space compression'(Harvey 1990)에 따라 빠르게 진척되고 있는 전지구화와 초국가주의의 물결 속에 살 고 있다. 베트남 현지에 고립되어 한국 문화에만 노출되어 사는 것 이 아니라 현지인들과 어울리며 빠르게 다문화가 이루어지는 세계 에 살고 있다. 베트남에서도 다양한 국적의 미디어를 통하여 세계 곳곳의 문화를 쉽게 접할 수 있다. 베트남 한인은 대부분 실시간 중 계되는 한국을 필두로 한 여러 나라의 TV 프로그램을 시청하고, 유 튜브나 페이스북을 통하여 바깥세상과 소통한다. 덕택에 베트남 한 인도 익숙하지 않은 타문화를 배척하고 자문화 중심주의에 빠져있 던 과거에 비하여 점점 세계시민으로서 소양을 갖추어가고 있다.

구성원의 성격이 바뀌고 있다는 점도 한인 사회가 현지에서 관 계 맺는 양상에 변화가 일고 있는 요인이다. 초기 한인 사회가 노동 집약적 중소기업과 자영업 중심이었다면 지금은 대기업도 많이 진 출하였고 업종도 금융, 건설, 유통, 교육 등으로 확대하고 있다. 이 과정에서 타문화와 다문화에 대한 이해도가 높은 청년층 한인 수도 함께 증가하고 있고, 이러한 구성원의 변화가 한인 사회를 이전과 다른 공동체로 변모시키고 있다.

한인의 현지인에 대한 인식과 이들과 관계를 맺는 양상을 변화시키고 있는 가장 중요한 요인은 한인의 베트남 체류 역사가 길어지면서 베트남인과 베트남 문화에 대한 애정이 깊어지고 이해도가 심화하고 있다는 사실이다. 경험과 연륜이 쌓이면서 한인도 조금씩 이전의 단견과 편견에서 벗어나 현지의 사회문화적 맥락을 이해하고 다양성을 고려하면서 현지인을 판단하려는 지혜를 서서히 갖추어가고 있다. 특히 베트남에서 최소 10년 이상 살아온 1~3세대 한인은 베트남의 고도성장과 베트남인의 호의와 노동력 덕분에 자신의 경제적 삶이 풍요로워졌다는 사실에 만족하고 고마움을 느끼고 있다.

한인의 베트남 체류 기간과 경륜을 판별하는 법

공장주, 61세, 남성

베트남에 오래 산 사람과 얼마 되지 않은 사람은 그냥 알 수 있다. 베트남 사람이나 베트남이 어떤지 물어볼 때 대답이 술술 나오면 온 지 얼마 안 된 사람이다. 물론 사람마다 조금씩 다르긴 하지만 대체로 그렇다. 베트남에 살다 보면 이런 사람 저런 사람 다 만나게 되고, 이것저것 다 경험하게 된다. 베트남인도 여러 종류고, 베트남도 큰 나라다. 온 지 얼마 되지 않은 한국인은 자기가 본 것이 전부라고 생각하니 그런 대답이 나오는 거다. ⋯ 외국회사에서 법인 장으로 보내서 처음 베트남에 온 지 15년이 넘었고, 독립해서 공장을 한 지도 10년쯤 된다. 큰 회사 다니다가 조그만 공장을 하니 자금도 부족하고 자존심도 상하고 고생 많이 했다. 상황이 어렵다 보니 베트남 근로자들에게 화도 많이 낸다. 한데 돌이켜보면 베트남 근로자들이 싼 임금에 열심히 일해주어 오늘의 내가 가능했다. 성실하게 일을 해주어 정말 고맙게 생각한다. 특히 (일한 지) 오래된 조, 반장들은 내 자식 같다.

베트남 한인의 이와 같은 현지인을 대하는 의식과 태도의 변화를 이끈 또 다른 요인은 베트남의 성장과 베트남인의 사회경제적 지위의 변화 때문이다. 2019년 현재 GDP가 3천 달러를 겨우 넘어선 베트남은 여전히 가난한 나라지만, 베트남의 압축성장은, 아직은 소수지만, 부유층과 중산층 탄생을 가능하게 하였다. 사실 베트남의 공산당 고위급 간부나 신흥 자본가는 대다수 베트남 한인과 비교할 수 없을 정도로 부유하다. 여기에 최근 분 부동산 열풍은 부를 축적한 벼락부자도 많이 만들어냈다. 호찌민, 하노이, 다낭에 나날이 우후죽순처럼 솟고 있는 아파트 주인의 절대다수가 베트남인이라는 점이 이를 증명하고 있다. 필자와 오랜 인연이 있는 당 간부나 지식인층 대다수도 지금은 베트남 중심도시에 아파트를 소유하고 있다.

베트남에서 상위소득 20퍼센트 가구와 하위소득 20퍼센트 가

그림 20 한인과 베트남인 상류층이 거주하는 호찌민의 고급 아파트 단지

구의 1인당 소득 격차는 2010년 9.2배에서 2016년 9.81배로 증가하였다(ILSSA and ILO 2018: 34). 이를 상하위 10퍼센트로 좁히면 소득 격차는 훨씬 커진다. 이처럼 나날이 악화하는 불평등 속에서 베트남 한인이 상대하는 사람도 양극화하고 있다. 이런 상황에서 투자자나 동업자를 구하거나 누군가의 편의 제공이 절실한 한인은 베트남인 상류층과 긴밀한 관계를 맺을 필요가 있다. 상류층 베트남인은 한인보다 알부자인 경우가 많고, 주요한 사안을 결정할 권력을 가진 사람에게 접근할 수 있는 특권화된 부류이다. 이런 베트남인과 접촉할 기회가 많아지면서 그리고 이들이 베푸는 호의가 중요해지면서, 한인이 현지인을 얕보던 태도에 변화가 일고 있다. 오늘날 한인은 베트남에서 진짜 권력과 부는 베트남인이 가지고 있다는 사실을 깨닫고 있다. 이러한 경험이 한인의 현지인에 대한 인식과 이들을 대하는 태도에 많은 변화를 불러일으키고 있다.

부유한 집안의 베트남 직원

은행원, 40세, 남성

○○의 집에 가서 깜짝 놀랐다. 아까 사무실에서 본 살이 좀 찐 친구가 ○○이다. ○○는 아버지가 건설장비 관련한 회사를 하는데 주유소도 몇 개 가지고 있다고 한다. 아버지가 장가갈 때까지만 우리 회사에 다니라고 해서 직장에 다니는 거지 우리는 상상할 수도 없는 부자다. 전에 회사 MT를 갔다가 차

량 기름이 떨어졌는데 아버지 회사에서 기름을 싣고 왔다. 끝나고 모두 ○○ 집에 갔는데 엄청난 규모의 호화주택이라 깜짝 놀랐다. 거의 빌라촌 전체가 그 친구 집인 것 같았다. 그 친구 생일에는 비싼 케이크나 선물을 (회사) 동료들에게 전부 돌린다. … 이 친구 집에 가기 전에는 몰랐다. 워낙 표를 잘 안 내는 친구다. 가끔 일을 시키기가 미안하기도 하고 굳이 왜 우리 회사에서 일을 하나 의문이 들기도 한다. 물론 우리 회사가 유명해서 아버지가 자랑스러워한다고는 하지만 나 같으면 회사 때려치우겠다. … 우리 회사에 그 친구처럼 집안이 부자인 직원이 몇 명 있다. 우리 같은 한국인 월급쟁이들이 함부로 대하는 것은 뭘 잘 몰라서 그러는 것이다. 물론 회사에서 다른 직원을 무시하거나 부자라고 특별대우하지는 않지만, 한국인 직원이 베트남 직원을 무시하면서 "애들 월급이 얼마냐"고 물으면 "너보다 부자야"라면서 이런(○○의 집안에 관한) 이야기를 해준다. 진짜 부자는 베트남 사람이라는 것을 모르고 까부는 한인이 많은 것 같다.

2000년대 중반 이후 내수 시장을 겨냥하여 금융, 서비스, 유통, 건설 등 다양한 분야에 많은 한국기업이 진출하면서 베트남 한인은 이제 노동집약적 공장 노동자만이 아니라 여러 직종의 전문인력과 상대하고 있다. 영어를 포함하여 여러 외국어를 능숙하게 구사하고 전문적 식견을 가진 베트남인과 함께 일을 하게 되면서 한인이 베트남인을 더는 무시하지 못하게 되었다. 자신이 현지인에게 도움을 주는 존재라고 생각하던 한인이 오히려 현지인에게 도움을 청하고 있는 자신을 발견하는 상황이 전개되고 있다. 향후 베트남에서 현지인의 역할이 점점 커질 수밖에 없어 이런 상황은 점점 많아질 것이 분명하다. 이런 변화 속에서 한인이 이전에 가졌던 민족적 위계에 대한 상상도 현실적 근거를 잃어가고 있다.

　이러한 상황 변화는 현지인의 한인에 대한 인식에도 영향을 주고 있다. 예를 들어, 이전처럼 한인을 일방적으로 도움을 받고 배우는 상대가 아니라 동등한 파트너 위치에서 보게 되면서 한인이 '무례하고 건방지다'라는 선입견이 줄어들고 있다. 또한, 한인 회사의 한인과 베트남인과의 위계적 관계가 아직은 사라지지 않았지만, 이들은 자기가 다니는 한국 회사에 점차 현지화의 흐름에 순응하고 현지인의 능력을 존중하는 직장문화가 정착되고 있다는 점을 느끼기 시작하였다. 이런 변화에 조응하여 베트남인은 가난에 찌들어있던 개방 초기에 외국인을 바라보던 편중된 시각에서 벗어나서 이들에 대한 환상을 조금씩 지우고 있다.

　이처럼 베트남 한인과 현지인의 관계 맺기 양상이 조금씩 변하면서 양자의 상호 인식도 함께 탈바꿈하는 중이다. 한인과 베트남인 모두 다양한 사회경제적 지위를 가진 부류로 분화하면서 이전처럼 한인이 일방적으로 베트남인을 내려다보아도 된다고 생각할 수 있는 현실적 준거가 사라지고 있다. 여전히 베트남에 진출한 지 오래되지 않은 '신출내기' 한인이 현지인에 대한 편견을 감추지 못하며 눈살을 찌푸리게 하고는 있지만, 베트남 한인 사회에는 한인과 베트남인 양자의 관계를 지속가능^{sustainable}하게 이끌 수 있는 현상이 점점 두드러지고 있다.

베트남 한인공동체의 미래

오늘날 한국과 베트남은 서로 이해관계가 긴밀하게 얽혀있어 상대의 중요성을 깊이 인식하고 있는 핵심협력국이다. 2017년에 수교 25주년을 맞은 양국은 '전략적 협력동반자'로서 정치와 외교 관계에서 협력을 강화해왔으며, 특히 어느 나라보다 긴밀한 경제 관계를 유지하고 있다. 양국의 무역 규모는 지난 10년간에만 여섯 배 이상 증가하여 2016년에는 무려 450억 달러를 넘어섰으며, 조만간 베트남은 미국을 추월하여 중국에 이어 한국의 두 번째 교역국이 될 것으로 예상된다(한경닷컴 2018.03.23.). 양국 경제 관계가 이처럼 긴밀해짐에 따라 인적 교류를 통한 사회문화적 소통도 날로 증가하고 있다. 이에 상응하여 한국에 사는 베트남인과 베트남 한인도 거의 같은 규모와 비율로 빠르게 늘고 있다.

이러한 양국 관계의 진전을 상징하듯, 베트남 현지에서는 2017년 '한국-베트남 수교 25주년'을 기념하는 다채로운 행사가 열렸다. 4월에는 하노이에서 '한-베 수교 25주년 기념 한국인의 날' 행사가 다양한 문화 프로그램과 함께 진행되었고, 11월에는 '호찌민-경주 세계문화 엑스포'가 호찌민에서 성대하게 개최되었다. 또한, 양국 관계 발전을 기념하기 위하여 7월에 문재인 대통령이 응우옌쑤언푹Nguyễn Xuân Phúc 총리와 G20 정상회담이 열린 함부르크에서 만나 교역 증진, 인프라 건설 협력, 한반도 평화 등에 대하여 논의를 진행하였으며, 11월에는 '아시아 태평양 경제협력체Asia Pacific Economic Cooperation, APEC' 모임이 진행된 다낭에서 쩐다이꽝Trần Đại Quang 국가주석을 만나 "2020년까지 양국의 교역을 1천억 달러까지 확대"하기로 약속하기도 하였다. 이어 2018년 3월에는 문재인 대통령이 베트남을 국빈 방문하여 베트남전쟁에 얽힌 문제에 대하여 사과의 뜻을 전하고, 쩐다이꽝 국가주석이 이에 화답하며 친밀한 양국 관계를 과시한 바 있다.

오늘날 한국과 베트남의 관계는 어느 나라와 비교해도 특별하다고 말할 수 있다. 특히 한국 입장에서 베트남은 미국, 일본, 캐나다, 호주 등 전통적인 이민대상국에 이어 한국기업과 한국인의 이주가 빠르게 진행되고 있는 새로운 지역이라는 중차대한 의미가 있다. 따라서 긴밀한 양국 협력관계를 배경으로 경제적 기회를 찾아 베트남으로 이주하여 일시적 또는 반영구적으로 정착하는 한인이 급증하고 있으며, 이로 인하여 발생하는 다양한 사회문화적 현상이 주목받고 있다. 이런 맥락에서 베트남 한인의 삶을 기록하고 이해하는 작업도 적실성을 더해가고 있다.

하지만 한국과 베트남의 인적, 물적 교류가 너무 빠르게 증가하고 변화하는 관계로 베트남 한인의 삶을 정형화하여 묘사하기가 점점 힘들어지고 있다. 베트남 한인이 이렇게 저렇게 살고 있다는 식으로 단일한 특성에 초점을 맞추어 정의하거나 기술하기가 쉽지 않아졌다. 이런 시도는 급변하는 베트남 한인 사회에서 살아가는 사람들의 삶을 결정화essentialization, 구상화reification, 단순화시킬 위험이 있다. 이 글에서 기술하고 분석한 베트남 한인 사회는 단일한 실체가 아니라 사회경제적 조건에 따라 분화한 여러 부류와 집단으로 구성되어있다. 또한, 특정한 사회경제적 조건과 맥락 속에서 서로를 구별 지으며 상호작용하는 다양한 사회문화적 행위자의 집합체이기도 하다. 베트남 한인 사회의 주재원, 공장 매니저, 자영업자, 기타 집단은 서로 다른 삶의 조건을 가지고 있으며 삶터와 일터에서 초국적transnational인 종족·민족 정체성을 실천하며 살아가는 모습 또한 상이하다.

베트남 한인 사회의 이 같은 사회경제적 분화와 '정체성의 정치'는 한인 사회가 형성되어온 역사적 맥락 속에서 이해할 수 있다. 역사적 시기에 따라 베트남 한인 사회 규모가 증감하고 질적 변화가 일어나는 과정을 설명해야만 오늘날 한인 사회의 모습을 제대로 기술하고 분석해낼 수 있는 것이다. 베트남 내에서도 남부와 북부의 한인 사회가 서로 다른 정치 과정을 보여주고, 정체성 차이를 보이는 현상도 각각의 역사적 맥락 속에서 이해함이 마땅하다. 필자가 베트남 한인의 삶을 베트남 한인 사회의 역사 속에서 설명하려고 시도한 이유가 여기에 있다.

베트남에서 장기간 거주한 언론인의 주장대로, 베트남 한인의 삶을 관통하고 있는 특징을 제시하라면 '일시성temporality'이라는 단어를 떠올리게 된다. 한국과 베트남 '사이에 낀in-between' 한인의 초국적 삶을 더욱 명확하게 만드는 것은 베트남의 한인이 일시성을 지닌 채 살고 있다는 사실이다. 베트남 한인 사회에서 발견되는 사회문화적 위계, 종족·민족적 정체성, 사회경제적 조건에 따른 집단에의 정체성, 현지인과의 관계 등이 모두 한인 삶의 초국적 일시성과 밀접하게 관련되어있다. 베트남 현대사의 굴곡은 한동안 한인 세대의 연속성을 단절시킴으로써 베트남 현지에서 한인의 삶이 일시성에서 벗어날 기회를 박탈하였다. 또한, 베트남의 이민자에 대한 정책과 제도는 현재 현지에 사는 한인의 삶을 유동하는 일시성 속에 가두어놓고 있다.

베트남 한인의 삶의 일시성은 베트남 한인 사회가 미국, 일본, 중국, 구소련 등의 한인 사회와 전혀 다른 사회문화적 특징을 갖도록 허용하고 있다. 베트남 한인은 일시적으로 머무는 동안 자신에게 필요한 현지인하고만 선택적으로 관계 맺음으로써 타국에서 '소수자minority'가 아닌 다수자로 행세할 수 있다. 현지 베트남인에 대하여 민족적 위계에서 우월적 지위를 점하고 있다고 믿고, 일상사를 통하여 이를 끊임없이 확인하고자 노력한다. 또한, 베트남 한인 사회에서는 일시적인 체류자인 주재원이 삶의 뿌리를 현지에 내리려는 자영업자보다 높은 사회적 위세를 향유하고 있다. 한국에 가까울수록, 좀 더 정확히 말하자면 한국에 돌아갈 가능성이 클수록 그리고 현지에 정착할 가능성이 적을수록 높은 사회적 위계를 가진다.

베트남 한인의 삶을 관통하고 있는 일시성은 한국과 가까워 높은 사회경제적 조건을 향유하는 사람일수록 현지인과 피상적인 관계만 맺도록 허용한다. 한국과 멀어져야 비로소 현지인과 사회경제적으로 밀접하게 관계 맺도록 만들고, 아주 멀어지면 현지인에 의존하도록 만든다. 한인 사회의 다양한 사회경제적 집단은 때론 이런 일시성을 이용하고 때론 비난하면서 한인끼리 그리고 현지인과 관계를 만들어나간다.

다음과 같은 질문에 대한 대답을 명확하게 할 수 없는 것도 이런 일시성 때문이다. 베트남 한인 사회가 베트남 안에 실질적으로 뿌리내린 집단으로 자리 잡을 수 있을까? 아니면 현재와 같은 형태가 계속 유지될까? 현지에 뿌리내리려는 사람이 한인 사회의 주도 세력이 되면 한인이 한정된 베트남인과 필요에 의해서만 관계를 맺는 지금의 양상에 변화가 생길까? 이런 변화가 오면 베트남 한인의 민족적 위계에 대한 믿음이 계속될 수 있을까? 최근 증가하고 있는 베트남 한인 남자와 현지 베트남 여성의 혼인은 한인 사회의 일시성에 어떤 변화를 가져올까? 베트남 여성과 한국 농촌 총각과의 결혼은 한인 사회 변화와 무관할까? 베트남 한인 사회에 관한 앞으로의 연구는 이런 질문에 대한 대답을 찾기 위한 노력이 되어야 할 것이다.

베트남의 한인 사회는 향후 어떤 변화를 겪게 될 것인가라는 질문은 베트남 한인 사회의 미래를 예상해야지만 답할 수 있는 질문이다. 앞에서 살펴본 것처럼 하노이 한인 사회가 호찌민 한인 사회와 비교되게 평화로운 정치 과정과 품위 있는 일상을 유지하고 있다는 주장은 주재원 중심 사회로 출발한 초기형성기에 대한 기억에 토대를 두고 있다. 하지만 IMF 사태 여파와 삼성, LG 등 대기업의 등장을 계기로 베트남 한인 사회도 양적으로 성장하고 질적으로 변모하고 있다. 이 과정에서 호찌민 한인 사회가 그랬던 것처럼 하노이 한인 사회도 빠르게 사회경제적 분화를 겪고 있으며, 이로 인하여 구성원 사이의 '사회적 거리감social distance'(Bourdieu 1984, 1987)도 커지고 있다. 이는 호찌민은 물론이고 하노이 한인 사회도 동질적이고 규범이 잘 작동하는 공동체로서의 이미지를 더 이상 유지하기 힘들 것이라는 사실을 예고한다.

그럼에도 불구하고 하노이 한인 사회가, 적어도 호찌민 한인 사회와 비교해볼 때, 여전히 한인회를 중심으로 왕성하고, 유연하고, 타협하는 정치 과정을 보여주고 있는 점은 인상적이다. 한인회의 튼튼한 재정적 기반, 여러 단체와의 개방적인 관계, 정치 수도에 사는 외국인으로서 한인이 실천하는 '규범적이고 실용적인 전략'(Bailey 1969) 등이 이런 정치 과정을 유지하는 데 기여하고 있는 것으로 보인다. 다행스럽게 호찌민 한인 사회도 최근 한인회 지도부를 새로 구성하여 정치 과정의 정상화를 꾀하고 있고, 코참을 중심으로 한인회가 하는 역할을 제한적이나마 수행하고 있다.

하지만 하노이 한인 사회가 호찌민 한인 사회만큼 인구가 많아지고 사회경제적 분화를 경험하게 되어도 현재의 정치적 행태를 유지할 수 있을지 의문의 여지가 있다. 베트남 한인 사회의 미래를 전망하기 위해서는 사회 변동의 토대를 이루는 인구학적, 사회경제적 흐름과 함께 한인 사회 구성원과 주요 행위자의 변화에 주목할 필요가 있다. 어떤 구성원이 많아지고 이들 각각이 어떠한 계급, 종족·민족, 젠더 정체성을 가지고 한인 사회의 정치 과정에 개입할 것인지에 따라 베트남 한인 사회도 유의미한 변화를 겪게 될 것이다. 이런 점에서 베트남 한인 사회에서 증가하고 있는 현지 채용 관행과 한-베 가족 형성에 특별히 주목할 필요가 있다.

베트남에서 오래 살아온 많은 한인이 베트남을 '감사의 땅'이라고 말한다. 현지에서 생계를 유지하고, 자녀를 교육하고, 문화적 차별을 거의 느끼지 않으면서 현지인과 함께 살 수 있었다는 점에 위안을 얻고 안도한다. 이처럼 감사하는 감정이 어느 정도 지속될 것인지는 근본적으로 한국 자본의 베트남 투자 추이에 달려있다. 베트남 한인 사회가 형성된 계기와 발전 동력이 모두 한국기업의 이전과 투자에서 비롯되었고 앞으로도 그럴 것이기 때문이다.

이런 점에서 베트남 경제 성장의 지속가능성은 한인 사회가 어떻게 변모할 것인지를 결정하는 가장 중요한 요인이다. 필자 견해로는 베트남 정치경제의 미래는 크게 세 가지에 달려있다. 첫째, 산업구조의 고도화 성공 여부이다. 베트남이 언제까지 젊고 저렴한 노동력에 의존하여 경제 성장을 지속할 수는 없을 것이다. 임금이 나날이 상승하고 있고 생산 가능 인구도 변화가 불가피하기 때문이다 (ILSSA and ILO 2018: 11-12).

둘째, 베트남 경제가 대외의존도를 어느 정도 줄일 수 있을지도 관심을 가지고 지켜볼 일이다. 세계화에 따라 어느 나라의 경제나 상호의존이 불가피하지만, 언제까지 외국자본에 의존하여 산업화를 계속할 수는 없을 것이다. 정치경제적 불안정성을 내포하고 있는 외국자본 의존도를 적어도 산업 분야에서라도 '적절한' 수준으로 낮춤으로써 자율성을 확보할 필요가 있을 것이다(채수홍·이한우 2018: 31).

끝으로, 빈부격차 심화로 인한 인민의 불만에 대한 대책이 필요하여 보인다. 노사갈등과 파업만이 아니라 환경, 재산분쟁, 반중국 정서 등을 계기로 베트남인이 보여주고 있는 정치적 저항은 사실상 일부만 부유하고 대다수가 힘들게 사는 사회주의 베트남 시장경제의 모순을 질타하는 목소리이다. 이러한 문제를 어떻게 해결하는가에 따라 한인 기업과 한인 사회의 미래가 크게 영향받을 것이 분명하다.

하지만 베트남 한인 사회의 구성원이 어떻게 사회적 관계를 맺고, 어떤 문화적 관념을 가지고, 어떤 정치를 벌일 것인지는 자본의 흐름을 파악하는 것만으로는 예측할 수 없다. 초국적인 공간에서 한국인으로서, 현지에 사는 한인으로서, 그리고 특정 가족 구성원으로서 어떻게 생활을 재생산하고, 어떤 정체성을 가지고 일상을 살아가는지에 대한 추가적인 연구가 필요한 것이다.

이런 점을 고려할 때, 베트남 한인 사회에 관한 후속 연구는 한인이 삶을 펼치는 일터와 가족 그리고 이곳에서 벌어지는 초국적 정치 과정에 대한 보다 상세하고 구체적인 '민족지적' 작업일 필요가 있다. 한국인으로서 일터와 거주지에서 현지인과 부대끼며 살아가는 남성과 여성, 현지화에 소극적인 한인 학교 또는 '디아스포라 연합체'인 국제학교에서 교육받고 현지에서 자라나는 아이, 그리고 이런 초국적 상황에 합류한 베트남 여성까지 모든 한인 사회 구성원이 삶의 좌표를 어떻게 설정하고, 서로를 어떻게 인식하면서 삶을 실천하는지를 그려내는 연구가 되어야 할 것이다.

다시 말해, 베트남 한인이 한국과 베트남 양 국가와 자본의 제약 아래서 한인 사회의 공동체 규범을 어떻게 만들어갈 것인지 그리고 자신의 계급, 종족·민족, 젠더 속에서 이러한 규범을 어떻게 해석하면서 일상을 살아낼 것인지에 대한 보다 맥락적인 현지 연구가 실행될 필요가 있다. 이런 연구가 실행되었을 때 현지에 묶여 사는 이들이 자신의 현재를 어떻게 꾸리고 미래를 전망해나가는지에 대한 이해가 진전될 수 있을 것이다.

김기태. 2002. 『전환기의 베트남』. 서울: 조명문화사.

김영진. 2010. "베트남 선교와 한인 디아스포라교회 역할 연구." 장로신학대학교 세계선교대학원 석사학위논문.

김정아. 2003. "초국가시대의 종족정체성." 제35차 한국문화인류학회 정기학술대회발표문.

김철수. 2003. 『사이공 사이공: 한 현지 경영인의 베트남 체험기』. 서울: 얼과 알.

고려대학교 노동문제연구소(편). 1999. 『현지화 경영과 노사문제: 베트남 내 한국계 기업』. 서울: 미래인력연구센터.

매리 하이듀즈. 박장식·김동엽 옮김. 2012. 『동남아시아의 역사와 문화』. 서울: 솔과학.

박번순. 2018. "신남방지역으로서 아세안과 경제협력 방안." 신흥지역연구 통합학술회의 발표문.

박정호. 2010. 『싱싱 gogo 오감만족 베트남』. 서울: 성하출판사.

박지은. 2016. "아세안 Top3 VIM을 가다: 베트남, 인도네시아, 미얀마." 서울: 무역협회.

안병찬. 2005. 『사이공 최후의 표정 컬러로 찍어라』. 서울: 커뮤니케이션북스.

윤대영·응우엔 반 낌·응우엔 마인 중. 2013. 『1862~1945, 한국과 베트남의 조우: 교류, 소통, 협력의 중층적 면모』. 서울: 이매진.

윤인진. 2008. "Korean Diaspora and Transnationalism: The Experience of Korean Chinese." 『문화역사지리』 20(1): 1-18.

이강우. 2010. "도이머이 이전 베트남 경제의 이중구조와 인민들의 생존 방식에 대한 연구." 『국제지역연구』 14(2): 215-236.

이광래. 1989. 『미셸 푸코 : 狂氣의 역사에서 性의 역사까지』. 서울: 민음사.

이대용. 1981. 『사이공 억류기』. 서울: 화남출판사.

이상우. 1984. 『제3공화국 외교비사』. 서울: 조선일보사.

이한우. 2001. "베트남 체제변화와 21세기 발전방향: 제 9차 당대회 결과 분석." 『국제지역연구』 5(4): 123-145.

_____. 2011a. "베트남에서 점진적 개혁의 지속: 제 11차 공산당대회 결과 분석." 『동남아시아연구』 21(3): 105-138.

_____. 2011b. 『베트남 경제개혁의 정치경제』. 서울: 서강대학교출판부.

이한우·부이 테 끄엉. 2015. 『한국-베트남 관계 20년, 1992-2012: 협력관계의 전개와 발전방향』. 서울: 폴리테이아.

이한우·채수홍. 2017. "베트남 2016: 정치, 경제, 대외관계의 현황과 전망." 『동남아시아연구』 27(1): 163-171.

_____. 2019. "베트남 2018: 경제성장의 지속화와 정치적 보수화." 『동남아시아연구』 29(1): 175-203.

전경수. 1999. "베트남 내 한국계 기업의 노동문제에 관한 문화적 이해." 고려대학교 노동문제연구소(편). 『현지화 경영과 노사문제: 베트남 내 한국계 기업』. 미래인력연구센터: pp. 31-86.

정선인. 2017. "한국의 대베트남 교역 및 투자구조 분석과 소비시장 진출방안에 대한 시사점." 『산업경제분석』. KIET.

조흥국. 2009. 『한국과 동남아시아의 교류사』. 서울:소나무.

차상덕. 2013. 『수의를 걸치고 외길 8십4: 차상덕 자서전』. Nha Xuan Ban Lao Dong(노동출판사).

채수홍. 2003a. "호치민시의 개혁과정에 대한 정치경제학적 연구." 『비교문화연구』 9(1): 75-108.

_____. 2003b. "여성, 노동자, 여성노동자:여성주의 민족지의 젠더와 계급." 『여

성연구』2(65): 83-116.

_____. 2003c. 호치민 다국적 공장의 정치과정에 관한 연구.『한국문화인류학』 36(2): 143-182.

_____. 2005. "호치민 한인사회의 사회경제적 분화와 정체성의 정치학."『비교문화연구』11(2): 103-142.

_____. 2007. "귀환 베트남 이주노동자의 삶과 동아시아 인적교류."『비교문화연구』13(2): 5-39.

_____. 2008. "베트남의 주변국 인식과 동아시아 지역협력."『동남아시아연구』 18(1): 181-211.

_____. 2013a. "베트남 살랭이 파업의 양상과 원인: 남부 빈즈엉Bình Dương을 중심으로."『동남아시아연구』23(3):1-48.

_____. 2013b.『베트남 진출기업 인사관리 성공전략』. 서울: 노사발전재단.

_____. 2014. "호치민 한인 공장매니저의 초국적인 삶: 일터와 거주생활공간을 중심으로."『비교문화연구』20(2): 47-94.

_____. 2016a "산업화 역사, 사회경제적 분화, 그리고 노동자의 저항: 베트남 남부 빈즈엉 성의 민족지적 사례."『비교문화연구』22(1): 541-583.

_____. 2016b. "베트남에 거주하는 조선족 공장매니저의 초국적인 삶과 문화정치."『동남아시아연구』26(4): 279-320.

_____. 2017. "하노이 한인사회의 형성, 분화, 그리고 미래."『한국문화인류학』 50(3): 125-174.

채수홍·이한우. 2018. "베트남 2017: 경제, 정치, 대외관계의 현황과 전망."『동남아시아연구』28(1): 21-51.

최병욱a. 2006. "중국 역대 왕조의 베트남 인식:『25사』를 통해서 살펴봄."『동북아역사논총』11: 273-303.

최병욱b. 2006.『동남아시아사: 전통 시대』. 서울: 대한교과서주식회사.

로저 키징. 전경수 옮김. 1985.『현대문화인류학』. 서울: 현음사.

파월전사편찬위원회. 1997.『월남전과 고엽제(상)』. 서울: 전우신문사.

프란츠 파농. 이석호 옮김. 2013.『검은 피부, 하얀 가면』. 고양: 인간사랑.

필립 랑글레·꽈익 타인 떰. 윤대영 옮김. 2017.『베트남 현대사: 통일에서 신공산주의로 1975-2001』. 과천: 진인진.

황익주. 1994. "아일랜드에서의 일상적 사교활동과 사회집단 분화: 인류학적 사례 연구." 『지역연구』 3(4): 169-200.

현대경제연구원. 2017. "포스트 차이나의 선두주자 베트남의 성장 가능성에 주목하자." 『한반도 르네상스 구현을 위한 VIP 리포트』. 통권 711: 17-38.

Asad, Talal. ed. 1973. *Anthropology & Colonial Encounter.* Reading, U.K.: Ithaca Press.

Bailey, F. G. 1969. *Strategems and Spoils: A Sociological Anthropology of Politics.* New York: Schocken Books.

Basch, L., N. Schiller, C. Blanc-Szanton (eds.). 1994. *Nation Unbound: Transnational Projects, Postcolonial Predicaments and Deterritorialized Nation-State.* London: Gordon and Breach.

Bhabha, Homi. 1994. *The Location of Culture.* New York: Routledge.

Billet, Bret Lee. 1993. *Modernization Theory and Economic Development.* Westport, Conn: Praeger Press.

Blim, M. and F. A. Rothstein (eds.). 1992. *Anthropology and the Global Factory: Studies of the New Industrialization in the Late Twentieth Century.* New York: Bergin and Garvey.

Bourdieu, P. 1984. *Distinction: A Social Critique of the Judgement of Taste.* (translated by R. Nice). London: Routledge and Kegan Paul.

_____. 1987. "What Makes a Social Class? On The Theoretical and Practical Existence Of Groups." *Berkeley Journal of Sociology* 32: 1-17.

Bresford, M. 1988. "Issues in Economic Unification: Overcoming the Legacy of Separation in Postwar Vietnam." in D. G. Marr and C. P. Whites eds., *Dilemmas in Socialist Vietnam.* Ithaca: Cornell University Southeast Asia Program: 95-110.

Bryceson, D. and V. Vuorela (eds.). 2002. *The Transnational Family: New European Frontiers and Global Networks.* New York: Berg.

Brewer, R. 1997. "Theorizing Race, Class and Gender: The New Scholarship of

Black Feminist Intellectuals and Black Women's Labor." In R. Hennessy and C. Ingraham, eds. *Materialist Feminism: A Reader in Class, Differentiation and Women's Lives*. New York: Routledge: 236-247.

Brodkin, K. 2000. "Global Capitalism: What's Race Got to Do with It?" *American Ethnologist* 27(2): 237-256.

Burawoy, M. 1985. The Politics of Production: *Factory Regimes Under Capitalism and Socialism*. London: Verso.

Clifford, J. 1994. Diasporas. *Cultural Anthropology* 9(3): 302-338.

Comaroff, J., 2001. Of Revelation and Revolution, In J. Vincent ed., *The Anthropology of Politics: A Reader in Ethnography, Theory and Critique*, Malden, Mass.: Blackwell: 203-212.

Do Quynh Chi, Vu Minh Tien and Vu Thanh Duong. 2011. "Trends of Labour Strikes, 2010 and 1st Quarter of 2011." *Vietnam-ILO Industrial Project Report*.

Endres, Kirsten W., 2013. "Traders, Markets and the State in Vietnam: Anthropological Perspectives." *Austrian Journal of South-East Asian Studies* 6(2): 356-365.

Evans-Pritchard, E. E. 1940. *The Nuer: A Description of the Modes of Livelihood and Political Institutions of a Nilotic People*. Oxford: Clarendon Press.

Fforde, Adam and Stephen De Vylder. 1996. *From Plan to Market: The Economic Transition in Vietnam*. Boulder, Co.: Westview Press.

Frobel, F., J. Heinrichs and O. Kreye. 1980. *The New International Division of Labor: Structural Unemployment in industrialized Countries and Industrialisation in Developing Countries*. Cambridge: Cambridge University Press.

Glick-Schiller, N. and G. Fouron. 2001. *George Woke Up Laughing: Long-distance Nationalism and the Search for Home*. Durham: Duke University Press.

Glick-Schiller, N., L. Basch and G. Blanc-Szanton. 1992. "Towards a Transnational Perspective on Migration: Race, Class, Ethnicity and Nationalism Reconsidered." *Annals of the New York Academy of Sciences* 645: 1-258.

Gramsci, Antonio. 1973. Selections from the Prison Notebooks of Antonio Gramsci. Q. Hoare and G.N. Smith eds. New York: International Publishers.

Hall, G. M. 1991. *African in Colonial Louisiana: the Foundation of Afro-Creole Culture in the Eighteenth Century*. Barton Rouge: Louisiana University Press.

Hannerz, U. 1996. *Transnational Connections: Culture, People, Places*. London and New York: Routledge.

Hart, Keith. 1985. "The Informal Economy." *The Cambridge Journal of Anthropology* 10(2): 54-58.

Harvey, D. 1990 *The Condition of Postmodernity*. London: Wile-Blackwell.

Hayes, M. 2010. "Re-conceptualizing Transnational Issues in East and South East Asia." ASEAN-ROK Workshop Paper: 23-46.

Ho Xuan Hung. 2004. Co Phan hoa Doanh nghiep Nha nuoc: Ket qua, Vuong mac va Giai phap. [국영 기업 주식화: 결과, 곤경 및 해법.] Tap chi Cong san so 18-2004.

Huang, S. 2010. "Rethinking Transnational Migration in/out of Asia: Existing Concepts and Fresh Perspectives." ASEAN-ROK Workshop Paper: 8-21.

Humphrey, John and Hubert Schmitz. 2000. *Governance and Upgrading: Linking Industrial Cluster and Global Value Chain Research*. IDS Working Paper 120. Institute of Development Studies.

ILSSA and ILO. 2018. *Labor and Social Trends in Viet Nam 2012-2017*, Hanoi: Institute of Labor Science and Social Affairs and International Labor Organization.

Kerkvliet, Benedict. 2019. *Speaking out in Vietnam: Public Political Criticism in a Communist Party-Ruled Nation*. Ithca, NY: Cornell University Press.

Jaynes, G. 2007. "Migration and Social Stratification: Bipluralism and the Western Democratic State." *Du Bois Review* 4(1): 5-17.

Kolko, G. 1997. *Vietnam: Anatomy of a Peace*. New York: Routledge.

Kotra. 2004 "Prospects of Foreign Direct Investment & Korean FDI in Vietnam-2004." Kotra.

Kumaravadielu. B. 2008. *Cultural Globalization and Language Education*. Yale University Press.

Lee, Ching Kwan. 1998. *Gender and the South China Miracle: Two Worlds of Factory Women*. California: University of California Press.

Lee Kang Woo. 2003. *Qua trinh Doi moi Doanh nghiep Nha nuoc o Viet Nam* [베트남에서 국영 기업의 쇄신 과정]. Ha Noi: Nxb Dai hoc Quoc gia Ha Noi.

Leshkowich, A. M. 2000. *"Tight Woven Threads: Gender, Kinship and "Secret Agency" among Cloth and Clothing Traders in Ho Chi Minh city's Ben Thanh Market."* Doctoral Dissertation, Department of Anthropology, Harvard University.

Lewis, O. 1966. The Culture of Poverty. *Scientific American*, 215(4): 19-25.

Levitt, P. and B. Jaworsky. 2007. "Transnational Migration Studies: Developments and Future Trends." *Annual Review of Sociology* 33: 129-156.

Mahalingham, R., S. Balan and K. Molina. 2007. "Transnational Intersectionality: A Critical Framework for Theorizing Motherhood." in S. Lloyd, A. Few and K. Allen, eds. *Handbook of Feminist Family Studies*. Thousand Oaks, California: Sage: 69-80.

Marr, D. G. and C. P. White (eds.). 1988. *Postwar Vietnam: Dilemmas in Socialist Development*. Ithaca: Cornell Southeast Asia Program.

McDowell, L. 2008. "Thinking through Work: Complex Inequalities, Constructions of Difference and Transnational Migrants." *Progressive in Human Geography* 32(4): 491-507.

Minh, Nga. 2017. Vietnam's economy grows 6,8% in 2017, hitting 10 years high. *Dataspeaks December 27*.

Nash, June. 1989. From Tank Town to High Tech: The Clash of *Community and Industrial Cycles*. State University of New York Press.

Nguyen Khac Vien and Huu Ngoc, (eds.). 1998. *From Saigon to Ho Chi Minh City: A path of 300 Years*. Ho Chi Minh City: The Gioi Publishers.

Norlund, Irene. 1997. Democracy and trade unions in Vietnam: Riding a Honda in slow speed. Paper presented to the 49ᵗʰ meeting of American Association of Asian Studies in Chicago.

Ong, A. 1998. "Flexible Citizenship among Chinese Cosmopolitans." in P. Cheah and B. Robbins, (eds.). *Cosmopolitics: Thinking and Feeling Beyond the Nation*. *Minneapolis: University of Minnesota Press*: 134-162.

Peixoto, J. 2001. "The International Mobility of Highly Skilled Workers in Transnational Corporations: The Macro and Micro Factors of the Organizational Migration of Cadres." *International Migration Review* 35(4): 1030-1053.

Pham Quang Huan and Pham Tuan Anh. 2002. "State-Owned Enterprise Reform." *Vietnam's Socio-Economic Development*. No. 30.

Walsh, John C.. 2010. "Street Vendors and the Dynamics of the Informal Economy: Evidence from Vung Tau, Vietnam." *Asian Social Science* 6(11): 159-165.

Safran, W. 1991. "Diasporas in Modern Societies: Myths of Homeland and Return." *Diaspora* 1(1): 83-99.

Sassen, Saskia. 1994. "The Informal Economy: Between New Developments and Old Regulations." *The Yale Law Journal* 103(8): 2289-2304.

Schneider, J., P. Schneider and E. Hanson. 1974. "Modernization and Development: The Role of Regional Elites and Noncorporte Groups in the European Mediterranean." *Comparative Studies in Society and History* 14: 328-350.

Simpson, G., R. Gerard, W. Goodenough, & A. Inkeles. 1961. Comment on Cultural Evolution. *Daedalus* 90(3): 514-533.

Smith, M. P. 2001. *Transnational Urbanism: Locating Globalization*. Malden, Mass: Blackwell.

Smith, M and L. Guarnizo (eds.). 1998. *Transnationalism from Below*. Transaction Publishers.

Stoler, A. L. 1989. "Making Empire Respectable: The Politics of Race and Sexual

Morality in the 20th-Century Colonial Culture." *American Ethnologist* 16(4): 634-652.

_____. 1991 "Carnal Knowledge and Imperial Power: Gender, Race and Morality in Colonial Asia." In Micaela Di Leonardo, ed. *Gender at Crossroads of Knowledge*. Berkeley: University of California Press: 51-101.

Tran Huu Yen Loan. 2017. "History of Korean Immigration and the Transformation of Traditional Culture." 전북대학교 고고문화인류학과 BK21+ 세미나 발표문.

Tylor, J., J. Arango, G. Hugo, A. Kouacouci, D. Massey, A. Pellegrino. 1996. "International Migration and Community Development." *Population Index* 62(3): 397-418.

Vo Nhan Tri. 1988. "Party Policies and Economic Performance: The Second and Third Fiver Year Plans Examined." in D. G. Marr and C. P. White eds. *Dilemmas in Socialist Vietnam*. Ithaca: Cornell University Southeast Asian Program: 77-90.

_____. 1990. *Vietnam's Economic Policy Since 1975*. Singapore: Institute of Southeast Asian Studies.

Wallerstein, Immanual. 1974. *The Modern World System I: Capitalist Agriculture and the Origins of the European World-Economy in the Sixteenth Century*. New York: Academic Press.

Walter, N., P. Bourgois and H. M. Loinaz. 2004. "Masculinity and Undocumented Labor Migration: Injured Latino Day Laborers in San Francisco," *Social Science and Medicine* 59: 1159-1168.

Wolf, E. 1969. *Peasants*. Englewood:Prentice-Hall, Inc.

자료

매일경제. 2016.03.22. "포스코건설 베트남 '스플렌도라', 하노이 서부에 여의도 만한 자립형 신도시 건설."

비즈니스워치. 2017.06.13. "[창간 4주년]③-2 삼성, 베트남에 '미래' 심는다."

외교부. 2019. 「2019 재외동포현황」.

이순홍. 2004. 이순홍 프로필. 이순홍 회장 개인소개 책자.

한국무역진흥공사(KOTRA) 호찌민 지부. 2004. Prospects of Foreign Direct
    Investment & Korcan FDI in Vietnam -2004.

코참(KOCHAM). 2015/2016. 베트남 중남부 한국 진출기업 디렉토리.

한경닷컴. 2018.03.23. "한국·베트남 교역 3년 내 1000억달러로 확대."

한국일보. 2017.07.16. "[뒤끝뉴스] 호찌민 교민사회가 쑥밭이 된 사연."

호찌민시 한국학교. 2004. 호찌민시 한국학교 현황: 2004년도 정기보고.

신문 보도자료

뉴시스. 2019.10.29. "김용래 차관, 한베 교역규모 2,000억불 달성 위해 역량 강화
    할 것."

EKNews. 2018.03.28. "2020년 한국의 제2 수출국으로 베트남이 부상 전망."

인터넷 자료

https://hanoi.korean.net

https://hanoischool.net

https://kosis.kr/

https://kshcm.net

https://namu.wiki

http://vietvet.co.kr

찾아보기

채수홍

미국 CUNY(the City University of New York, Graduate School and University
Center)에서 박사학위를 받고 서울대학교 인류학과 교수로 재직 중이다. 1994년부터
베트남의 도시, 산업, 노동의 문화를 연구하고 있다. *Wounded Cities, Labor in Vietnam*,
『맨발의 학자들』 등의 공저를 출간하였고, "The Political Processes of the Distinctive
Multinational Factory Regime and Recent Strikes in Vietnam", "호치민시개혁과정에
대한 정치경제학적 연구", "한인 공장매니저의 초국적인 삶" 등의 논문을 집필했다.

동남아 한인 연구 총서 2
베트남: 한인의 베트남 정착과 초국적 삶의 정치

1판 1쇄 찍음 2021년 11월 5일
1판 1쇄 펴냄 2021년 11월 12일

지은이   채수홍
펴낸이   정성원·심민규
펴낸곳   도서출판 눌민

출판등록 2013. 2. 28 제25100-2017-000028호
주소   서울시 은평구 가좌로11가길 30, 301호 (03439)
전화   (02) 332-2486   팩스   (02) 332-2487
이메일   nulminbooks@gmail.com
인스타그램·페이스북   nulminbooks

ⓒ 채수홍 2021

Printed in Seoul, Korea

ISBN 979-11-87750-49-9 94910
ISBN 979-11-87750-45-1 94910 (세트)

이 저서는 2016년 대한민국 교육부와 한국학중앙연구원(한국학진흥사업단)을 통해
해외한인연구사업의 지원을 받아 수행 중인 연구임(AKS-2016-SRK-1230004)